主编 何勤华 傅守祥

CULTURAL

JUSTICE

FORUM

文化正义论丛

第一辑

ZHEJIANG UNIVERSITY PRESS
浙江大学出版社

图书在版编目（CIP）数据

文化正义论丛. 第 1 辑 / 何勤华, 傅守祥主编. —杭州：
浙江大学出版社，2014.10
ISBN 978-7-308-13865-9

Ⅰ.①文… Ⅱ.①何… ②傅… Ⅲ.①文化－正义－
中国－文集 Ⅳ.①G12-53

中国版本图书馆 CIP 数据核字（2014）第 216680 号

文化正义论丛(第一辑)

主编　何勤华　傅守祥

责任编辑　赵博雅
封面设计　续设计
出版发行　浙江大学出版社
　　　　　（杭州市天目山路 148 号　邮政编码 310007）
　　　　　（网址：http://www.zjupress.com）
排　　版　杭州中大图文设计有限公司
印　　刷　浙江良渚印刷厂
开　　本　787mm×1092mm　1/16
印　　张　14
字　　数　250 千
版 印 次　2014 年 10 月第 1 版　2014 年 10 月第 1 次印刷
书　　号　ISBN 978-7-308-13865-9
定　　价　42.00 元

目 录
Contents

审美正义
与
超越平庸

超越平庸：论美学的人文诉求*

◎徐　岱

内容提要　自20世纪以来，当代美学经历了从"形而上之思"到面向生活世界的人文思考的重要转型。美学的继往开来之路虽说依然艰难，但能否摆脱"学术清谈"和"理论扯淡"的影响，真正从日常生活出发提出具有思想深度的问题，是关键所在。驻足于以人文关怀为核心的"大视野"来看，"超越平庸"的诉求作为一个全球性的美学问题，必须被当代中国美学界提上议事日程。

关键词　平庸　美学　人文诉求

一、大视野中的美学问题

写了就是写了，管他是否值得。英国诗人拜伦留下的这句话，适用于所有以其不朽的经典著作而名垂青史的伟大人物。但在"信息爆炸，思想贫乏"的网络时代，事情已显得完全不同，对于美学而言尤其如此。无须赘言，美学作为"形而上学之思"的日子已一去不返，继往开来的使命需要其走出书斋、摆脱习以为常的那些理论命题；经历了从以往的"清谈"到现在的"扯淡"的当代中国美学，更需要提出具有真正学术深度的思想问题，才能改变自说自话的境况。正是在这个环节上，印度思想家克里希那穆提有句话耐人寻味。他表示：在人文思想领域，提出基本问题是必要的，但是从来没有人真正去寻找问题的答案。因为这些问题本身没有答案，发现并提出这些问题的意义也

* 　国家社会科学基金项目，项目编号：07BZX066。

徐岱，浙江大学人文学部主任、求是特聘教授、博士生导师，兼任中国文艺理论学会、中国中外文艺理论学会副会长、浙江省美学学会会长，研究方向为文艺美学与文化批评等。

并不在于给出一个答案。因为"这些问题清晰而有深度,问题本身就是答案"①。

对于克氏所说的"基本问题"是否真的没必要给出一个相对的解释,在此暂且另当别论。但有两点可以肯定:其一,"问题是一切研究的核心,其他都是次要的";其二,"除非从实际存在的东西而来,否则就没有任何理论问题"②。但让人纠结的事情恰恰在于,什么是这个时代的美学所必须关注的、那个孕育着关键问题的"实际存在的东西"?众所周知,美学领域其实从不缺乏熙熙攘攘的话题,而是缺少真正有意义的问题。这样的问题不是逻辑游戏,因而无法产生于所谓的"理论界"的圈子。在这个意义上,当代美学面临一个奇异的悖论:真正的美学问题往往并不能由专业的美学家提出,非专业的人们却又因忙于生计而并不关心所谓的美学问题。当然,深入地看,事情也没有那么难解。关键在于让学术研究的目光重新回归到日常的生活世界。古往今来,美学研究的行情无论是涨是跌,美学家的身份无论尊卑贵贱,事实上他们的基本角色从未改变:首先是作为一个人而存在。而"作为人,我们深深地关注着日常生活"③。因为这是我们赖以生存的唯一归宿。只要沿着这个路径出发,我们也就不难发现一个早已应被提到美学议事日程的问题,这就是"平庸性"。

不妨仍引用克里希那穆提的话:时至今日,以"日常性"为掩护的"平庸性",迅猛成为全球化时代的精神癌细胞,吞噬着不同族群、阶层、区域的人们的心灵,使我们沦为没心没肺的行尸走肉。凡此种种都指向一个事实:"这个世界沉沦在追求欢愉之中。"④作为一种症状,这种现象理所当然地导出这个结论:"这世界变得越来越平庸。"⑤这个见解十分精辟。美学的"现代性转型"不是以"艺术哲学"的名义为艺术家的创作制定法则,也不再是用"诗学理论"的话语对广大读者指手画脚;而是要走向一个以"人文关怀"为主旨的大视野,围绕着"人之为人"的主题继续其殚精竭虑的工作,通过重申"审美教育"的意义,重新开启人文关怀之门。

毫无疑问,在目前这个歌颂财富之声淹没了其他价值观的年代里⑥,这种诉求显得"不合时宜"。但这是一种别无选择的选择,当代美学若仍想有所作为,只能用孔子这句话来形容:"知其不可为而为之"(《论语·宪问》)。对于我们所要讨论的主题,关

---

① [印]克里希那穆提:《生而为人》,陈雪松译,九州出版社 2011 年版,第 251 页。

② [西]奥德嘉·贾塞特:《生活与命运》,陈升等译,广西人民出版社 2008 年版,第 104 页。

③ [印]克里希那穆提:《教育就是心灵的解放》,张春城等译,九州出版社 2010 年版,第 136 页。

④ [印]克里希那穆提:《最后的日记》,张婕译,中国长安出版社 2009 年版,第 61 页。

⑤ [印]克里希那穆提:《教育就是心灵的解放》,张春城等译,九州出版社 2010 年版,第 167 页。

⑥ [美]克里斯托弗·拉希:《精英的反叛》,李凡莉等译,中信出版社 2010 年版,第 15 页。

键是要把握"两个焦点":其一,"何谓'平庸'?"其二,"为什么要超越平庸?"这两个焦点殊途同归地涉及同样一个问题:对于人类的存在,真正重要的东西到底是什么? 或者换句话说:身处物质生产力水平高速提升、社会财富迅猛发展的当今社会,永无休止地"创造财富"就是我们生命存在的终极目标吗? 这个问题之所以成为问题有两个原因:首先是因为通常对芸芸众生而言,"渴望饮食的愿望,在心理上总比渴望正义的愿望更强烈";其次是无论尊卑贵贱,没有人能否认,游戏、玩乐、玩笑是人类生活中最重要的内容①。这就是困惑或者说纠结所在。美国学者房龙曾提议:考察事物最好的一个方法是研究它的名称,有时"只一个字就能使你了解一切,解决你的问题"②。这或许不能一概而论,但就我们所要讨论的问题却很实用。

事情的关键其实就落在一个关键词上:人性。克里希那穆提曾经提出:任何时候对一个人而言,真正的问题是内心的品质③。诚如他指出的:人对其同类的行为是没有限度的。他折磨他、焚烧他、杀死他,用宗教、政治、经济等一切可能的手段剥削他。这就是人对人的故事④。无独有偶,与日本松下公司总裁松下幸之助、索尼公司总裁盛田昭夫、本田公司总裁本田宗一郎等,并称为日本"经营四圣"的稻盛和夫先生,在其所著《人为什么活着》一书中强调:人类的价值并非只是"存在"而已。众所周知,人因有自我意识而占据了"万物之灵"的位置。但有识之士应该明白:这不只是一种荣誉,同时也是一份为世界、为人类自身做出贡献的责任。因为"人类一旦心存不良,就会变成万恶之源"⑤。斯坦福大学津巴多教授著名的"路西法效应"研究表明,在我们对"人类对人类的残忍"现象的理解中,"去人性化"是其中的核心概念⑥。

问题是:在"超越平庸"与"去人性化"之间究竟存在什么关系? 可以概括地回答:正是日益泛滥的人类社会普遍的"平庸性",让"非人性"成为现实。理解这个提问需要拥有对历史的起码认识。古罗马思想家西塞罗曾给"无知"做过一个耐人寻味的阐释:所谓无知者,并不是指那些对诸如"蚂蚁是否放屁"这类属于"专家"们研究领域的不知所然,而是对其出生前的事情一无所知。换句话说,衡量"无知"的唯一标准,就是其对于历史的认识。历史对于我们的重要性在于人类生活的连续性。而当我们回顾人类

---

① [西]奥德嘉·贾塞特:《生活与命运》,陈升等译,广西人民出版社2008年版,第137页。
② [美]房龙:《人类的艺术》(上卷),中国和平出版社1996年版,第102页。
③ [印]克里希那穆提:《教育就是心灵的解放》,张春城等译,九州出版社2010年版,第132页。
④ [印]克里希那穆提:《教育就是心灵的解放》,张春城等译,九州出版社2010年版,第59页。
⑤ [日]稻盛和夫:《人为什么活着》,吕美女译,中国人民大学出版社2009年版,第6页。
⑥ [美]菲利普·津巴多:《路西法效应》,孙佩妏等译,生活·读书·新知三联书店2010年版,第353页。

由野蛮愚昧到相对文明的漫长过程,最突出的一点莫过于此起彼伏、永无终结的人性的阴暗与残暴。"三千多年来的记载告诉我们,没有人和国家可以免于邪恶势力。"在荷马史诗描述的特洛伊战争里,希腊联军指挥阿伽门农在发起进攻前向士兵发出指令:"我们要让敌方无一幸免,就连母亲子宫里的孩子也不例外。"①从二战期间嗜血成性的日本屠夫在中国制造的"南京大屠杀",到不久前发生的卢旺达大屠杀(1994 年 4 月至 7 月的 3 个多月里,先后约有近 100 万图西族人被杀),以及始于 2003 年 7 月的苏丹达尔富尔惨案(导致 45 万人死亡,250 万人流离失所),相似的事情屡禁不止,同样的故事不断重复。

当所有这些刽子手们犯下这种罄竹难书的罪行时,让我们深为惊骇的是,在这些貌似"人类"的动物身上,居然毫无半点人性的痕迹。毫不夸张地讲,一部人类文明史也就是围绕"人性"的培育与剿除所进行的形形色色的战役。古往今来,尽管有识之士们都在为"健全人性"而殚精竭虑,但这种努力一再受挫,令人绝望。事情显得十分清楚:作为"文明"的基础的"人性",如今早已彻底缺失。当今时代,无论西装革履的富人还是衣衫褴褛的穷人,他们中的许多人都有一个共同点:都是属于失去了基本伦理意识和社会关怀的"空心人"。对此不堪承受的后果,难道还有什么异议?

用现代哲学第一人康德的话说:"当我们看到人类在世界的大舞台上表现出来的所作所为,我们就无法抑制自己的某种厌恶之情;而且尽管在个别人的身上随处闪耀着智慧,可是我们却发现,就其全体而论,一切归根到底都是由愚蠢、幼稚的虚荣、甚至还往往是由幼稚的罪恶和毁灭所交织成的;从而我们始终也弄不明白,对于我们这个如此之以优越而自诩的物种,我们自己应该形成什么概念。"②出于同样的感受,著名英国历史学家、《罗马帝国衰亡史》作者爱德华·吉本干脆表示:所谓历史"正是一部对人类的罪行、愚昧和不幸所作的记录"③。这种现象让人们重视这句话:凡是不重视历史的学生,都会因此而受损,因为"昨天能使他们理解今天,理解未来"④。哲学家卡尔·波普尔说:"一切活的事物都在寻求更加美好的世界。"⑤这毋庸置疑。问题是对"人类"而言,身处一个人性匮乏的地球,除了承受不堪忍受的折磨和永无终止的痛苦,所谓的幸福生活何从谈起?

---

① 〔美〕菲利普·津巴多:《路西法效应》,孙佩妏等译,生活·读书·新知三联书店 2010 年版,第 11 页。
② 〔德〕康德:《历史理性批判文集》,何兆武译,商务印书馆 1990 年版,第 2 页。
③ 〔美〕威廉·布罗德:《背叛真理的人们》,朱进宁等译,上海科技教育出版社 2004 年版,第 108 页。
④ 〔美〕托马斯·塔珀:《和孩子们聊音乐》,肖聿译,中国广播电视出版社 2009 年版,第 183 页。
⑤ 〔英〕卡尔·波普尔:《通过知识获得解放》,范景中等译,中国美术学院出版社 1996 年版,第 1 页。

这恰恰是问题所在。著名哲学史家杜兰特说得好:"信仰不再,希望不再。这就是我们时代的症状。让我们悲观的并不是大规模的战争,更无关乎近些年来的经济衰退。不是我们的房子空了,也不是我们的国库空了,空了的是我们的心灵。我们已经迈入了精神枯竭和绝望的年代,仿佛回到当初需基督诞生的年代。"①从伦理谱系来看,事情不仅是处于高端的、以勇于担当为特色的"正义感"正从这个社会逐渐销声匿迹;而在于作为伦理底线的、能遵守"己所不欲,勿施于人"的"同情心",已经在作为"消费者"的"现代人"群体中全面褪色乃至失去踪影。因而,全面地培育健全"人性",让人类成为名副其实的"人"是人类文明永远的重中之重,也正是走向以人文诉求为核心的大视野的当代美学,所必须具有的一种"学科伦理"。否则的话,今天的美学研究将毫无前途可言。而"超越平庸"的提出,正是实际落实这种伦理要求的具体措施。

但事情并不因此而变得简单。在一个热衷于解构一切确定性、挑战所有价值观的所谓"多元时代",有个问题仍需澄清,这就是"何谓人性"? 无须讳言,这又是一个老生常谈的话题。疑惑起因于相当一段时期以来,围绕如何做出定义的争议,让"人性"这个概念的语义内涵变得模糊不清,让人们在使用它来进行思想讨论时显得暧昧。

麻烦主要来自那些充斥着欧美各大院校、嗜好耸人听闻的标新立异的所谓"批评理论家"。无论是对一度独步于现代主义思潮的马克思主义者,还是对于掌控后现代主义大旗的解构主义分子,在各自的理论构建中都没有"人性"的位置。在这些理论家看来,不仅"人"这个概念是一个虚构,甚至也不存在"男人"和"女人",有的只是带有阶级烙印、分属不同阵营、受制于不同意识形态、因族群和区域、年龄和风俗等文化因素影响的独一无二的"原子化"的个体。

不能说上述这些论述毫无根据。在现实世界中,具体的人由于受到不同文化(风俗习惯)的影响而差别甚大。但显然,承认包括种族、阶级、性别、区域等文化和各种亚文化对人的存在具有重大影响,这其实也就意味着承认有先天本性作为前提存在。就像差异之为差异是以超越差异的共同性为前提,否则也就无所谓差异。当然,尽管由于20世纪以来的人文学科凸显出严重的"时尚化"倾向,追求标新立异成为全球人文研究领域的普遍潮流,但并不能遮天蔽日地独步天下。诚如一位学者所说:读了福柯和其他许多作家的作品之后,现在人们就变得容易摒弃人类和人性这样的伪善之词,而乐于重视差异:诸如社会的、文化的、经济的、性别的。然而日常生活的经验却在不断表明,凡是看过奥斯卡获奖影片《阿甘正传》并且有所感动的人都会懂得,"人性不会

---

① [美]威尔·杜兰特:《论生命的意义》,褚东伟译,江西人民出版社2009年版,第13页。

在枪声和啜泣中终结,不会在烈火和冷冰中消逝,甚至不会在海浪冲洗过的沙滩上消失。"①

美国学者迪萨纳亚克女士的话讲得更加直截了当,她以艺术文化的特点为例指出:如果我们认真对待"艺术对人类是根本性的"这一宣言,而不仅仅是将其视为一种随口说说的政治修辞,那就有必要将我们的注意力"放在理解过去300万或者400多万年以来,由自然选择进化出来的'人性'这个框架之中"②。事实上,在理论层面热衷于这种纠缠的,是那些靠此谋生的"理论主义分子"的惯用伎俩。事实说明,解决问题的关键并非是为"人性"这个概念进行严密的逻辑论证,恰恰相反,而须将各种"主义"放在一边,从常识的角度对它进行解释。杨绛先生曾提出:"猫有猫性,狗有狗性,牛有牛性,狼有狼性,人也该有人性。人性是全人类共有,同时也是全人类特有的。不分贫富尊卑、上智下愚,只要是人而不是禽兽,普遍都有同样的人性。"话虽讲得不能再朴实,但谁都无法否认,这番出自90多岁老学者之口的经验之谈很有道理。她认为"我们的正义感也是出于本性的"。这些话无疑浓缩了她毕生从事人文研究的心得。

杨绛甚至以孔子之语为例指出:"食色,性也。"不是指人的本性吗?用"色"字就显然是指人而不指禽兽,因为禽兽称"发情",不称"好色"③。在这段不乏幽默的言说中,我们领略到了一种超越平庸的理论文字的洞察力。在斯诺的《两种文化》中,我们能够读到这样一段话:"任何遭遇过实际不幸的人都知道,许多熟人恰恰会在这种情况下真正关心他。这种同情是发自肺腑的,这正是我们不能否认共同人性的标志。"④这段同样是来自经验而非逻辑推论的话,与杨绛先生的见解不谋而合,可谓英雄所见略同。

孔子曾说:"性相近,习相远。"(《论语·阳货》)这话虽简约,但含义精辟。进而言之,人性不是一种属于本能范畴内的"既成事实",而只是一种"有待实现"人之为人的可能性。所以有"大自然使人具备了人性,使人高尚"⑤这样的美妙名言。在这个意义上,认为"世间本无恶,恶是人类为了存活做出一些不好的行为,因而累积而成的结果"⑥的说法,的确是有道理的。但不仅影响甚至在某种程度上决定这种人之天性最终能否顺利实现的,则取决于个体所属的具体的"文化场域"。所谓"习相远",强调的

---

① [美]丹尼尔·科姆顿:《教育为何是无用的》,仇蓓玲等译,江苏人民出版社2005年版,第27页。
② [美]埃伦·迪萨纳亚克:《审美的人》,卢晓松译,商务印书馆2004年版,第16页。
③ 杨绛:《走到人生边上》,商务印书馆2008年版,第28页。
④ [英]C. P. 斯诺:《两种文化》,纪树立译,生活·读书·新知三联书店1995年版,第81页。
⑤ [美]托玛斯·塔珀:《和孩子们聊音乐》,肖聿译,中国广播电视出版社2009年版,第139页。
⑥ [日]稻盛和夫:《人为什么活着》,吕美女译,中国人民大学出版社2009年版,第58页。

是后天的"文化规训"对先天的"自然本性"具有强大的影响力。因此，如果说当今世界的"平庸性"是导致"非人化"的原因，那么把握平庸性的生成根源，只能从人与文化的关系入手。概括地讲，现代世界的"非人化"的根源所在，就是文化的日益"平庸化"。

二、从文化人到文明人

众所周知，由于得益于符号的使用，人类被视为"文化动物"。其意思是指人类不可避免地"用文化去得到我们在生物意义上需要的东西"①。按照这个界定，从古至今人类社会的构成主要有八种文化形态，相应地划分为四个阶段、八类角色，即：政治人、宗教人、科学人、经济人、游戏人、社交人、伦理人、审美人。在某种意义上，一部文明史也就是人类按照由上而下的这些角色，交替轮换地占据社会核心位置的发展过程。因此，面对"人性究竟为何从众多人类个体中彻底销声匿迹"这个听上去让人匪夷所思的现象，需要深入思考这些角色之于人类社会的关系。

一般而言，人之为人的基本特征首先便在于拥有"伦理性"；在某种意义上，人的概念"不言而喻"地意味着遵守起码道德准则的"伦理人"。有句话说得好：如果一个人不知道怎样在大自然的危险面前解救困厄，他便有可能失去生命，这是件很讨厌的事。但如果一个人对伦理学没有一点概念，他失去或者浪费的就是他生活中的人性。这句话的意义绝不只是在于它对伦理学的重视，从中至少我们能够明确一件事：所谓"伦理人"也就是具备健全"人性"的"人之本色"者。就像《孟子·告子上》中所说："恻隐之心，人皆有之；羞恶之心，人皆有之；恭敬之心，人皆有之；是非之心，人皆有之。"在这个意义上，伦理文化是人类文明的根基，在所有文化形态中具有奠基性意义。但像萨瓦特尔所指出的，诡异的事恰恰在于，无论是历史上还是在现实中，这个"人"可以是事物之人、人之人、仅仅关心赢利的人②。在 1913 年，"未来主义"诗人阿波里奈尔就曾耸人听闻地宣称："艺术家是一些想成为非人的人。"③在后现代主义甚嚣尘上的当代，这位诗人的话已然成为事实，就像利奥塔一本书的题目所道出的，今天的"人"正在迅速地成为"非人"。

凡此种种的原因，就在于对先天之"性"具有巨大影响力的，以"文化"命名的后天

---

① [美]埃伦·迪萨纳亚克：《审美的人》，卢晓松译，商务印书馆 2004 年版，第 38 页。
② [西]萨瓦特尔：《伦理学的邀请》，于施洋译，北京大学出版社 2008 年版，第 107、61 页。
③ [法]弗朗索瓦·利奥塔：《非人》，罗国祥译，商务印书馆 2000 年版，第 2 页。

的"习"。概括地讲,伦理人虽然重要,却受到其他文化形态的"重塑"。现代社会日趋平庸化的原因,主要就在于那些占据强势位置的文化形态对伦理文化施压,使之最终变得面目全非。在德国著名哲学家雅斯贝尔斯命名的"轴心时代",无论是柏拉图提出的"哲学王"理想,还是亚里士多德关于"人是政治动物"的著名界定,都与《论语·子路》中"诵《诗》三百,授之以政,不达;使于四方,不能专对;虽多,亦奚以为"的思想如出一辙。这意味着在那个迄今十分遥远的时代,为东西方所殊途同归地一致侧重的均是前两类人;而自"文艺复兴"尤其是进入"启蒙时代"后,中间两类人的角色受到文化学者们的青睐;但自"后浪漫主义"以降,尤其是随着"现代主义"的崛起,一度显得声名狼藉的后两种人类形态受到了时代的狂热追捧。

柏拉图与亚里士多德师徒的遭遇和以孔子与孟子为代表的中国先秦思想家们的命运,不约而同地宣告了政治人与宗教人角色的失败。事实上,对于政教合一的宗教文化,其实质就是超世俗的政治,因而也就是人类历史上最顽固的专制独裁的精神之源。印度思想家克里希那穆提一针见血地指出:综合观历史,貌似给人以心理安慰的宗教文化给世界带来了巨大的灾难,"它们应对历史上的战争负责,它们使人们彼此敌对"①。这并不难理解。归根结底,除了不断进行自我批判的基督教和主张弃生离世的佛教,世界上绝大多数宗教的本质,就是以提供给人们"信仰"为诱惑,让天真的善男信女们习惯于"服从",从而为那些形形色色的教主们实施惨无人道的专制统治提供方便。一言以蔽之,宗教即政治,这两种文化是一对以"权力统治"为目标的孪生兄弟。

区别在于,后者的统治由于受到世俗伦理的制约而在理论上存在着有所约束的空间;而前者则往往可以某个至高无上的权威的名义,让人们受制于一种"绝对服从"的境地走向地狱。从半个多世纪前日本屠夫对"天皇"的忠诚到当下世界各地的原教旨主义者,事实一再提醒着心存幻想的人们:"想想人类漫长而阴暗的历史你就会发现,以服从的名义犯下的骇人听闻的罪行远比以造反为名所犯下的要多得多。"②在所有文化形态中,宗教文化对信徒实施强制性"服从"显得最为突出,尤其是那些原教旨主义者。

不过在伦理指数的丑陋性方面,相对于宗教人的双面性价值,政治人似乎一直占据着头把交椅。英国学者阿克顿男爵"权力导致腐败,绝对权力导致绝对腐败"的名言犹在耳边。在法国学者博洛尔的名著《政治的罪恶》中,我们领教了为了目的不择手段

---

① [印]克里希那穆提:《最后的日记》,张婕译,中国长安出版社2009年版,第74页。
② [英]C. P. 斯诺:《两种文化》,纪树立译,生活·读书·新知三联书店1995年版,第217页。

的"马基雅维利主义"、被命名为"精神剧毒品"的无政府主义，以及法国国王路易十一的名言：不懂得如何说谎的人，就不懂得如何统治①。虽然英国学者沃拉斯在其《政治中的人性》中，试图以一种相对客观的方式去为政治文化中的非理性现象进行一番理性的分析，并提出"政治道德"的概念来进行一种理论建构；但这种学院派做法离政治的实践相去甚远，其效果似乎并未能如作者所愿。用"现代管理学之父"彼得·德鲁克的话讲，现实的政治活动经验不断证明，相比于一个好人在篡权夺位者的宝座上统治的时间，寡廉鲜耻的无赖很可能会更长。因为只要大权在手，这些卑鄙的小人们根本就不关心什么资格的合法性；因此，无赖从来都是争权夺势的实践高手。总之，"对于权力而言，诚实、效率和能力，从来就不是，也永远不会是最好的资格来源。"②这个基本来自马基雅维利主义的思想或许会受到一些貌似公正的学究的吹毛求疵式的批评，但往往会得到实际经验强有力的支持。

克里希那穆提认为："政治是建立在观念上的一种通病，而宗教是浪漫、虚幻的感情主义。"③无论对他的这个观点作何评价，有一点可以肯定：政治人和宗教人随着政治和宗教两大文化君领天下的局面的改变，科学和经济文化开始受到尊重，标志着人类由传统农业社会向现代工业社会迈进。这是一个具有里程碑意义的划时代的转变。在此之前，前科学人以"巫师"和"方士"的角色出现让人不屑；而"贾客"更是被贴上"无商不奸"的标签遭人唾弃。只是在19世纪西方文化中，才将人的本质视作"经济人"，将社会目标视作通过经济发展建构起自由和正义④。这让作为一种重要文化形态的经济活动，获得了良好的声誉。诚然，与追求绝对权力的政治与宗教文化相比，科学文化和由它衍生出的经济文化对于人类文明的贡献不可比拟。美国哲学家杜威甚至认为：讲授历史时，相比于政治史应该更注重经济史，因为"经济史更具人性、更具民主性，因此比政治史更体现自由"⑤。唯其如此，一些学者不忍心将它们归为"去人性的文化"之中，而试图为之做出种种辩护。

比如德鲁克曾经表示，并非科学和经济的唯其独尊造成了现代社会的根本问题，而是工业社会中"基本社会目标"的缺失构成了我们时代问题的核心。但这显然缺乏理论依据。事实上，工业社会从"前"到"后"，其目标的明确性在人类历史上可谓前所

---

① [法]路易斯·博洛尔：《政治的罪恶》，蒋庆等译，改革出版社1999年版，第10页。
② [美]彼得·德鲁克：《工业人的未来》，余向华等译，机械工业出版社2009年版，第59页。
③ [印]克里希那穆提：《教育就是心灵的解放》，张春城等译，九州出版社2010年版，第9页。
④ [美]彼得·德鲁克：《工业人的未来》，余向华等译，机械工业出版社2009年版，第23页。
⑤ [美]玛莎·努斯鲍姆：《告别功利》，肖聿译，新华出版社2010年版，第96页。

未有地清楚，即更多、更快地"创造财富"。正是在这个目标的驱动下，人类由受本能"需要"控制的"自然人"，逐渐走向了被人为"欲望"所驱动的"经济人"。问题其实正出在这种"人类学意义上"的"历史性转型"上。其实德鲁克本人对此也并非毫无意识。在《工业人的未来》一书中他写道：鉴于消费时代出现的问题的严峻性，我们必须承认，与工业化同步诞生的"经济人"理念，已不再是工业社会所基于的人性及其自我实现的概念，同时经济目标也将不再是社会决定性的意义深远的目标。因为事与愿违的是，"自由和正义是不可能在经济领域和通过经济领域得以实现的。"就像他所强调的：经济增长和创造财富之所以重要，不是作为政治或社会权力的基础，恰恰相反，而是为作为个体的"人的尊严和独立"提供坚强的保障①。然而当今的实际情形呈现出一种本末倒置：将手段当作了目的。

究竟如何解决这个问题？德鲁克提出的方案是：必须以一种全新的人性观念和一种全新的社会目标为基础，去开创一个美好的未来。但这个表述显然很成问题。人是其自身历史的创造者，制定什么样的社会目标归根结底取决于制定者是什么样的人。问题的关键不在于"全新的人性观念"，而是怎样才能保持或者说恢复我们曾经拥有过的起码的人性品质、守住我们的伦理底线。如果说"人必得厚颜无耻才能致富"这样的批评显得有些言辞过激，认为"要实现我们的无视不平等现象的经济增长计划，道德的冷漠就必不可少"②的结论也可商榷，那么对于"获得黄金的代价可能会超过黄金本身"③这样的提醒显然值得注意。或许是片面强调以最少投入获得最大回报的"利益最大化"原则，相比于别的岗位与职业，"经济人"在伦理道德指标上普遍处于较低水平。

关于"科学人"的问题，英国学者齐格蒙·鲍曼在《现代性与大屠杀》这部名著中，以一种"片面的深刻"方式给予了有力的抨击。他认为：在"科学宗教"与"技术神学"之中，没有悲天悯人的人性的一席之地。科学技术在本质上对彻底"数字化"的追求，意味着以抽象化方式的"去人性化"。更说明问题的是，现代计算机的发明实现了当年笛卡尔"把世界数学化"的伟大梦想，但这梦想并未许诺我们美好生活的希望，相反，却为现实"技术垄断"格局的形成提供了基础。在这个格局中，一切专家都被赋予了昔日的宗教殿堂中神父那样的魅力。问题是，正如尼尔·波兹曼所说，与往日的为主服务的

---

① ［美］彼得·德鲁克：《工业人的未来》，余向华等译，机械工业出版社2009年版，第162、69页。
② ［美］玛莎·努斯鲍姆：《告别功利》，肖聿译，新华出版社2010年版，第24页。
③ ［英］约翰·卢伯克：《人生的乐趣》，薄景山译，上海人民出版社2008年版，第100页。

牧师不同，这些神父样的专家们，他们服务的神灵"不讲述公正、行善、悲悯或仁慈，没有罪孽、邪恶这样的观念"，取而代之的是高效率和精确性①。

凡此种种，皆宣告了继政治与经济两大文化之后的科学人与经济人的幻灭。当今世界的状态正如西班牙学者塔比亚斯早已指出的："在一个技术泛滥的世界里生活，我们常常被追求物质享受的利己主义贪欲窒息得透不过气来。我们总是'心不在焉'地活着，以至于忘记我们的根本，忘记我们的本能。"②经历了由"政治人和宗教人"到"科学人和经济人"的挫折之后，有一点已相当清楚：对于当今这个"后工业化消费时代"，使"欲望的主体"们普遍沦为"空心人"的罪魁祸首，既不是政治和宗教文化，也不是科学与经济两大文化，真正成问题的是娱乐文化与社交文化。正是这两种文化所孕育的"游戏人"和"社交人"，导致了"人性"的全面萎缩，成为批量化制造"平庸之恶"的根据地。事实表明，我们能以政治文化的后果的残暴性而主动摆脱政治人角色；能以宗教文化的虚幻性而从形形色色的"教主"们身边走开，我们也能因意识到科学人与经济人对当代社会的负面影响而不再把这两种文化神话化，但我们往往很难摆脱娱乐与社交两大文化的纠缠，无法拒绝"游戏人"和"社交人"角色的诱惑。归根结底，这才是当今社会中由普通人上演的种种"平庸之恶"，在日常的生活世界里屡见不鲜、屡禁不止的根本原因。"消费时代"同时也就是"网络时代"，这为人们的"娱乐"与"社交"活动提供了前所未有的方便。

因此，"消费时代与网络时代"对前工业的"生产时代"的取代，也意味着属于娱乐与社交时代的到来，是由"游戏人"和"社交人"占据历史舞台的中心、引领文化潮流的社会。在这样的时代，只有一个中心：商业文化；只有一个关键词：欲望的满足。用现代雕塑之父罗丹的话说："今天，人们以为艺术是可以缺少的，他们要的是肉体的享受。"③由此可见，游戏人和社交人貌似两种文化形态，本质上具有一种相互依存的关系。问题的复杂性在于，与政治、宗教、科学、经济等四大文化形态不同，娱乐和社交两大文化之所以能在当今时代独领风骚，有一个不能忽略的因素：比起上述四大文化形态，它们似乎相对更具人性因素。首先，由动物界衍生出来的人类本身就有游戏的基因，使得娱乐文化较其他各种文化具有更强大的吸引力。在希腊语中，"文化"（paideia）与"把玩"（paidia）这两个词具有一种词源学上的相关性。

① ［美］尼尔·波兹曼：《技术垄断》，何道宽译，北京大学出版社 2007 年版，第 91 页。
② ［西］安·塔比亚斯：《艺术实践》，河清译，浙江摄影出版社 1988 年版，第 25 页。
③ ［法］罗丹：《罗丹艺术论》，沈琪译，人民美术出版社 1978 年版，第 10 页。

　　比如在柏拉图的《法律篇》卷七里,这位西方思想鼻祖甚至提出,"每一个人都要以此为职责,让最美丽的游戏成为生活的真正内涵。游戏、玩乐、文化——我们认定这才是人生中最值得认真对待的事"①。著名荷兰学者约翰·赫伊津哈,从"文明是在游戏中并作为游戏兴起并展开的"这个基本立场出发,以"大自然给我们的是游戏,是有激情、有欢笑、有愉悦的游戏"这个思想为主旨,撰写了《游戏的人》这本书。在他看来,"如果没有游戏精神,文明的存在将是不可能的"②。有美学家强调:"人类在根本上不是为了真理而存在,而是为感觉和情感的愉快而活着。"③不少人文学者甚至认为,"游戏人"是能够真正体会生活世界的乐趣者,能保持人的性情,并因此而将之视为可以对抗功利主义文化对生命的腐蚀的一种力量。所以他们甚至热切地呼吁:"永远不要变成一个忘记自己童年的大人。让我们认真地玩吧! 以一个成人的一切力量玩。"④

　　其次,人类的社交文化同样历史悠久。在某种意义上,一部人类社会史也就是人类的"社交文化"的变化史。也即由前现代建立于功利关系上、代表国家与民族的"社交人",向后现代的由超功利性主导的自由往来、作为个体间性情契合兴趣相投的"社交人"的转型过程。中国古代的"和亲史"本质上也可以作为"另类社交史"来看待。

　　在某种意义上,娱乐文化和社交文化所体现的价值所在,可以说是尘世生命的意义和人的社会性存在的特点。著名社会学家格奥尔格·西美尔生前出版的最后一部书叫作《社会学的根本问题:个人与社会》(1917 年),顾名思义,这本书的主旨是论述个人与社会的关系。其核心思想可被概括和命名为"双向互动"学说:他既反对视个人为社会中具有超越族群与地缘文化的自我意识的独立存在者的观点,也不赞成相反的认为先有社会存在而后才有个人的出现的见解。按照他的立场,人类历史的开端,就处在一种不同社会个体间相互作用的关系中,由此而产生出一种看不见却很有效的"社会化作用"。这种"无形存在"的"有形体现",也就是由形形色色的礼仪形式为象征的、作为一种文化形态的社会交往关系。在这个意义上,"文明人"也就意味着"社交人"。作为其前提的礼仪让人学会洁身自好,懂得端正个人行为,否则就会被排除出去,沦为"局外人"。

　　但从历史来看,一般认为人类社会的形态建构,存在着从自然到文化、再从文化到文明的三阶段,其关键所在,是无关情感的功利性向情感意向占主导的主体关系的转

---

① [西]何·奥·加塞特:《什么是哲学》,商梓书译,商务印书馆 1994 年版,第 68 页。
② [荷]约翰·赫伊津哈:《游戏的人》,中国美术学院出版社 1996 年版,第 105、112 页。
③ [美]理查德·舒斯特曼:《实用主义美学》,彭锋译,商务印书馆 2002 年版,第 49 页。
④ [法]艾姿碧塔:《艺术和童年》,林微玲译,安徽教育出版社 2005 年版,第 75 页。

变。而在这个过程中的社会形态的发展,呈现出重视地缘性的自然亲情和血缘关系的"礼俗社会"与强调利益共同体的"法理社会"的交织与轮转。但无论如何,有一种东西是人类永远无法消除的,这就是"利益感情"(interest),因为我们无法从根本上超越一个事实:归根结底"人是利益性动物",人的生命存在本身离不开利益的保障。从这个意义上讲,纯粹以相互尊重的超功利性为基础的社交关系,永远只能是一种"想象中的存在"。在现实中起支配性的社交文化,只能造就和容纳以利益交换为本质的"社交人",所谓的"社交圈"即"名利场"。在其中作为"领袖"角色而占据主宰位置的,往往是具有权威人格并擅长在权力搏击中胜出的强人。由此而形成的集体化格局,是繁殖去人性化的最佳土壤。所以说,"改变人性的并不是《化身博士》中让杰基尔博士变身邪恶海德先生的神秘化学药剂,而是社会情境以及创造并维持这些情境的力量"①。

典型的"社交人"在性格上往往具有一种"容易相处"性,为此他们自觉不自觉地必须以某种方式"改变自我"以适应对方。其结果是以"失去自我"为代价来与大家"融为一体"。科学思想史家斯诺教授说得好:"作为一个有组织社会的成员,只有十分勇敢的人才能够在'集体'中保持说个'不'字的权利。"②但这种勇气对于受社交文化控制的人,是很难体现的。中国民间谚语有"水至清则无鱼"的说法,其内涵也包括"人品高则无友"的意思。这也是孔子的"礼乐文明"理想最终沦为让人作秀的"面子文化"的原因。毋庸置疑,诸如"活在人世间与人相会是人生的最大目的"这样的说法不无道理,就像"确定自己的归属感似乎是人类的天性"③。但让人纠结的是,在实际生活中,这种良好的人性愿望最终往往会事与愿违,成为让我们失去人性的"阿喀琉斯之踵"。

社会学的实证研究表明,"处在群体中时,我们就会做出许多自己一个人不会做的事情"④。这样的情形可以发生在任何人身上,但在那些热衷于成为"社交人"的人中相对容易。比如从臭名昭著的"奥斯维辛集中营"死里逃生的约翰·施泰纳先生在战后重返德国,用了数十年时间访谈了几百名从普通士兵到高级将领的前纳粹党卫军。结果发现,虽然有少数人在当时清楚地认同并享受自己的角色,但也有相当多的前党卫军成员对自己的所作所为在当时就深感厌恶和反感。他们经常需要努力改变自己的价值观才能承担被指派的任务。作为一种弥补,这些人尽可能帮助集中营里的囚

---

① ［美］菲利普·津巴多:《路西法效应》,孙佩妏等译,生活·读书·新知三联书店2010年版,第300页。
② ［印］克里希那穆提:《生而为人》,陈雪松译,九州出版社2011年版,第217页。
③ ［印］克里希那穆提:《最后的日记》,张婕译,中国长安出版社2009年版,第15页。
④ ［美］菲利普·津巴多:《路西法效应》,孙佩妏等译,生活·读书·新知三联书店2010年版,第306页。

犯。① 因为"社交人"绝不可能仅仅局限于一两位志同道合之士的交往，它会形成一个或大或小的圈子，其中产生或多或少的权威性人物。正是这样的人物所散发出的"路西法效应"，破坏了"社交人"最初的"不即不离"的理想之境。因为归根结底我们无法否认，"社交人"的社会学基础是个体生命的脆弱性。"人类一直无法仅靠自己活着。他总想着依赖什么东西。"②

已故的复旦大学于娟博士在其遗著里提到，在汉字里，"分"意味着把刀插在人心里。这的确是个精辟的见解。一方面，它生动地呈现出作为社会化存在之"人"，对于归属感的近乎本能的强烈需要；另一方面，它也说明了人生恰恰正是在这里呈现着一种深深的无奈："人之一生，犹如赶路，背负行囊马不停蹄，从起点到终点，从生到死，奔波劳碌中也遇人无数。"但最终，"人，注定了要学会一个走。"③这让我想起一句话：孤独，这是每一个体生命骨子里的终极悲剧④。它的吊诡之处在于：人类既无法、也不该去想方设法躲避这个悲剧。因为害怕孤独意味着对群体依赖，与之融为一体。这首先得以服从这个群体中的权威为前提，因为"服从权威是群体生活的普遍特征"⑤。因此，只有学会承受孤独、经历它的洗礼，个体才能彻底摆脱以"友谊"的幌子于暗中进行的利益交换，真正拥有"独立之精神，自由之思想"。只有在此基础上，才能有人格尊严可言，才能成其为人。这是"社交人"无法如我们想象的那样，成为人性典范的根本原因。

我们从中能够读出，在孔子提出"君子之交淡如水"的观点、强调"慎独"之说中，蕴含着一种意味深长的洞察。与此相似的是"游戏人"的命运。游戏之为游戏的基本特点是轻松，这是娱乐文化能够在整个人类文化形态中，自古迄今所向披靡的原因。但就像斯诺所说：发明一些轻松的范畴不过是一种道德陷阱。这是一种让良心生锈的办法⑥。在如今已成名著的《娱乐至死》中，作者波兹曼教授指出，有两种方法可以让真正的文化精神枯萎：一种是奥威尔《1984》式的，文化成为一座监狱；另一种是赫胥黎《美丽新世界》式的，文化成为一场滑稽戏。如果说前现代时期，"文字意识形态"用理论主义的雄辩让人上当；那么在视觉文化时代，"图像的意识形态"以娱乐至死的诱惑

---

① ［美］菲利普·津巴多：《路西法效应》，孙佩妏等译，生活·读书·新知三联书店 2010 年版，第 306、330 页。
② ［印］克里希那穆提：《生而为人》，陈雪松译，九州出版社 2011 年版，第 39 页。
③ 于娟：《此生未完成》，湖南科学技术出版社 2011 年版，第 132 页。
④ ［英］C. P. 斯诺：《两种文化》，纪树立译，生活·读书·新知三联书店 1995 年版，第 72 页。
⑤ ［美］玛莎·努斯鲍姆：《告别功利》，肖聿译，新华出版社 2010 年版，第 46 页。
⑥ ［英］C. P. 斯诺：《两种文化》，纪树立译，生活·读书·新知三联书店 1995 年版，第 207 页。

使人失去判断力。道理很简单：有句话说得好，哪里有压迫哪里就会有反抗。但娱乐不是压迫，而是你心甘情愿自主选择的活动。就像波兹曼所说："谁会拿起武器去反对娱乐？"①因而与"社交人"相比，游戏人的堕落更容易，结局也更悲惨。原因就在于对人而言，游戏具有一种让乐在其中的玩者走火入魔的神秘性。

从康德到席勒再到现代大大小小的美学家和艺术家们，曾经都对由娱乐文化孕育出来的游戏人在文明事业的作用，给予过极高的评价。尼采将"诗人"界定为"使人生变得轻松的人"②。美国当代一位杰出学者在其近著中也写道："在培养健全人格方面，游戏发挥着关键作用。"③如今，这种文化终于全面崛起，"一切公众话语都日渐以娱乐的方式出现，并成为一种文化精神，其结果是我们成了一个娱乐至死的物种"④。事情就像克里希那穆提所预言的那样：当娱乐行业普及以后，你会自然而然地陷入体育、娱乐、交际的世界中去，因为"它们可以帮助你逃避自己"⑤。但事情显然并未就此打住。自古以来，正是对娱乐性享受的永无止境的欲望，驱使人们渴望永生。这种欲望即将死灰复燃。就像一位学者所说："在不久的将来，公民们坚决要求的将不再是安乐死的权利，而是不死的权利，也就是说，会要求有权用一切可利用的技术手法和医疗手段，来让一个因不知感恩而无法自我实现的生命无限延续。"⑥

这样的局面也就是人类彻彻底底"平庸化"的结果，但显然并不让人鼓舞。因为这种平庸性并非无害之物，恰恰相反，它会带来"撒旦"的笑声。

三、独夫之罪与平庸之恶

从对政治人和宗教人的批判，到对科学人和经济人的批判，再到对游戏人和社交人的批判，历史一再以无可辩驳的事实说明了，仅有文化是不够的，重要的是从"文化人"转化为"文明人"。换句话说，人类历史的健康发展轨迹，体现为三大阶段，即"从自然到文化，再从文化到文明"⑦。当然，这只是人文学者们的一种理论构想，最终能否

　　① [美]尼尔·波兹曼：《娱乐至死》，章艳译，广西师范大学出版社 2004 年版，第 203 页。
　　② [德]弗里德里希·尼采：《上帝死了》，戚仁译，上海三联书店，1989 年版，第 155 页。
　　③ [美]玛莎·努斯鲍姆：《告别功利》，肖聿译，新华出版社 2010 年版，第 113 页。
　　④ [美]尼尔·波兹曼：《娱乐至死》，章艳译，广西师范大学出版社 2004 年版，第 4 页。
　　⑤ [印]克里希那穆提：《最后的日记》，张健译，中国长安出版社 2009 年版，第 61 页。
　　⑥ [美]罗伯特·哈里森：《花园：谈人之为人》，苏薇星译，生活·读书·新知三联书店 2011 年版，第 164 页。
　　⑦ [日]山崎正和：《社交的人》，周保雄译，上海译文出版社 2008 年版，第 221 页。

实际"着落",其中的关键环节就在于能否实现对平庸性的超越。

在由专制帝王统治的古代社会,犯下"反人类罪"的主犯都非凡夫俗子之辈,而是有"独夫民贼"之名的"专制独裁者"。与此不同,自工业化时代孕育出"大众社会"以来,随着西班牙思想家奥尔特加·加塞特提出的"大众的反叛"渐成气候,历史舞台上的主角们,也由昔日的王公贵族转化为布衣百姓。自"崇高美学"退场和所谓"生活美学"登台,人们看到,在日常的生活世界里,以往在价值谱系中饱受诟病的"平庸性",如今悄悄占据了一种让人刮目相看的位置。与过去的专制霸主所犯的"独夫之罪"形成巨大反差的是,这些平庸之辈犯下的形形色色的恶属于"平庸之恶"。发生这种转变的重要原因,除了现代民主制度建设缓慢但有效的逐渐普及外,另一大原因是所谓"精英阶层"的没落。

20世纪末,美国学者克里斯托弗·拉希出版了《精英的反叛》一书。顾名思义,此书是对奥尔特加·加塞特的名著《大众的反叛》的续作。拉希先生认为,由于加塞特这部著作书写于法西斯主义猖獗的时期,因此他把西方文化的危机归咎于由乌合之众形成的"大众的政治支配"的盲目性本无可非议。但时至今日,事情已经发生了一种戏剧性的转变:成了这个世界的麻烦的恰恰是所谓的社会精英。作者认为,如今,对人类文明传统和健全的社会秩序而言,主要的威胁似乎并不源于底层的群众,而来自于社会的顶层。在他看来,这些被认为"最优秀最聪明的人"证明自己的唯一凭证,只是一张毕业于世界名校的高学历文凭;但他们普遍缺乏真才实学,而是让自己受制于左翼或右翼的意识形态之中,生活在一个虚拟现实取代了真实世界的人造环境里。① 在我看来,《精英的反叛》中的有些观点或许存在着可以商榷的余地,但整体来讲,不乏许多精辟独到的见解。

比如拉希先生强调,当今文学研究领域之所以盛行各种"不切实际的纯理论探讨",是因为其背后是追名逐利的野心。因而导致了多数"人文学科课程只不过是意识形态的装模作样、流行文化和与世隔绝的文字游戏"。这说得很精辟。半个多世纪以来的具体情形其实已经让人们看清,迄今仍在欧美高等名校中过着养尊处优日子的那些所谓"左翼知识分子",他们自称为老百姓说话,其实对维护他们的专业特权以抵制外界的批评更有兴趣。这些人都以一种讨厌的、自以为是的语气说话,把自己令人难以理解的术语辩称为"颠簸",视浅显易懂的表述为压迫工具而予以排斥。这些所作所为其实是在玩耍一种"校园政治",以此满足骗吃骗喝才是这些不学无术之徒的目的所

---

① [美]克里斯托弗·拉希:《精英的反叛》,李凡莉等译,中信出版社2010年版,第19、59页。

在。拉希笔下所举的这些例子令人信服。正如他指出的,事实上无论自称的社会主义者还是被命名的审美学家,他们"共同的敌人就是资产阶级的平庸之辈"①。一言以蔽之,所谓"精英的反叛",也就是自命不凡的精英阶层的平庸化。所以有莫里哀的这句名言:"那些自以为是的学究是人类最危险的敌人。"②还有艾胥里·蒙太吉这番发人深省的警告:"一个没有人道的知识分子是世界上最危险的东西。"③这些格言警句并非耸人听闻之说。

所以,"平庸之恶"事实上早已成为 21 世纪的所有学科都必须予以关注的一个重点。"何谓平庸?"克里希那穆提对此有过十分明确的界定:平庸的意思就是在攀登的过程中半途而废,而从不去达到顶峰。平庸意味着接受事物现有的样子,陷入了接受的习惯里,并不断地继续下去,让生命处于一种机械化的状态之中。换句话说,平庸在于理所当然地遵循传统生活方式而失去改变的意愿。因此他甚至直言不讳地提出:那些活在既有传统里的国家通常是平庸的④。这个见解是有道理的,但仍显得有些语焉不详,需要做出进一步的澄清和梳理。它的最大盲区在于:把平庸者与普通人相提并论,将平庸性理解为"从不要求卓越"⑤。但从现实生活来看,事情要复杂得多。这方面的纠结和误解主要来自于日常语言的运用。

在汉语中,有三个词的概念十分接近,以至于常常让人难以区分。这就是"三人":凡人(mortal,ordinary people)、俗人(secular people)、庸人(mediocrities person)。这三个词的微妙关系,在译成英语后显得相当显著。原因在于它们有许多相近或类似之处,除非在某种特定情境中,人们很难给予绝对的区分。三者的最大共性在于,它们在身份上都是"小人物",存在于和虚无缥缈的"神界"与"仙境"相去甚远的日常的生活世界,具有以"饮食男女"的层面为主导的"日常性"。无论凡人、俗人、庸人,都既非西方之"神",也非东方之"仙"。正如在这个领域颇有造诣的一位学者所强调:大部分成为"恶行加害者"的,往往也就是"去人性化者"的人,这样的人可以和做出英雄之举的人直接相比较,因为他们有一个共通点:都只是平凡的一般人⑥。但从具体情况来看,在这番不无道理的话中,仍存在一些有待商榷的问题。所谓"平凡的一般人",这个概念

① [美]克里斯托弗·拉希:《精英的反叛》,李凡莉等译,中信出版社 2010 年版,第 135、137 页。
② [美]房龙:《房龙论人》,肖昶等译,海南出版社 2000 年版,第 249 页。
③ [美]斯蒂分·贝斯特等:《后现代转向》,陈钢等译,南京大学出版社 2002 年版,第 299 页。
④ [印]克里希那穆提:《教育就是心灵的解放》,张春城等译,九州出版社 2010 年版,第 167 页。
⑤ [印]克里希那穆提:《最后的日记》,张婕译,中国长安出版社 2009 年版,第 162 页。
⑥ [美]菲利普·津巴多:《路西法效应》,孙佩妏等译,生活·读书·新知三联书店 2010 年版,第 533 页。

的内涵显得过于暧昧。无论如何,凡人、俗人、庸人三者间存在着某种"不同质性"是显著的,主要表现在"人性"谱系上,呈现出"下降"趋势。

概括地讲,"凡人"处于"人之为人"的基准线,其核心特征是:拥有作为独立个体的主体性和人格品质,能保持常识化思想和起码的价值判断,并做出相应的行动。与此不同,所谓"庸人"并非思想白痴,而是出于自我中心的动机主动放弃了这个能力,并以丧失个体性为代价甘于在作为"乌合之众"的群体中随波逐流。处于凡人与庸人之间的"灰色地带"的"俗人"们的主要特点是:既无法受到人们真正的尊重,但也不至于遭到别人的鄙视。其中的极少部分人能够向上一步,进入"凡人"的队列;而多数人则会逐渐下滑坠落同"庸人"靠近,最终成为他们中的一员。由此而言,俗人是作为凡人与庸人的"储备库"。相对"不引人注目",这是俗人之为俗人的基本特点。

人们对庸人的误判主要是对他们身上的"平庸性"的误解。在通常意义上,人们把这种特质理解为碌碌无为、缺乏能力,是"无足轻重的人"(a nonentity person)。但事实恰恰相反。对于日常生活中的"平庸性"的理解,音乐教育家托玛斯·塔珀的这段话能给我们启示。他谈论区分音乐中"优秀作品"和"平庸之作"的体会是:平庸的作品最初会使人很开心,甚至会迷住我们,但很快就会让我们厌烦,使我们以后几乎没有耐心去听它①。换句话说,平庸之作不仅并非毫无特色,甚至有的初看上去还给人以不乏才华之感,并因此而具有某种吸引力。在艺术方面,"平庸"的指数由低向高呈现出相对清晰的轨迹。比如曾获 1999 年蒙特利尔电影节最佳影片和 2000 年奥斯卡最佳外语片提名的伊朗电影《小鞋子》(Children of Heaven)。这部作品本质上只是一部平庸指数相对较低的影片,不属于真正的优秀作品。它的毛病在于以"艺术的虚构性"回避生活世界的真实问题,并最终消解了艺术的真实性。这个"真问题"就是:苦难可以作为激发艺术家创造性的媒介,但不能成为他们以局外人身份予以大加赞赏的主题,更不能被"审美化"处理后,成为衣食无忧的中产阶层和有钱人满足其"怜悯需求"的文化甜点。这就是为什么三获奥斯卡奖的意大利电影人费里尼,对一些粗心的影评人屡屡把他的代表作《生活的甜蜜》说成《甜蜜的生活》而感到极为不满的原因。这不是小题大做,因为费里尼很清楚,对这个地球上的绝大多数人而言,生活并不那么甜蜜甚至永远不会甜蜜。但这并不意味着他们没有拥有甜蜜之梦的权利。这正是费里尼所要做的事,就是从并不甜蜜的日常生活中努力去"发现"某些甜蜜的因素,哪怕只是在"白日梦"中,只是些琐琐碎碎、点点滴滴的瞬间感受。

---

① [美]托玛斯·塔珀:《和孩子们聊音乐》,肖聿译,中国广播电视出版社 2009 年版,第 74 页。

通过以上对三个词汇的意义内涵的梳理，我们不仅初步澄清了"何谓平庸"的意思，并且进一步理解了"超越平庸"的必要性。庸人为了能与时代潮流保持步调一致的平庸性，决定了他是一个受制于"游戏人"和"社交人"的无主体性的个体。因而不仅缺乏人格，而且根本不在意这种人之为人的基本品质。因此平庸者虽然在本质上绝不具有卓越品质，却能以形形色色的"成功"来替代"卓越"的表现。换言之，平庸者之所以平庸，就在于他们是一群甘愿以迷失自我、放弃人格尊严为代价，来获取荣华富贵的实利主义者。平庸者是无人格要求的随波逐流的势利小人，这是庸人由"凡人"中脱离出来而成为庸人所必须付出的代价。但正是这个代价，注定了"平庸性"成了现代社会之恶的土壤。

现代社会绝大多数人间悲剧的直接制造者，不是躲在平民百姓背后发号施令的少数变态的"魔鬼型人物"，而正是这些不以独立人格和尊严为底线、心甘情愿地放弃思考的权利、接受意识形态"洗脑"的平庸的人。因此，平庸者不仅永远与英雄无缘，而且常常沦为恶魔的忠实走狗和残暴的杀手。这就是"平庸之恶"。这种丧失人性的人类渣滓所导致的"恶"量大面广，其结果从小方面说是个人幸福的终结，从大方面讲则是整个文明的毁灭。进一步的反思还能够表明，平庸性之所以在当今时代泛滥成灾，一个很重要的原因在于它是现代性本身的结果。

四、审美实践的人性之维

现代性的两个基本维度即"世俗性"与"平庸化"，在某种意义上，是一个事情的两个方面，却是具有不同性质的两个维度。世俗性与英雄精神看似无关，其实并不矛盾；而平庸化却相反，它常常能够获得"成功"的荣耀，却永远不具有真正的英雄精神的品质。长期以来，人们之所以对平庸性有意无意地予以姑息，除了对其与恶的内在关联性缺乏认识外，还在于对"英雄精神"的误读。

随着我们的社会从古代神话时代走向现代科学社会，英雄主义随着"崇高美学"的退场而从当代伦理中淡出。尤其是在和平年代，在"无痛伦理学"的影响下，世俗人生和"利己主义价值观"已经拥有了伦理上的合法性。在此情形下，庸人常常被同凡人相提并论甚至混为一谈。这就为俗人的大量庸人化提供了道德通道，使"平庸之恶"获得了安全的根据地。但这恰恰是需要予以纠正的。若干年前，一位当代中国诗人的这个句子曾广为流传：在一个没有英雄的时代，我只想成为一个人。但现在看来，我们有必要补充一句，除非你自甘同流合污，沉沦为一个庸人，否则我们必须强调：为了成为一个真正的人,有时你不得不成为一个英雄。在许多情境中,成为英雄并不意味着成为"超人",而仅仅只是守住一条人之为人的伦理底线而已。

因为"英雄"并不是一张由权力机构颁发的身份证书,而是一种具有普世价值的人格魅力。决定一个人是否是英雄的,并不是哗众取宠的言语,而是身体力行的行动。在这个意义上,正如庸人是恶魔的跟班,那些名副其实的凡人,恰恰是产生英雄的后备队。美国学者罗伯特·哈里森说得好:个性人格是普世之道赖以播种的土壤①。为什么这么讲?因为"人格"与"尊严"同在。有句话说得好:"尊敬他人是为了尊敬自己。"②此话同样能够倒过来说:只有能够尊重自己,才能够尊重他人。庸人之所以为庸人,就在于对"个性人格"的放逐;而凡人的"不凡"之处,同样体现于通过对"人格"的在意,他让自己的生命不满足于生理意义上的"活着",而且还要求社会意义上的"尊严"。这不只是一种人之为人的伦理诉求,而且还意味着对他人的苦难能感同身受的"善良"之心的维护。这样一个拥有起码的人格的主体的人,往往也就离英雄行为不远了。

美国斯坦福大学心理学荣誉教授津巴多在其《路西法效应》一书中写道:英雄式行为主要的焦点是人性的善良面③。归根结底,"英雄意味着真诚的人"④。现代政治民主制度的一个重要意义就在于:将成为受人爱戴的英雄的权利从古代帝王将相的手中转移到普通大众。因为"普遍的公民权意味着一个英雄遍地的世界"⑤。如果我们熟悉历史就会不无惊讶地发现,其实英雄与凡人之间的这种关联,是一种"常态"而非"异态"。人们之所以不习惯于这点,一个很重要的原因是在我们的观念中,往往将英雄辈出的时代划归为创世纪的古代神话时期,从而把"英雄人物"与"超人之神"无意识地同日而语。事实上,无论在战争年代还是和平时期,真正的英雄大都没有非同寻常的家族背景或遗传基因,而往往是在某个"非常时刻"从一个凡人转化而来。唯其如此,日常生活中出现的英雄式人物本身,也并不觉得自己做了什么了不起的大事。

一个典型的事例就是波兰妇女伊雷妮·森德勒(Irene Sendler)。二战期间,在纳粹占领下的波兰政府曾明确宣布,任何帮助犹太人的波兰人一旦被逮捕,就会连同家庭成员一起被枪决。森德勒明白这个禁令,但仍与 20 名波兰天主教徒组织起一个团

---

① [美]罗伯特·哈里森:《花园:谈人之为人》,苏薇星译,生活·读书·新知三联书店 2011 年版,第 67 页。
② [印]克里希那穆提:《生而为人》,陈雪松译,九州出版社 2011 年版,第 222 页。
③ [美]菲利普·津巴多:《路西法效应》,孙佩妏等译,生活·读书·新知三联书店 2010 年版,第 514 页。
④ [英]托马斯·卡莱尔:《英雄和英雄崇拜》,张峰等译,上海三联书店 1988 年版,第 210 页。
⑤ [美]克里斯托弗·拉希:《精英的反叛》,李凡莉等译,中信出版社 2010 年版,第 65 页。

体,协助将住在华沙犹太区的犹太儿童装在篮子或救护车里偷渡出境。前后共拯救了近 2500 名犹太儿童,让原本必死无疑的这些孩子们逃离出纳粹的控制。而她本人为此于 1943 年遭纳粹逮捕并受尽折磨,但始终拒绝透露安置在非犹太家庭中的孩子们的姓名。值得一提的是,战后的她并没有因此而获得任何特殊的报偿。只是不久前,在她 98 岁高龄时,波兰参议院才终于想起,应该对这位平凡妇女的这种英雄行为给予表扬。但此时的伊雷妮·森德勒已无法亲自接受颁奖仪式,而只是给当年得到了她帮助的其中一位孩子写了封信,她在信中写道:"我和那些如今已不在人世的伟大秘密信差们一起拯救的每个孩子,都是我存在的理由,而不是光荣的头衔。"①

再没有比这个令人感动的例子,更能说明英雄与凡人间的关系。这个真实故事生动地揭示了从"神界"下降到"尘世"的生活世界中真实的英雄的本色,就像津巴多教授所说:"当面对危险时坚持最高的平民理念乃是英雄作为的概念核心。"②与那些平庸之徒往往总是不自觉地具有强烈的自我中心意识形成反差的是,在名副其实的英雄之举中,总是无意识地体现出一种能设身处地为他人着想而忘我的精神。

由此可见,对于一个社会来讲,"值得关注的不应该是数字,而是隐藏在统计数字背后的起选择和组织性作用的原则与信念"③。在此意义上,提出"超越平庸"的诉求的意义,不仅是因为它是产生"现代性之恶"的土壤,更主要的是它对普遍人性的腐蚀,让芸芸众生中最低限度的伦理底线彻底沦陷,从而杜绝了由凡夫俗子向男女英雄转变的通道。由此导致的结果并非是我们失去了许多可当作茶余酒后的谈资的故事,而是作为人类文明基本保障的社会良知的萎缩,因为"英雄式行为主要的焦点是人性的善良面"。我们之所以关心英雄故事,是因为它们是一种强而有力的提醒,"提醒人们有能力对抗邪恶势力,提醒人们不要对诱惑让步,提醒人们超越自己的平庸性"④。在当下社会,平庸的人常常能够让自己功成名就,获得许多不义之财甚至是名不副实的荣耀。反之,不平庸性虽然能让当事人为社会留下有益的遗产,却会为此付出难以估量的巨大代价。

最具代表性的例子,是在 38 岁的黄金年龄去世的上海复旦大学讲师于娟博士。在乳腺癌晚期,她不仅置自身的巨大痛苦于度外,为了她深爱的孩子、丈夫和父母亲而努力地坚持到生命的最后一刻,而且做出了常人无法做到的事:以最后的一点点生命

---

① [美]菲利普·津巴多:《路西法效应》,孙佩妏等译,生活·读书·新知三联书店 2010 年版,第 529 页。
② [美]菲利普·津巴多:《路西法效应》,孙佩妏等译,生活·读书·新知三联书店 2010 年版,第 518 页。
③ [美]彼得·德鲁克:《工业人的未来》,余向华等译,机械工业出版社 2009 年版,第 35 页。
④ [美]菲利普·津巴多:《路西法效应》,孙佩妏等译,生活·新书·新知三联书店 2010 年版,第 514 页。

力留下《此生未完成》一书,从自身病痛的苦难历程中提取出生命的体验和智慧与世人分享,让人们对"真诚"、"善良"、"勇敢"等高端伦理品质有了一种感同身受的认识。在网络上许多网民心中,于娟已经跻身于"当代英雄"的行列。不仅因为她的那份"无畏施"的勇气,还有她在与这个让她如此留恋的世界做最后告别时,所表达出的对自己的人生所做的这份难能可贵的总结:"三十而立,三十岁的我可以手握自由之思想、独立之人格'立'在世间,坦诚而从容地微笑。"①虽然于娟对人生无所求,但最终还是有一点难以"离弃"。她认为:既然作为一个人,就"要以人的样子活在人世"②。显然,正是这种"执着"中呈现出来的人格追求让于娟远离平庸。因为读者们从她的书中懂得,她所谓"人的样子"并不是指一张"面子",而是以承担的勇气与生死体验的思考等"里子"所表现出来的,一种顽强拼搏的精神状态。

从于娟身上我们再次看到,当代英雄特有的平凡性具有一种普遍性。用津巴多教授的话说:时至今日,从古代神话中来到尘世的英雄精神,能够被我们"当成人人皆有的一种人性,而不是被选中的少数才有的稀少特质"③。它为凡夫俗子们提供了走向英雄之路、拥有人生价值的希望。所以,我们必须再次重申:超越平庸,这并非一种对芸芸众生的奢侈要求,而是人之所以为人的别无选择。平庸者的问题并不在于过分看重物质,更不是为了"谋生"而拼命。利奥塔说得好:为了思考,至少需要呼吸和吃喝等等。所以,"应该继续'谋生'"④。平庸者的问题在于唯利是图的"拜金主义"。由此可见,平庸者其实是自以为是的无知者。

王尔德曾经指出:人们常常愤怒地斥骂物质主义,却忘记了"任何物质的改善都曾经把世界精神化"⑤。这固然是对那些目光短浅却又自以为是的"人文主义者"的批评,但并非是对拜金主义的肯定。如今,即便我们对爱默生"人借以安身立命的不是物质而是精神"⑥这类耳熟能详的名言已经无动于衷;但也不得不承认,无论如何,我们的"肉体是被精神充满的"⑦。所以,读于娟博士的遗著《此生未完成》,让广大读者最为感动的或许是这样一段文字:"人能活到银发苍苍,回头想想点滴一生,其实是非常

---

① 于娟:《此生未完成》,湖南科学技术出版社 2011 年版,第 216 页。
② 于娟:《此生未完成》,湖南科学技术出版社 2011 年版,第 117 页。
③ [美]菲利普·津巴多:《路西法效应》,孙佩妏等译,生活·读书·新知三联书店 2010 年版,第 536 页。
④ [法]弗朗索瓦·利奥塔:《非人》,罗国祥译,商务印书馆 2000 年版,第 13 页。
⑤ [英]雷蒙德·威廉斯:《文化与社会》,吴松江等译,北京大学出版社 1991 年版,第 228 页。
⑥ [美]爱默生:《自然沉思录》,博凡译,上海社会科学院出版社 1993 年版,第 59 页。
⑦ [美]梅·萨藤:《过去的痛》,马永波译,北方文艺出版社 2001 年版,第 110 页。

幸福的一件事。"因为"只有一天天的过，才是一年年，才是一辈子"①。在于娟博士这段朴实本色的话中，揭示了人所皆知却又往往听而不闻的"幸福生活"的本质：表现为脚踏实地地付出与收获的"平常心"。

这个概念包含两个基本内涵：首先，具有对他人的苦难的感同身受的同情心；其次，拥有作为独立"个体"者的责任感。正是这两个品质，构成了注重日常人伦和基本人格的"普通人"，与缺乏起码的做人诚意、只在意"面子文化"和"自我利益"的"平庸者"的本质区别。由此看来，我们不能把所谓"平庸的恶"仅仅理解成"大屠杀"这种极端罪行；更多时候，平庸性的最大危害是它对人类文明具有看似"不起眼"但后果很严重的效应。换句话说，"平庸性"只能制造出大量的放逐良知、不讲是非的"平庸的人"，而无法造就有独立思想和公共关怀的现代公民。平庸文化的普及意味着以"面子文化"全面淹没"人格尊严"，从而开辟出一条通往奴役之路。这是文明社会的灾难和专制政治的大幸。

非常年代的"独夫之罪"虽然让人类文明蒙羞、使百姓大众受苦；但在某种意义上，它所造成的后果的严重性与现代"平庸之恶"相比仍显得逊色。所以关于"平庸之恶"的问题可以这样来看：独夫之罪固然能够如地震般触目惊心，但它不能毁灭人类。因为生命有强大的自我修复机制。用白居易的诗来形容：野火烧不尽，春风吹又生。但平庸之恶看似不起眼，却会从精神上对人实施阉割，从而让人不成其为人。因此，一个由平庸者主导的社会是没有希望的。平庸者的世界不是人类文明的目标。这需要我们回到开题提的这个疑惑："超越平庸"的诉求究竟同美学思想有着怎样的关系？

在我看来很明确：这就是作为一种"以人为本"的当代美学的根本意义之所在。比如《论语·卫灵公》中记载了孔子的名言："吾未见好德如好色者。"这个句子里的"色"与现代语境的"淫欲之色"无关，指的是仅供眼睛"观赏"的那些美丽现象，强调了这种视觉魅力超过道德吸引力。即使身为"君子"也不能免，因为君子毕竟还是凡人。但与其说这是孔子对人性的失望，不如说是他敏锐地意识到了这样一个让人熟视无睹的事实，用一位现代诗人的话讲，即"人首先是一种美学的生物，其次才是伦理的生物"②。换言之，只有成为一个审美的人，才能成为拥有"人性"的伦理的人。理解这一点的关键，在于重新认识"身与心"的关系。林语堂曾幽默地说道："哲学家所不愿承认的一桩

① 于娟：《此生未完成》，湖南科学技术出版社 2011 年版，第 140 页。
② ［法］约·布罗茨基：《文明的孩子》，刘文飞等译，中央编译出版社 1991 年版，第 39 页。

最明显的事实,就是我们有一个身体。"①承认这个事实就意味着懂得:虽然思想支配着这个世界,但作为个体生命的存在,"我们通过感官来生活"②。因此"感觉"在生活世界中具有举足轻重的意义:我们会"本能地"避开那些让我们"感觉不好"的事物。波普尔所说的"美好的世界",首先必须在感觉上得到我们的认可。

这是作为一种文化形态的审美实践,对于人类文明具有决定性价值的根本原因。美学的主旨并不是培育一批超伦理的趣味主义者,而是"让人成为人"。为了实现这个目标,当代美学必须从以艺术为中心的古典美学"突围",回归"人文关怀"的视野。在这个视野中并不只有那些名垂青史的艺术经典,而是体现着勃勃生机的天地万物。就像爱默生所说:美即宇宙的一种表达。黎巴嫩诗人纪伯伦讲得更明白:"美就是大自然的一切。"③在《写作的事》一书中,史铁生曾提出:在人类学意义上,"真正的人"的出现须经历四大历程:"从阶级的人,到民族的人,到人类的人,到自然场中的人。"换个角度看,这四大历程事实上也即经历这样两大转换:从作为"自然的人化"的文化,到作为"人的自然化"的文明。所谓"天地有大美而不言"(《庄子·知北游》)这个著名命题,也蕴含着这层意思。用雕塑家布德尔的话讲:"如果我们能够停下来听一听我们脚下这块疏松的土地所发出的意愿,我们就会理解自然与美是何等紧密地融为一体。自然的伟大和美在我们的身边周而复始地呈现。"④

正是由于自然与美的这种内在关联,所以"当我们谈及美的东西时,我们还是很自然地想到花、鸟、虫、宝石,天空和彩虹"⑤。但如果再作深入的思考,仔细想一想美与大自然的这种内在关联究竟从何而来,那就不难意识到,事情的根本仍在于人类自身。以现象学方法看,这表明了"审美唯一能够依靠的是人的主动性。而人归根到底只是因为自己的行动或至少用自己的目光对现实进行了人化才在现实中找到人性"。换言之,"自然物向能够静观自己的人呈现出一幅亲切的面容,从这个面容中人可以认出自己,而自己并不形成这个面容的存在"⑥。这也是许多年前在瓦尔登湖区寂静的森林里驻足观望、倾听冥想的梭罗的经验。有一天他突然意识到,尽管大自然中的"每一事物中都存在着一种美好又仁爱的友情,它无穷无尽、难以解释",但确定无疑的是,"这

---

① 林语堂:《人生不过如此》,陕西师范大学出版社 2007 年版,第 22 页。
② [印]克里希那穆提:《教育就是心灵的解放》,张春城等译,九州出版社 2010 年版,第 169 页。
③ [黎]纪伯伦:《纪伯伦散文精选》,伊宏译,人民日报出版社 1996 年版,第 85 页。
④ [法]布德尔:《艺术家眼中的世界》,辽宁美术出版社 1990 年版,第 72 页。
⑤ [英]约翰·卢伯克:《人生的乐趣》,薄景山译,上海人民出版社 2008 年版,第 164 页。
⑥ [法]杜夫海纳:《审美经验现象学》,韩树站译,文化艺术出版社 1992 年版,第 588、590 页。

里存在着一种对我亲如骨肉的关系"。这让梭罗意识到,"和我血统最接近而又最富于人性的并不是一个人",而是这无边无际的大自然①。

总之,在我们与大自然相遇时,不可避免地会产生一种使之"人性化"的趋向。李白《送友人》中的"浮云游子意,落日故人情"和杜甫《春望》中的"感时花溅泪,恨别鸟惊心"等名句,对此作了生动的表达。这种对自然对象的"人性化"渗透,与那种将自然物通过"拟人手法"而作"人伦化"处置之间,存在着本质区别:前者虽说视自然对象与我们人类具有同样的灵性,但仍将其作为外在于我们的一种客观存在;而后者则是以审美主体的主观意愿吞没了自然客体的本质存在,取消了其自身拥有的存在价值。问题的关键在于进一步澄清,何以我们在欣赏自然美时,往往会不自觉地使之"人性化"?答案其实并不复杂:作为天地万物之汇总的宇宙,对拥有"常识"的人们其实只呈现一种意义:生命意识的孕育与苏醒。以此而言,充斥于天地之间宇宙之中的那个"大美",也即对绵延不息的生命的肯定。所谓"天地之大德曰生"(葛洪《抱朴子·内篇》)也就是这个意思。归根结底,"美感"与"人性"共生同存、相互依赖。

这种关系为我们的健康人生提供了保障。克里希那穆提说得好:今天的人们常常为了获得些什么而忘记了自己身为人类的本质。这是导致我们越来越远离"幸福生活"的根本原因,症结所在是"我们丧失了对美的感受"。因为这种感受并不为"趣味"所范围,它并不情绪化,也不腐化,同情欲无关,"只是一种关怀感"。意识到这一点同时也就能领悟到"对美的感受即为对爱的感受"这个道理②。因为没有由己及人的那份博爱之心,很难想象会产生能与人分享的审美体验。唯其如此,哲人坦然相告:在我们所熟悉的日常生活世界,重要的并不是"无论你走到哪里,苦难、泪水、悲惨、迷茫、欲望、饥饿都会存在"这个事实,而是在面对这些苦难和不幸时,要能够懂得"这些是人性的温床"③。培育和守卫人性,这是美学这项事业即使辉煌不再,但也永远拥有价值的原因所在。

---

① [美]梭罗:《梭罗集》(上册),许崇信等译,生活·读书·新知三联书店1996年版,第344、480页。
② [印]克里希那穆提:《生而为人》,陈雪松译,九州出版社2011年版,第137页。
③ [印]克里希那穆提:《生而为人》,陈雪松译,九州出版社2011年版,第235页。

爱智境界的学与器识为先的思[*]

◎傅守祥

内容提要 "学"与"思"的关系、学术与学者的品格以及现代知识分子的软弱与"无畏施"等话题,既有经典性也有当代性。沉静地反思与辨析其中的关节,让"能思想的苇草"更少一些为时势裹挟的曲折甚至变节,坚守自己求知和思考的职分,为使文明的力量柔韧长远而甘坐冷板凳。在这其间,"爱智境界"、"器识为先"、"立命之学"与"向善之路"尤为重要。

关键词 学与思 爱智 器识 向善

子曰:学而不思则罔,思而不学则殆(《论语·为政》)。圣人的意思是:学习而不知道思考,就会惘然无知而没有收获;只空想而不读书学习,就会心中充满疑惑而无定见。孔子借谈读书方法,意在告诫我们:只有把学习和思考结合起来,才能学到切实有用的知识,否则就会收效甚微。孔子还在《论语·卫灵公》中说过:"吾尝终日不食,终夜不寝,以思,无益,不如学也。"在《论语·子张》中,更是借子夏之口说:"博学而笃志,切问而近思,仁在其中矣。"这些都是强调学习与思考相结合的重要性。对于读书人来说,"学"与"思"是主业,更须养成一种良好的习惯和坚韧的定力。

一、读书与爱智境界

令人尊敬的前辈学者何兆武先生在《上学记》一书中讲:"读书不一定非要有个目

---

* 国家社会科学基金重大招标项目,批准号12&ZD22;教育部人文社会科学研究项目,项目编号10YJC710074;华东政法大学马克思主义理论学科团队项目。

傅守祥,华东政法大学马克思主义学院教授、硕士生导师,研究方向为文艺美学与文化哲学。

的,而且最好是没有任何目的,读书本身就是目的。读书本身带来内心的满足,好比一次精神上的漫游。在别人看来,游山玩水跑一天,什么价值都没有;但对我来说,过程本身就是最大的价值,那是不能用功利标准来衡量的。"①何先生这里又讲到了一个"学"的心态问题——无目的的、超功利的心态,也是一种难得的自由的状态。

对于"思"的意义,法国先哲帕斯卡尔(Blaise Pascal,1623—1662)在其《思想录》中曾说过这样一段话:"人只不过是一根苇草,是自然界最脆弱的东西;但他是一根能思想的苇草……纵使宇宙毁灭了他,人却依然要比致他于死命的东西更高贵得多;因为他知道自己要死亡,以及宇宙对他所具有的优势,而宇宙对此却是一无所知。"②纯粹学者的生涯,固然常常被时势所裹挟,却因为固守自己思考和求知的职分而显出其高贵。当然,如果在"思"的过程中,因不断的清明、醒悟与宁静、充实而内心愉悦、欢欣,那么,"能思想的苇草"不但高贵而且优雅、不但智慧而且幸福,因为他锻炼出一颗像神一样的心灵——悲悯、慈祥而宽广。

18世纪德国著名浪漫派诗人诺瓦利斯(Novalis,1772—1801)曾说:"哲学,原就是怀着一种乡愁的冲动到处去寻找家园。"在希腊语中,哲学(philosohia)是由"热爱(philos)"和"智慧"(sophia)两个词合成的,哲学就是"爱智慧"。纯粹学者对知识的追求最初并没有什么实用的目的,是一种"为学术而学术"的、纯粹的"学以致知"的探索精神,这种做学问的境界也可以说是"爱智境界",体现出的是爱智慧、尚思辨、探索真理的哲学精神。

哲学家主张"爱智慧",并非自诩"有智慧",更不是古希腊在公元前5世纪的那些长于争辩的"智者"(sophistes)。因为"智者"与"哲学家"(philosophos)不同,智者以"智慧"为资本去服务官方、争名夺利(类似于当前某些爱表演的"公知"),哲学家则以"智慧"追求真善美的人生境界。"知识"能以数量计,属有限之物,然而"人生"更加有限,必不能穷尽人类全部知识。"智慧"是一种人类精神的理想境界,是无限之物,只能以高低计,哲学家对"智慧"追求的动力来源于对智能本身单纯的"爱",而没有其他实用的功利性。

哲学史家叶秀山先生常说:"要学会和书交朋友,书也是有生命的,但它不会搞阴谋诡计,不会暗算你,和书作心灵交流最安全。"叶先生以书为伴,20世纪八九十年代,他每天都到中国社科院哲学所的"写作间"里读书、写书;在他眼里,书也是一种活着的

---

① 何兆武:《上学记》,生活•读书•新知三联书店2006年版,第201—202页。
② [法]帕斯卡尔:《思想录》,何兆武译,商务印书馆1986年版,第83页。

"人",是有"心灵"的。著名学者胡孚琛先生曾撰文称:"叶秀山教授为人、处世、治学、教人的风格是一致的,即自内而外、自始至终贯穿着一种'爱智境界',是真正哲学家的学风。"①叶秀山先生除几十年如一日地身体力行"学"与"爱智"外,还多次畅谈、分享他亲身体会到的"思"的感受。他说:"思考哲学问题是'愉快的',如果你真正深入到哲学当中,就会觉得打通一个理路、想明白一个道理本身就是'好玩的',而且这种兴趣是发自内心的,'哲学'本身就可以构成一个目的,而不是达到另一个目的的手段。哲学有着深厚的历史基础,无数有大智慧的人对它作过研究、思考,它很值得我们对它发生兴趣,去追求它、爱它,'哲学'本身就可以有'吸引力',这是我一直持有的一个信念。"②同时,"哲学"是一门"活"的、"接地气儿"的学问,它追问"生活"、"生命"中最深层的问题,而并不给出现成的、一劳永逸的答案。因此,要生活就得生活在"大地"上,而不是生活在"天上"。

常言说:读书时,不可有己见;读书后,不可失己见。而叶秀山先生则更深入地指出:从某种意义上说,哲学不能由别人现成地教给你,要真正知道哲学是什么,必须自己去思考。哲学不能仅仅成为一个人谋生的手段,在现在的状况下,要是想着谋生,做点经济类的工作可能效果会更好。做哲学就是为了追求真理,这是哲学工作者的使命。从传统上看,"哲学"研究的是"无限","无限"就是"不受限制",就是"自由"。"哲学"正是以"自由"的态度来对待万事万物,在有限的事物中保持着"无限",在功利和世界中保持着理性的、清醒的态度。用《庄子》的寓言中的比喻来说,"哲学"要不执着于万物的"小用",而着眼于事物的"大用"。"哲学"是超越具体知识的学问和智慧,其真正价值正在于它具有"无用之大用",就是通过"形而上"地探索宇宙和人生"大道",使人的心性升华而达到"大智"。"哲学"总是向你提出问题,迫使你去思考,在那永无止境的思考中,哲学散发着一种无穷的魅力,有点像艺术带给人的无穷余韵一样,当然这得靠个人悉心体会。

二、器识与立命之学

"夫学术者,天下之公器",现代学者应当做有益于世的真学问。但中国传统中向

---

① 胡孚琛:《斯人在思:直接同先哲对话——记叶秀山教授的爱智境界》,载《斯人在思——叶秀山先生七十华诞纪念文集》,黄裕生等编,江苏人民出版社 2006 年版。

② 王齐:《无尽的学与思——叶秀山先生访谈录》,载《文景》2007 年第 7 期。

来崇尚"文人学士",而轻视"专家学者",甚至认为后者是"百工之徒"。近代以来这种
风气虽有所转变,但是直到目前仍然还很有些市场。"文人"当然有其自身的价值和意
义。"文人"就常"领一代之风骚","文人"善作"应景文字","文人"对于"思潮"的鼓动
宣传之功盖莫大焉。但是,"学术"的工作是要进行深入探讨,使一切思潮在学理和资
料上精益求精,成为一个学问系统,传之久远。"坐冷板凳"是"学术"研究的座右铭。
凡甘愿"坐冷板凳"者,都是因为看到了"学术"之恒久的价值,并且从中得到了追求真
理有所得的乐趣,哪怕只是短暂的"豁然贯通"的乐趣。当然,提醒重视"学者"的理论
研究,并非就是排斥"文采",其实社科学术著作也须具有"文采",正如南朝刘勰所言,
"圣贤书辞,总称文章,非采而何"(《文心雕龙》)。而北宋刘挚所说的:"士当以器识为
先,一号为文人,无足观矣"(《宋史》卷三四〇)确需当成一种警示。当今之世,文人大
多已装扮成学者,滥竽于学界,堂而皇之地以"士"自居,世人难辨其真伪,常轻信其文
墨,所以文人大行其道仍盛而应酬、媚俗文字泛滥。

人文学者不但可以用智慧为社会做贡献,而且可以培养自身的优雅"气质",进而
用品格影响他人。正如宋代大儒张载在其《语录钞》中所说"为学大益,在自求变化气
质"。20世纪20年代,清华国学院的前贤们就曾开辟了一个不可复制的大师时代,他
们具有"独立之精神,自由之思想",不入俗流,径行独往,真诚地对待学术,其精神范式
和价值理念值得后人追随,成为今日学术界的宝贵精神遗产和历史使命。"学术"自有
其"恒久的价值",这是人文学者内心深处所应有的信念,是支撑着我们甘心"坐冷板
凳"而不随波逐流、追风赶潮的精神支柱。尽管北宋大儒张载曾认定读书人应当"为天
地立心,为生民立命,为往圣继绝学,为万世开太平",但是,历史教训告诉我们:知识分
子首先应该秉承"独立精神"、"自由思想"。

英国哲学家、20世纪最重要的自由主义思想家以赛亚·伯林(Isaiah Berlin,
1909—1997)对知识分子有一个颇有说服力的分类:刺猬与狐狸。在他看来,那些习惯
追逐许多互无关连的目的,其生活、行动与观念是离心而不是向心,思想或零散或漫射
的知识分子属于"狐狸";与此相对,那些将一切归纳于某个单一、普遍、具有统摄作用
的原则的先知,是"刺猬"的人格特征①。遗憾的是,在改革开放30多年后的今天,中
国学界仍难见真正的"刺猬",即便是有灵性的"狐狸"也不常见。近些年来,中国文艺
界不断责难文艺批评"失语"、"缺信"和"缺位",殊不知这与有些文艺批评家泯灭是非

---

① ［伊朗］拉明·贾汉贝格鲁:《伯林谈话录》,杨祯钦译,译林出版社2002年版,第172页;亦可参见［英］以
赛亚·伯林:《俄国思想家》,彭淮栋译,译林出版社2001年版,第25—28页。

甚至颠倒黑白息息相关。

当代著名作家龙应台在北京大学的演讲中说:"在大陆的集体心灵旅程里,一路走来,人们现在面对的最大关卡,是'相信'与'不相信'之间的困惑、犹豫,和艰难的重新寻找。"①因此,其作品在大陆点击率和流传率最高的是《(不)相信》这篇。"十岁之前相信的很多东西,后来一件一件变成不相信",这当中包括"文明的力量"、"正义"、"理想主义者"、"爱情"以及"海枯石烂作为永恒不灭的表征"。不过,"二十岁之前相信的很多东西,有些其实到今天也还相信"。"譬如文明也许脆弱不堪,但是除文明外我们其实别无依靠。譬如正义也许极为可疑,但是在乎正义比不在乎要安全。譬如理想主义者也许成就不了大事大业,但是没有他们社会一定不一样。"此外,也有"二十岁前不相信的,现在却信了","不过都是些最平凡的老生常谈",比如"性格决定命运"、"色即是空"、"船到桥头自然直"。人们确乎在犬儒与理想之间徘徊,现实让人失望,但希望亦非绝无。正如鲁迅(1881—1936)先生所说,"地上本没有路,走的人多了,也便成了路",希望来自于行动,为了行动必须相信。因此,龙应台期待"一个敢用文明尺度来检验自己的中国;这样的中国,因为自信,所以开阔,因为开阔,所以包容,因为包容,所以它的力量更柔韧、更长远。当它文明的力量柔韧长远的时候,它对整个人类的和平都会有关键的贡献"②。

三、才智与向善之路

殊难忘"大独裁者"希特勒(Adolf Hitler,1889—1945)曾经对其"宣传部长"戈培尔(Paul Joseph Goebbels,1897—1945)的"面授机宜":"不需要让青少年有判断力和批判力。只要给他们汽车、摩托车、美丽的明星、刺激音乐、流行服饰以及对同伴的竞争意识就够了。剥夺思考,根植对命令的服从心才是上策。让他们对批判国家、社会和指导者抱持着一种动物般原始的憎恶。让他们深信那是少数派和异端者的罪恶。让他们都有同样的想法,让他们认为想法和大家不同的人就是国家的敌人。"③这种赤裸裸的剥夺"思考"、敌视"思想者"、故意妖魔化人本主义的"批判精神"、人为制造"国家公敌"的反智主义"愚民"行径,在不同历史时期、不同国族环境中不断重演,尤须人们警惕。

---

① 龙应台:《文明的力量:从乡愁到美丽岛》龙应台在北京大学百年纪念讲堂的演讲,《联合报》2010 年 8 月 9 日。
② 龙应台:《文明的力量:从乡愁到美丽岛》龙应台在北京大学百年纪念讲堂的演讲,《联合报》2010 年 8 月 9 日。
③ [德]阿道夫·希特勒:《我的奋斗》,译者不详,西藏文艺出版社 1999 年版,第 154 页。

美国著名总统亚伯拉罕·林肯(Abraham Lincoln,1809—1865)有段名言:"你可以在某些时候欺骗所有人,也可以在所有时候欺骗某些人,但是你无法在所有时候欺骗所有人。"尽管西方世界曾有联邦德国总理维利·勃兰特(Willy Brandt,1913—1992)于1970年年底在华沙犹太人死难者纪念碑下的"下跪"谢罪与真诚忏悔,并发出祈祷:"上帝饶恕我们吧,愿苦难的灵魂得到安宁",以及联邦德国时任总统向全世界发表著名的赎罪书①,也有俄罗斯领导人普京(Vladimir Vladimirovich Putin)在"纪念苏联大清洗(70周年)死难者"仪式上反省"为什么人类历史上同样的悲剧被重复上演,一个重要的原因就在于那些空洞的信仰、主义被置于人类基本的权利:生存、自由、尊重、爱、表达之上"。但是,这些毕竟不能掩盖西方知识分子曾经的软弱变节、助纣为虐与为虎作伥。

"前事不忘,后事之师。"作为20世纪最伟大的哲学家之一,海德格尔(Martin Heidegger,1889—1976)与纳粹的关系一直是众说纷纭的焦点;对于世人的追问,海德格尔却一直固执地保持沉默。实际上,除了英美分析哲学之外,整个欧洲大陆最顶尖的思想家们无一例外地受到了海德格尔决定性的影响;这个名单里有列奥·施特劳斯(Leo Strauss,1899—1973)、汉娜·阿伦特(Hannah Arendt,1906—1975)、米歇尔·福柯(Michel Foucault,1926—1984)、雅克·德里达(Jacques Derrida,1930—2004)、卡尔·施米特(Carl Schmitt,1888—1985)、卡尔·洛维特(Karl Löwith,1897—1973)、保罗·利科(Paul Ricoeur,1913—2005)、伽达默尔(Hans-Georg Gadamer,1900—2002)等一系列伟大的名字,当然还有著名的哲学家、犹太学家伊曼纽尔·列维纳斯(Emmanuel Lévinas,1905—1995)。1973年7月,还有几个月就要走完一生的政治哲学大师列奥·施特劳斯,在给犹太学及神秘主义大师索勒姆的信中,笔调沉痛地写道:"在度过如此漫长的岁月之后,我现在才明白,海德格尔究竟错在哪里:具有非凡的才智,这才智却依附于一个俗不可耐的灵魂。"②由此可见以价值立场为支撑的人文品格和思想操守对于当代学人的实践意义。

哲学离不开社会,社会也离不开哲学。毋庸讳言,当今世界正遭遇货币、政治、道德、精神危机,哲学家不应仅满足于解答他们感兴趣的问题,还需投身解决现实问题,正常的哲学圈应该成为"思想的竞技场"。而在当今时代,没有人否认物质丰富、科技

① 《德国总理向死难犹太人下跪谢罪瞬间》,凤凰网,2008年9月4日,http://news.ifeng.com/history/1/jishi/200809/0904_2663_764777_1.shtml。
② [美]马克·里拉:《当知识分子遇到政治》,邓晓靖等译,新星出版社2010年版,第21页。

进步对人类生活改善的积极作用,但是,超越物欲至上、技术异化与娱乐至死,解决技术主义、享乐主义与虚无主义的思想难题,亟须无数学人的努力工作和坚定矫正,有良知的人文学者更是责无旁贷。哲学大师列奥·施特劳斯总结海德格尔人生失败的教训,对我们和平发展年代的人来说是另外一个层面上的警醒:手握"利器"的"精神侏儒"更有可能在地球毁灭之前"腐烂"整个社会……

美国政治家富兰克林(Benjamin Franklin,1706—1790)有句名言:愤怒总是有理由的,但是很少有可取的理由(Anger is never without Reason,but seldom with a good One)。奉行"多元主义信念"的英国哲学家以赛亚·伯林多次提醒世人:世界上不存在绝对真理,比如仁慈和善也都只能是相对的,不可能对所有人都仁慈;他还反对非此即彼的思想,认为这种思想是独裁主义的源头,人们都应该有多元的选择,需要适度的妥协;他认为自由的概念也是"消极的自由",自由只在一定范围内才存在。民国时期的学界精神领袖胡适倡导"容忍比自由还更重要"。因此,人们对无良行为的警醒是有必要的,但愤怒必须控制;出色是每个人的愿望,但良知应该是每个人必需的坚守;在判定是非对错之前,"己所不欲,勿施于人"应当成为一条人人奉守的、普适性的准则。龙应台能以"杀人众,以悲哀泣之;战胜而以丧礼处之"的悲悯心直面中华历史,令人欣慰,而学者的"求真"、"向善"仍"在路上"且路途漫长。

四、乐思与无畏之施

"万物静观皆自得。"三年前首次访学美国,在佛州的孤居中,隐然有修行者"闭门坐关"的体验。在安宁的"学"与"思"中,震撼于凡·高(Vincent Willem van Gogh,1853—1890)的《向日葵》、《星空》、《夜间的咖啡馆》等画作,留下《生者,静寂的造像》的感言:

> 生者,常朝秦暮楚,然而,动静咸宜者寡,人谓围城心态也。
>
> 狰狞偓倮,脱俗懵懂间,欲洞明人生,然后世事,进而窥测历史未来,所谓一瞥天地经纬的好奇与贪婪……终不能淡然于枯寂与静谧,终不能相忘于天籁与地晏。
>
> 道圣谓无,佛尊言空,世人常驻足于幻景之炫与轮回之色,恋恋风尘中沉溺。往生者不言,今在者不聪,六道不相通。
>
> 人史冥冥,天师推背。一隙开阖,借道诗画乐思融入浑沌。所谓去蔽者

鲜,具象者空乏,无调者韵失,诗语者色迷。

  生死事大,阴阳之隔与轻重之分转瞬。三界唯心,万法唯识。奈何人心无恒,何妨逍遥于山水间,闲行闲坐任枯荣。

  "生活对我来说就是一次艰难的航行,但是我又怎么会知道潮水会不会上涨,及至淹没嘴唇,甚至会涨得更高呢? 但我将奋斗,我将生活得有价值,我将努力战胜,并赢得生活。"这是生活在低处、灵魂在高处的凡·高对待生活的态度。对于这位极具个性的超时代画家来说,他悲苦的一生就是向命运抗争、为艺术献身的一生。

  英国诗人多恩(John Donne,1572—1631)曾有诗句曰:"没有人是一座孤岛"。近五年来,惊心于不少身边变故:外国文学界的前辈、翻译家宋兆霖(1928—2011)先生走了,我的授业恩师、翻译家汪飞白先生虚惊于前列腺病变,学界前辈王生平先生退休即遗忘了全部世界,我的同门师兄叶世祥(1966—2013)教授因病英年早逝,以及同道中人青年才女如复旦大学教师于娟(1979—2011)博士与浙江传媒学院教师彭娇雪(1977—2007)博士因癌变早逝……"人应该把快乐建立在可持续的长久人生目标上,而不应该只是去看短暂的名利权情。名利权情,没有一样是不辛苦的,却没有一样可以带去。"①走向死亡的过程是那么黑暗,于娟们却以"无畏施"努力让这段路变得有光明;也许他们相信:如果不能有像别人一样的生命长度,那么,就以"生如夏花之绚烂,死若秋叶之静美"的方式去展现生命的宽度和深度吧。相较于这些生死异变,人世纷扰何足道哉,荣辱体验何须记挂,"能思想的苇草"这一命名里涵盖了人类的全部——荣光与平凡。小说大师米兰·昆德拉(Milan Kundera)在《不能承受的生命之轻》中曾说:"我们永远不可能知道自己想要什么,因为,一个人的人生只有一次,我们既不能拿它与前世对比,也无法在来世使它臻于完美。"人生是一场不得不散的宴席,悲伤的是没做好准备! 所以,我们唯有以"平静的尘心"感恩生活、善待生命。

  "亦余心之所善兮,虽九死其犹未悔"(《离骚》)。做学问不但是一项费心费脑的活计,更是一项耗费莫大体力的劳动。然而,在学与问的漫漫路途上,若是起意于内心愉悦的满足、在做自己喜欢做的事,那么,在身心疲累之外终究是快乐的,正所谓"学之不如好之,好之不如乐之"。学界前辈陈平原先生曾言"做学问不靠拼命靠长命",因为生命的延续意味着学问的厚积,连续的人生体验才能做出更多的学问。我辈后学不敢奢望有前辈大师一般的学术贡献,但是在当下市场经济时代做学问的"穷途"与"愚执",

---

 ① 于娟:《此生未完成》,湖南科学技术出版社 2011 年版,第 56 页(亦可见《复旦女博士于娟:为啥偏偏是我得癌症》,新浪女性 2013 年 04 月 12 日,http://eladies.sina.com.cn/zc/2013/0412/07501219439.shtml)。

以及做学问者的头脑发达与四肢萎缩，却是不争的事实，在不知不觉间我们都成为世间急速旋转的"陀螺"。当然，做任何事都要认真和投入，但是对于真正想做学问的知识分子来说，身体透支式的"拼命"往往多于劳逸结合与休养生息式的"长命"；更兼20世纪末以来教育现代化影响下的科研数量化管理，做学问的知识分子们被"看不见的手"驱赶着，渐渐失却了沉静与从容，身体透支式的"拼命"也就从不自觉走向了被迫与无奈。这世间有太多易逝，太多无常，当然亦有诸多珍贵，诸多美好！诚如禅宗诗偈云："心如大海无边际，口吐红莲养病身"，唯愿人人都能好好活着，珍惜自己、爱护他人！

作为一种实质正义的古典自然正当学说*

——从列奥·施特劳斯《自然权利与历史》中的观点说开去

◎李明坤

内容提要 自然正当问题早已淡出道德和政治哲学家的视野。德裔美国政治哲人列奥·施特劳斯在当代对古典自然正当学说的复兴,并未引起足够的注意。多数读者对施特劳斯所谓的"自然正当"意味着什么不甚明了。本文旨在以《自然权利与历史》中的相关论述为基础,对古典自然正当学说予以简要阐释。在批判性地考察了当代政治哲学对形而上学问题的拒斥和对程序正义的偏执之后,本文将表明,古典自然正当学说是一种实质正义,其核心是有关人生目的的等级序列,其充分展开则是古典的最佳政体学说。尤其需要注意的是,古典自然正当学说对人类政治生活的永恒特征给出了远不同于今人的看法。

关键词 列奥·施特劳斯 程序正义 实质正义 自然正当

一、自然正当与形而上学问题

"自然正当"似乎本质上就不大容易获得普遍的认可,历史上总是以一种防守和辩护的姿态出现。前苏格拉底哲学承认"自然",但否定正义有着自然的基础;当代政治哲学全神贯注于寻找一种正义理论,却早就遗忘了"自然"问题。为什么要探究"自然"正当?是否拥有"自然"的基础何以对正义来说至关重要?我们今天已经不大能够理

---

* 中国博士后科学基金项目,批号 2014M551370;华东政法大学马克思主义理论学科团队项目。

李明坤,华东政法大学马克思主义学院博士后,香港中文大学政治学博士,研究方向为政治哲学与马克思主义理论。

解,因为"自然"在道德哲学领域,久已不为所重①。如今我们已经习惯了以我们所能体会或想象的"最不坏"的政治生活为目标,来设计一套正义原则。但早在几百年前,政治哲人卢梭就曾经在其名著《论人类不平等的起源与基础》一书开头,严厉地批评过如此探讨正义原则的方式,只不过卢梭那时候,学界流行的术语是"自然法",不是我们今天惯于谈论的"正义理论"。只需把这两个术语稍作调换,卢梭的话拿到今天就仍然适用:

> 人们往往先寻求一些为了公共利益,最适合于人们彼此协议共同遵守的规则,然后把这些规则综合起来,便称之为自然法;他们的唯一根据就是那些规则通过普遍的实践可能使人得到好处。无疑地,这是下定义的一种最简便的方法,同时也可以说是以武断的态度来解释事物性质的一种最简便的方法。②

卢梭所批判的是脱离自然(nature)、脱离对事物本性(nature)的考虑,来"设计"规范性原则的风气。自然或事物本性乃是所有理论"设计"最终和唯一的参照。无视自然的人为"建构",只会导向脱离实际的理论空谈。现代早期的政治哲学尽管在把权利绝对化这一方面偏离了由苏格拉底首开其端的古典传统,但在以"自然"为师这一点上,两者还是一以贯之的。不管霍布斯、卢梭等人所谓的自然状态是否曾经是历史事实,它们都不是也不打算是一种纯粹的主观建构,因为考察自然状态的首要目的是发现人性,而这就意味着考察人在整全中的地位或人的起源③。假如"自然状态"中的内容乃是与客观事实、与"自然"无关的纯粹"抽象"或假设,那么通过"自然状态"所得出的一切推论也只能是有别于真理的主观臆造而已,没有丝毫价值。卢梭本人对他的自然状态研究之目的,有着清醒的认识:

> 这些研究是如此难做,所以人们直到现在还很少考虑过,但这种研究毕竟是解决我们对于人类社会真正基础的认识上无数困难的唯一方法。自然法的真正的定义之所以难于确定而且模糊不清,就是因为我们不认识人的本性的缘故。布尔拉马基说过:法的观念,尤其是自然法的观念,显然就是关于人的本性的观念。他继续说道:所以正应该由人的本性、由人的本质、由人的

---

① 根据施特劳斯的考察,"自然"在现代的沦落当然与现代自然科学对"自然"的崭新看法(无秩序的、有待征服的对象)有关,但现代哲学最初的实践倾向以及后来历史主义的兴起所产生的负面影响也不容忽视。

② 〔法〕卢梭:《论人类不平等的起源与基础》,李常山译,商务印书馆 1962 年版,第 66 页。

③ 〔美〕施特劳斯:《自然权利与历史》,彭刚译,生活·读书·新知三联书店 2003 年版,第 281—282 页。

状态来阐述这门科学的原理。①

与今人遗忘自然相伴随的是对形而上学的拒斥。拒绝"形而上"的思考，似乎已经成为学术现代性的首要标志，不仅社会科学家们理直气壮地和形而上学撇清关系，即便在哲学研究中，类似的风气也很普遍。以政治哲学为例，某权威性著作中即有如下宣告："政治理论可以脱离诸如人生活的意义、人在宇宙中的位置等深层的形而上学问题。为了发现人应当如何在社会中生活以及他们的公共事务的秩序，没有必要首先处理这些问题。"②然而，对人性的考察不可回避。人是介于神与兽之间的一种存在，神性与兽性界定了人性的限度，故对人性（human nature）的考察最终也不能脱离"何为神"的问题。换个角度说，人之自然乃是作为整体之自然的一个部分，对人性的探究终将导向对作为整全之自然的探究，也就是导向一种形而上学。

形而上学的不可或缺，还可以借用现象学中的"视域"（horizon）③概念来理解。简单地说，人对特定事物的认知，总是在一种超出了这一特定事物的大的背景（视域）中来进行的。离开作为大背景的视域，对单个事物的认知也会失效。而最普遍的视域，作为一切人类理解之根本基础的视域，就是涵盖了存在者整体的视域，即整全的视域。用施特劳斯的话说：

> 所有的知识，无论多么有限或科学，都预设了一种视域，一种知识在其中因之得以可能的整全的视域。所有理解都预设了对于整全的一种根本性的意识：先于对特定事物的任何感知，人的灵魂必定对诸理念，对由不同环节所构成的整全已经有所洞察。④

人对整全的表述可能无法达到最终的确定性，哲学或许无法超出思辨而达到决断的程度。但哲学不能因此就局限在对部分的研究中，不管这一部分多么重要，"因为部分的意义依赖于整全的意义。特别是，仅仅建立在根本性经验基础上，不诉诸任何关于整全的假说性预设的对于部分的这种解读，最终并不优于其他坦率地以此类假说性

---

① ［法］卢梭：《论人类不平等的起源与基础》，李常山译，商务印书馆 1962 年版，第 63 页。

② David Miller and Richard Dagger. Utilitarianism and Beyond：Contemporary analytical political theory. In：Terence Ball and Richard Bellamy（eds.）. *The Cambridge History of Twentieth-Century Political Thought*. Cambridge：Cambridge University Press，2003，p. 446.

③ "视域"在当代是一个重要的现象学概念。参胡塞尔在《欧洲科学的危机与超越论的现象学》（王炳文译，商务印书馆 2001 年版，第 173—193 页）中对视域问题的阐述。胡塞尔似乎停留于作为视域的世界的主观性，施特劳斯则强调这种主观性背后的客观基础：一个客观的世界的存在，是所有主观性的"世界视域"的基础。

④ ［美］施特劳斯：《自然权利与历史》，彭刚译，生活·新知·新知三联书店 2003 年版，第 126 页。

预设为基础"①。因此,形而上学式的思辨不可回避。

二、作为一种实质正义的自然正当

政治社会时时刻刻为种种不同的利益要求所分裂,所谓的"公共利益"几乎总是无法获得所有人的认同。如何寻找一种客观有效的标准,来决定哪些人的哪一种要求,应该被优先对待,被尊为"公共利益",就成为所有要求中最根本也最迫切的要求之一。一种可以界定公共利益的标准,实际就是对何为正义的回答。"正义"本身就是最典型的公共利益。没有最低限度的正义作为底线的公共善(common good),就连犯罪团伙也难以为继,遑论理应享有更高尊严的政治社会。然而,尽管对正义的需求甚为迫切,正义本身是什么却很成问题。

正义作为一种德性(virtue)②,比智慧、勇敢、节制等诸德性更成问题。智慧对有智慧的人来说,就是最好的奖赏,而正义对正义者的好处,总是十分可疑③。假如违背正义的要求损人利己却能免于惩罚,正义的准则将难以持守;正义的履行不得不以强制性手段作为后盾。同时,人们在何为正义问题上的争议,远比在何为勇敢、节制等问题上的争议激烈得多也频繁得多。正义而不是其他德性被奉为一个社会的首要价值。所以,正义是一种特别"政治性"的美德。

既然是相互冲突的利益要求催生了对正义的需要,作为衡量正义的客观标准,其主要功用就是从正义的角度,对各种利益要求的内容和性质做出批判性的考察,以决出一个优先次序。但是否能够搁置对单个要求之内在品质的批判性审查,而满足于一种纯形式的"程序正义"呢?

程序正义的宗旨,是为了平等地对待一个政治社会中已经存在的所有偏好和价值,或不能化约又互不相容的各种善的观念。"但仅仅止于平等地对待所有偏好或选择,在实践上是不可能的。"④如果"公共利益"总是无法获得所有人的认同,哪些人的哪种利益要求应该被优先对待,就是一个在实践上不得不面对的问题。程序正义只能

---

① [美]施特劳斯:《自然权利与历史》,彭刚译,生活·读书·新知三联书店 2003 年版,第 125 页。

② 本文对"virtue"采用"美德"和"德性"两种译法,以适应不同的语境。

③ 参见[古希腊]柏拉图:《理想国》(卷一)(卷二),郭斌和、张竹明译,商务印书馆 1986 年版。

④ [美]施特劳斯:《自然权利与历史》,彭刚译,生活·读书·新知三联书店 2003 年版,第 5 页。本文所引该书原文大多参照 *Natural Right and History*,Chicago:The University of Chicago Press,1953,有所改动,不再另注。

是一种纯粹理论人(theoretical man)的态度,是一个免除了在活生生的利益冲突中做出决断之迫切要求的、旁观者的态度。"在具体的政治现实中,不是抽象的'秩序'或规范,而总是某些真实的人类群体和组织统治另外一些人类群体和组织"。① 所有政体(regime)都不可避免地把某个群体的生活方式奉为权威,从而使得政治社会中的所有人都受到为这种生活方式所代表的价值偏好的强制性影响:总有部分人的利益要求将优先得到考虑,程序正义不能改变这一事实。政治体制与生俱来的这一道德特征不改变,也就不存在真正持守中立的"程序正义"。

行动世界中的每一个人,都在追求自身的利益,追求对自己来说好的东西:尽管人们可能在明明知道何为正义的情况下,依旧胡作非为,却不会在明明知道什么东西对自身有利的时候,故意反其道而行之。这说明,"善"(good)比正义更加自然②,它无须借助外在强制就被人们自发地寻求③。对于实际生活中的人来说,好(good)坏的问题先于对错(正义)的问题④。某种意义上,哲学就是寻求有关善的知识:"哲人就是这样一种人,他用一生来追求关于善的知识,追求善的理念;我们称作道德德性的东西不过是这一追求的条件或副产品。然而,对于众先知来说,没有必要寻求关于善的知识",上帝或经书已代他做出了回答⑤。并非所有的东西都同等地好,某些东西只能是达成某种目的的手段,最终所有的好(good)都是过上一种好生活的手段,因此何为好的生活或何为属人生活的最终目的的问题,乃是决定一切的关键。一个人要理性地生活,就无法摆脱对这一问题的回答,就不得不总是自觉不自觉地在这一决定性问题的背景下,对各种选择的好坏做出评判。"如果选择的不平等的序列无法被追溯到它们的目标的不平等序列,它就必须被追溯到选择行为(the acts of choosing)的不平等序列;而这就意味着,最终,与虚假的或可鄙的选择相区别的真正的选择,就是坚决的或极端严肃的决断。"⑥绕过目的问题所导致的实践后果就是鼓励不顾一切做出决断的极端行为。"决断哲学"(以海德格尔、施密特等为代表)在当代德国乃至当今世界的流行,和

① [德]卡尔·施密特:《政治的概念》(《施密特文集》第一卷),刘宗坤等译,上海人民出版社2003年版,第198页。

② 本文对"good"采用"善"和"好"两种译法,以适应不同语境。

③ 参见[古希腊]亚里士多德:《尼各马可伦理学》开篇第一句:"每种技艺与研究,同样地,人的每种实践与选择,都以某种善为目的。"(廖申白译注,商务印书馆2003年版)。

④ 古典哲人普遍承认,存在一种对人来说最好的生活,即承认"有别于正义的善的优先性",争议在于正义在这种生活中,起到什么样的作用(《自然权利与历史》,第96页)。参本文论"习俗主义"开头。

⑤ Leo Strauss. *Studies in Platonic Political Philosophy*. Chicago: University of Chicago Press, 1983, p. 172.

⑥ [美]施特劳斯:《自然权利与历史》,彭刚译,生活·读书·新知三联书店2003年版,第5—6页。

当代精神对目的问题的忽略不无关系。一战后的德国学术界之所以从理性倒向"权威"(国家或宗教),正是因为当时的科学或哲学在至关重要的问题上(即人应该如何生活),无力给人以教诲和指导①。

当代对程序正义的主要证成,似乎是现代人无法改变却必须面对的价值多元性。② 然而,"价值多元"作为一种社会现象,古人并不陌生。与其说价值多元是区别现代社会与传统社会的主要特征,不如说是区分民主社会与非民主社会的主要特征。变化仅在于,以对个性或多样性的信仰为基础,价值多元在现代社会超出了单纯政治现实的层面而变成一种哲学主张。但无论如何,价值多元不是历史神秘力量或观念进步的必然结果,而是政体(regime)内在的道德后果所致:每一种政体都不可避免地把一部分人的生活方式奉为权威,民主社会奉"杂众"(the multitude)③的生活为权威,自然会造就"价值杂多"的社会现实。归根结底,"价值多元"只是自由平等的必然结果,而自由平等乃是民主社会的基本精神,自古皆然。④《理想国》卷八对民主社会自由景象的生动刻画,在今天的人们看来,也丝毫不会感到陌生:

> 当前风气是父亲尽量使自己像孩子,甚至怕自己的儿子,而儿子也跟父亲平起平坐,既不敬也不怕自己的双亲,似乎这样一来他才算是一个自由人。此外,外来的依附者也认为自己和本国公民平等,公民也自认和依附者平等;外国人和本国人彼此也没有什么区别……教师害怕学生,迎合学生,学生反而漠视教师……连人们畜养的动物在这种城邦里也比在其他城邦里自由不知多少倍。狗也完全像谚语所说的"变得像其女主人一样"了,……⑤

有一种反对实质正义或自然正当的理由是,认为实质正义很难或几乎无法实现。

---

① Leo Strauss. Living Issues of German Postwar Philosophy. In:H. Meier(eds.). *Leo Strauss and the Theological-Political Problem*. Cambridge:Cambridge University Press, 2006, pp. 125-129.

② Joshua Cohen. Pluralism and Proceduralism. *Chicago-Kent Law Review*, 1994, Vol. 69, No. 3, pp. 589-618. Cohen 在这篇文章中指出,程序正义背后也有一套实质性的道德理想,这一点当然没问题,但他就此否认程序正义与实质正义这一区分的价值,就有失偏颇了。因为就连他也不得不承认,流行的程序主义还没有"实质"到允许一种整全性的善观念被当作权威的程度,而自然正当作为一种实质正义恰恰是这么做的。换句话说,程序正义与实质正义之间的根本差异,只有放到是否承认一种权威性的善观念这一问题上,才会显现出来。从多元论到程序正义的论证,也应当被置于类似的语境中来理解。

③ "杂众"是借用刘小枫的译法。参见刘小枫:《施特劳斯与中国:古典心性的相逢》,《思想战线》2009 年第 2 期,第 59—65 页。

④ 参见[古希腊]亚里士多德《政治学》,卷六第二章开头,商务印书馆 1997 年版。

⑤ [古希腊]柏拉图:《理想国》562e-563d,此处为郭斌和、张竹明译文(商务出版社 1996 年版,第 340—341 页)。

让我们假定，一项体现了实质正义的安排就是完美符合公共利益的安排，那么经验告诉我们，这样的安排要能越过道道程序、最终成为公共决策者的备选方案，已经十分困难，而即便被选择，也未必能够得到贯彻。况且，不同的善的观念对于何为公共利益，又有着非常不同甚至完全相反的解读，指望那个完美方案碰巧获得绝大多数人的赞同，也不现实。但不可否认的是，我们时时刻刻都在应用有关实质正义的知识，尽管这种"知识"多数情况下只是一种未经检视的假设。如果不是首先拥有对实质正义（自然正当）的某种理解，程序正义的问题也不会出现。流行的程序正义背后，正是对自由、人权最终是对多样性或个性的"自然正当"的某种认定："在激烈地拒绝所有'绝对之物'的根基处，我们察觉到对于一种自然正当，或准确地说，对于那种关于自然正当的特定解读的认可，根据这种解读，首要的东西是对多样性或个性的尊重"。① 此外，就算一种完美的自然正当能够付诸实现的可能性无限渺茫，也不构成我们放弃探究自然正当的理由。施特劳斯在《自然权利与历史》第二章说过的一段话用在这里也十分合适：

> 除非条件非常有利，最佳方案可能无法实现，而此时此地的现实条件，或许极为不利。这一点并不能剥夺最佳方案的重要性，因为作为理性地衡量各种不完美方案的基础，它仍然是不可或缺的。尤其需要强调的是，它的重要性不会受到如下事实的任何影响：在特定的形势下，只有两种同等不完美的方案可供选择。②

即便现实决定了我们只能在各种不同的程序正义之间做出选择，我们依旧必须，甚至首先应该知道实质正义是什么。

总之，不管是对于社会还是对于个人，一种"实质正义"不可或缺。没有关于目的的知识，我们在最重要的问题上将是盲目的，尽管可以在鸡毛蒜皮的事情上保持清醒。古典自然正当学说是一种关于实质正义的学说。追求自然正当就是探究什么是内在的好或正当的知识，最终就是关于目的的知识③。

---

① ［美］施特劳斯：《自然权利与历史》，彭刚译，生活·读书·新知三联书店2003年版，第5页。
② ［美］施特劳斯：《自然权利与历史》，彭刚译，生活·读书·新知三联书店2003年版，第67页。
③ "公民社会的目的必然作为评判公民社会的标准发挥作用"（施特劳斯：《什么是政治哲学》，李世祥等译，华夏出版社2011年版，第14页）。此处据英文版 *What is Political Philosophy and Other Studies*. New York：The Free Press，1959，有改动，以下对此书的引用也多属于此种情况，不再另注。

三、古典自然正当学说的基本内容

　　与中世纪的自然法学说、现代理性主义以及当代的种种正义理论(如罗尔斯的两个正义原则)不同,古典自然正当学说并不主张任何一种具体行为规则的普遍适用性,因为所有规则都有例外,而"例外与规则同样自然",允许例外乃是自然正当的题中之意。此处隐含的意思是,要判断某种举措是否正当或是否高贵,行为的目的比行为本身更重要。这种观点在今天面临强烈的反对意见,因为恰恰是类似的信条——"目的使手段合理化"——被认为要为 20 世纪上半叶前所未有的政治灾难负责。然而,20世纪的政治理想主义所追求的"理想",压根就不可能被归为古典理性主义视野中的"目的"。就理想(ideal)作为一种纯粹个人主观创造的产物因而与自然无关甚至与自然相悖来说,它完全是一种现代观念①,与古典意义上的理念(idea),不可同日而语;理念是一种自然之物,是人的知性对自然之"being"的洞察和发现。现代理想主义者遗忘了自然(nature),故会追求一种违背人性(nature)的理想;古典哲人谨守自然的界限,故不会觊觎不切实际的目的。

　　通过认定"存在一种普遍有效的目的的等级制,却不存在普遍有效的行动规则"②,古典哲人既避免了理想主义与犬儒主义之间的两难选择,也没有落入通常所谓的绝对主义或相对主义之窠臼,而是坚持以一种目的序列为指导,具体情况具体分析。所谓"具体情况具体分析"就是在高贵性的要求与紧迫性的要求之间做出抉择:

　　　　最紧迫的正当地优先于比较不紧迫的,而紧迫的在许多情况下在层级上
　　　　要低于比较不紧迫的。但我们不能(因此)得出一个普遍原则:对紧迫性的考
　　　　虑高于对层级的考虑。因为竭尽所能地把最高活动当成最紧迫或最需要做
　　　　的事情,乃是我们的义务。我们所能期待的努力的最大限度,因人而异。唯

---

　　① 参施特劳斯对斯宾诺莎的评论:"'人的目的不是自然的,而是理性的,是人想出来(figuring out)的结果,是人塑造出来的关于人的理念,以作为人性的榜样。'他因此决定性地为现代的'理想(ideal)'概念作了准备,这种理想是人类心灵或人之规划的结果,不同于自然为人设定的一种目的。"(Leo Strauss: *Spinoza's Critique of Religion*, translated by E. Sinclair, Chicago: University of Chicago Press, 1997, p. 16)另参 Leo Strauss, *The City and Man*, Chicago: University of Chicago Press, 1964, p. 44. 施特劳斯在此指出,现代的"理想"概念,截然不同于古典政治哲学语境中的人的目的或人的完善,反而与古典的最佳政体概念拥有相似的身位:都是人想出来的,都只能存在于言辞之中。这被施特劳斯看作是现代哲学政治化的一种体现,似乎是因为,个人之善(人生理想)与公共之善(最佳政体)之间的界线在这里被模糊了。
　　② 〔美〕列奥·施特劳斯:《自然权利与历史》,彭刚译,生活·读书·新知三联书店 2003 年版,第 165 页。

一普遍有效的标准乃是目的的等级制。对于判断个人和群体、行动和制度有多高贵，这个标准足够了。但它不足以指导我们的行动。①

古典自然正当学说所坚持的那种普遍有效的目的序列是什么呢？笼统地说，它是一种关于人生目的的知识。关于目的的知识虽然不直接回答正义是什么，却是提供这一回答的基础和依据，因为正是人类行为目的之间的高低之别，为判断人类行为的是非对错提供了最基本的参照。古典政治理论的诸环节（如政体学说）都是对此种知识的应用和发挥。

> 关于人类生活目的的知识是有关如何使人类生活趋于完备或整全的知识；因此是关于一种（a）整全的知识。关于人的目的的知识必然包含关于人类灵魂的知识；人类灵魂是整全之中唯一向着整全开放的部分，因此比其他事物更接近整全。但这种知识——最高意义上的政治技艺——不是关于真正（the）的整全的知识。②

此处的"一种整全"指的是人类生活整体，具体来说则是指城邦或政治社会；"真正（the）的整全"则是指存在者整体，整个宇宙。有关人类目的的知识也可以称作是关于人类灵魂的类型学。③自古至今，尽管不同的思想家在表述上有所不同，但大多倾向于将人分作三种类型：哲人、政治人和普罗大众。其中，毕达哥拉斯的说法似乎在时间上最早，流传也最广④，卢梭曾在其著作《爱弥儿》中予以转述："'世界上的情景'，毕达哥拉斯说，'宛如奥林匹克竞赛会的情景一样：有一些人在那里开店铺，为的是牟利赚钱；另一些人在那里拼命，为的是追求荣誉；而其他的人则只是为了去看竞技的，但是，去看竞技的人并不是坏人'。"⑤多数人为感官享受所限，以发财为人生目的；少数人超越了肉体的局限，追求荣誉，渴望政治生活中的伟大与高贵；更少的一部分人，则沉浸于静观生活中的求知之乐，满足于"看"。亚里士多德在《尼各马可伦理学》开头也提到了三种生活，对应于三种灵魂类型，与毕达哥拉斯的说法大同小异，即享乐的生活、政治的生活和沉思的生活。三种生活因生活目的的不同而分高下，沉思生活最高，享乐的

---

① ［美］列奥•施特劳斯：《自然权利与历史》，彭刚译，生活•读书•新知三联书店 2003 年版，第 165 页。括号内的文字为本文作者所加。

② ［美］施特劳斯：《什么是政治哲学》，李世祥等译，华夏出版社 2011 年版，第 30 页。至于关于人类灵魂的知识为什么不是关于宇宙整体的知识，可参该页的其余内容。

③ 参刘小枫：《儒教与民族国家》"前言"，华夏出版社 2007 年版。

④ ［古希腊］第欧根尼•拉尔修：《名哲言行录》（下卷），马永翔等译，吉林人民出版社 2003 年版，第 505 页。

⑤ ［法］卢梭：《爱弥儿》，李平沤译，商务印书馆 1996 年版，第 329 页。

生活最低。需要指出的是,这种流行的三分法显然不是古典自然正当学说的全部。有关人生目的的知识乃是古典哲学最核心的部分,柏拉图的全部对话从某种意义上说都是对人类灵魂的探索,亦即都是对于人生目的考察和分析。

但是古人是如何获得这些有关人生目的的知识呢? 古典自然正当学说的一切内容是否能够直接从人的自然的目的中直接演绎地推出来呢? 当代政治理论都是从某种对人性的假定(比如人的自利本性、人作为平等的道德主体)出发,演绎地构造一套正义理论。古典派拒绝这种探讨方式,因为从人为的假定出发,就是从一种不自然的起点出发,违背了理论考察的基本目的(认识自然)。从假定出发的理论构建(不管是政治学、经济学还是社会学),为了照顾到理论的"客观性"和适用性,都不得不把人性当中较低级的倾向"假定"为人的本性,最终,本来高尚的行为也被解释为低级倾向的变体,比如利他行为被看作是一种不同层次上的利己,为了获得社会声誉或心理满足来帮助别人。从低的来理解高的,不可能恰当地看待高的东西,故必然会扭曲高的东西,因此其结果不可能是客观的[①]。要恰切地对待人性中高贵的一面,就不能以人为的"假定"作为起点。

人性中的卓越潜能,不通过具体的行为就无法展现,就像如果一个人不说话也不行动,我们永远无法知道他有多大能耐。用亚里士多德的话说,美德与人性的关系,好比行为与潜能的关系,"由潜能出发是无法确定行为的,然而反过来,人们可以由行为回溯而推知潜能"[②]。正义作为一种美德,也无法从人性中直接推演出来。要探究自然的正义,从人性出发的抽象演绎不可行,必须诉诸一种对人的具体行动的理解,才能确切地知道怎样做才符合正义的要求,以及正义本身是什么。以柏拉图的《理想国》为代表,古典派所利用的那种具体行动是建国——最高意义上的政治行动。那么,为什么不是诸如贸易之类的经济行为或其他性质的行动呢? 经济行为就不需要正义吗? 显然,因为政治高于经济,政治行为对人性的要求高于经济行为对人性的要求。人们通常对政治家的尊重和赞美远高于对企业家的尊重和赞美,原因正在于此。即便在今天这样一个几乎全面经济化的社会,也不例外——不管比尔·盖茨如何天才、如何富有,相信在大多数美国人心目中,华盛顿的形象远比盖茨更高大。又因为诸如正义之类的美德在多数情况下,只是人们渴望的对象而不是现成的东西,也就是说它们更多

---

① Leo Strauss. "Preface" to *Spinoza's Critique of Religion*. E. Sinclair. Chicago: University of Chicago Press, 1997, p. 2.

② [美]施特劳斯:《自然权利与历史》,彭刚译,生活·新书·新知三联书店 2003 年版,第 147 页。

的是存在于言辞而非行动之中,古典派尤其是柏拉图的《理想国》研究自然正当的方式,是通过在言辞中建国,而不是考察事实上的建国行为。"不管对于研究人性的恰当起点是什么,对于研究人性的完善、并且因此特别是对于研究自然正当而言,恰当起点乃是人们对这些主题的言说或有关它们的意见"①。

《自然权利与历史》第四章总共包括 42 个自然段,分成两个部分。第一部分包括第 1 到 25 自然段,属于对古典自然正当的"总论"。施特劳斯在第一部分以 5 段为一个环节,一个环节阐述一个问题。第三环节的五个自然段(11 到 15 自然段),涉及五个命题,分别为古典自然正当学说所默认的五个基本前提。这些前提事实上是对政治生活之根本特征的肯定,包括人的社会性、封闭社会的必然性、强制的正当性、政治生活的目的、人在关键方面的不平等等内容。否定其中的任何一个,都会令古典自然正当学说失去意义。

正义的自然基础来自人天生的社会性。人乃是这样构成的:"除了与他人生活在一起,他就无法活下去或活得好"②。但人对他人或社会的需要,并不只是工具性的,而是有着深刻的人性基础。对人来说,"爱、感情、友谊、怜悯,与对自身之善的关切和对什么有利于自身之善的盘算,同样自然"③。与其他动物相比,理性和语言能力使得人的社会性更深刻、更彻底。"社会的灵魂就内含在他所说的语言之中,因为即使无人在场,即使他只是在思想,他也仍然在对他自己说话。"同样是理性和语言能力,使得人与人之间的联合能够达到一种其他动物难以企及的紧密程度,即思想上的联合。人对他人利益的自然的关切,也远比其他动物更强烈。"这样的人与人的关系——在其中人可以绝对自由地行动,随心所欲,恣意妄为——是不存在的"④。"人由于其理性,有着别的世间的存在者所不可能有的选择范围。对于这一自由范围的意识,伴随着另一种意识:对那一自由完全而不加限制的使用是不正当的。人的自由伴随着一种神圣的敬畏,伴随着一种直觉(divination):并非一切都是被允许的"⑤。就算野蛮人也会为自己构想出种种禁忌以约束自身的行动。

封闭的城邦式社会的正义性。人只有在公民社会中才能达成人性的完善,而且存

---

① [美]施特劳斯:《自然权利与历史》,彭刚译,生活·读书·新知三联书店 2003 年版,第 148 页。
② [美]施特劳斯:《自然权利与历史》,彭刚译,生活·读书·新知三联书店 2003 年版,第 129 页。
③ [美]施特劳斯:《自然权利与历史》,彭刚译,生活·读书·新知三联书店 2003 年版,第 130 页。
④ [美]施特劳斯:《自然权利与历史》,彭刚译,生活·读书·新知三联书店 2003 年版,第 131 页。
⑤ [美]施特劳斯:《自然权利与历史》,彭刚译,生活·读书·新知三联书店 2003 年版,第 131 页。

在一种特别适合提升人性的公民社会,即古典哲人所心仪的城邦[①],一种封闭的小社会。古典派们青睐城邦,并非受当时条件所限他们只知道城邦,而是基于对人性和城邦本身的理解。柏拉图和亚里士多德等古代哲人不仅知道城邦,也知道城邦之前的部落和与希腊同时代的东方专制帝国。之所以选择城邦作为政治组织的最佳样式,是因为城邦是一个与人的各种自然能力(获取一手知识的能力、爱的能力、积极关注的能力)相称的共同体[②]。拿爱的能力来说,爱的对象越广泛,爱的效力就越稀薄,"一个渴求牺牲自己的宽宏大量之人,在想到他在'为人类'工作时,也会突然感到一种沮丧"[③]。再者,只有在一个如城邦这样足够小的共同体中,建立在了解基础上的相互信任才有可能。没有相互信任,就没有相互之间的责任与监督;没有彼此之间的信任与监督,个人堕落和社会腐化的可能性就会大幅攀升。另外,政治自由尤其是以人性之卓越为目标的政治自由极为罕见,却极易失去。规模越大的社会,得到这种政治自由的可能性越小,失去这种自由的可能性越大。因此,以促进人性的完善为标准,一个封闭而独立的小社会是自然的。人类划分为各种类似的社会,尽管带有武断的成分,但仍然是正义的。

封闭社会与开放社会之争在今天体现为民族主义与世界主义之争。在施特劳斯看来,尽管民族主义和民族国家产生较晚,但它们早期的对等物——爱国主义和城邦——在历史上的影响力远比世界主义更强大。政治上的世界主义的兴起,是启蒙时代的产物,与地理大发现以来商业和资源沟通的"全球化"关系密切。然而,全球化作为一桩历史事实,是否真能为世界主义观念提供外在支持,还是一个问题。毕竟,增进了解并不见得能减少敌意,不断提高的熟悉程度,也不一定会带来好感。政治上的世界主义的发展,以经济和科技的发展为基础;但经济和科技的繁荣并没有加强反而削弱了人身上的人性。它增强了人的力量,却没有增加人的智慧。以施特劳斯所熟悉的德国的情况为例,这一发展伴随着精神、品味和心智上的衰退,"它迫使人越来越专门化,同时又以一种虚假的普遍性来诱惑人,引发他们各种各样的好奇心,激起他们形形色色的兴趣。也因此使得(他们的精力)难以集中到某些东西上,而人的整全性全然取

---

① 施特劳斯认为卢梭是最能理解古典城邦之内涵的现代哲人。参见卢梭:《社会契约论》,何兆武译,商务印书馆 2005 年版,第 21 页,注 4。

② [美]施特劳斯:《自然权利与历史》,彭刚译,生活·读书·新知三联书店 2003 年版,第 132 页。

③ [法]柏格森:《道德与宗教的两个来源》,王作虹、成穷译,贵州人民出版社 2000 年版,第 28 页。译文据英文版(*Two Sources of Morality and Religion*, translated by R. Ashley Audra and Cloudesley Brereton with the assistance of W. Horsfall Carter, Doubleday Anchor Books, 1954),有改动。

决于这些东西"①。政治上的世界主义源自那种特殊的现代理想,这一理想包含了三个要素②。首先,信奉人类生活本身就是绝对的善,不管人过的是哪一种生活;其次,由这种信仰所产生的普遍的、无限制的同情或人道主义;第三,一种"唯物主义",即对快乐的压倒性的关注和无意愿或无能力为比生命更高的东西而献身。包含了此三种要素的现代理想没有为敬畏(人之高贵性的基础和母体)留下空间。敬畏首先是敬畏先贤的精神遗产,敬畏传统,而传统在本质上是特殊的,与民族主义而不是世界主义更有亲缘③。总而言之,政治上的世界主义,在事实上不可能,在道德上不可欲。但从非政治的或个人的角度来看,民族主义有其局限性,世界主义也有其自然的基础。"个人是其民族的一部分,但又不仅仅是其民族的一部分",个人有其自身的、与民族无关的任务、目标和价值,民族不是通往永恒的唯一道路。"只有个人而不是民族才能从事追求真理的活动,这种追求把属于不同民族的人团结在一起。"④这种真正活在世界主义之中的人是哲人。对封闭社会的批判和对开放社会的颂扬,也只有相对于哲人(或同等层面上的人)来说,才是正当的。

强制的正当性。既然自由和对自由的约束对人来说同样自然,就不能因为城邦之中存在着强制性的约束而否定其自然性和正义性,除非这种强制违背了提升人性的要求。"人生来如此,他除了克制自己低下的冲动外就无从达到人性的完满"⑤。而人克制低下冲动的方式,只能是强制而非劝服,因为人不能通过说服来控制自己的身体。同样的道理也适用于人与人之间的关系。理性与言辞的效力是有限的,强制对于政治生活来说不可避免,这也是政治之非理性品质的主要体现。只要政治性的强制服务于提升人性的要求,它就是正义的。

政治的根本目的在于和平生活中的人性之卓越。强制的正义性表明,美德本身就意味着权力,品质高尚的人自然享有统治的正当性。而掌握和运用权力反过来也能促进美德的养成与实现。政治领域作为运用权力的场所,乃是人性之卓越彰显自身的地方。"对于完善一个共同体的郑重关切,比之对于完善一个个体的郑重关切,需要一种

---

① [美]施特劳斯:《什么是政治哲学》,李世祥等译,华夏出版社 2011 年版,第 230 页。括号内的字为原文所无。

② [美]施特劳斯:《什么是政治哲学》,李世祥等译,华夏出版社 2011 年版,第 230 页。

③ [美]施特劳斯:《什么是政治哲学》,李世祥等译,华夏出版社 2011 年版,第 230 页。

④ [美]施特劳斯:《什么是政治哲学》,李世祥等译,华夏出版社 2011 年版,第 233 页。

⑤ (美)施特劳斯:《自然权利与历史》,彭刚译,生活·读书·新知三联书店 2003 年版,第 134 页。

更高的德性"①。自由与帝国作为政治的伟大目标,昭示着政治生活应当享有的尊严和荣耀。但自由与帝国在人心中激起的高尚情感表明,幸福不在于满足身体需要或肤浅的虚荣心,而在于人性之卓越。因此,政治行动的最终目的不是战争与征服(尽管它的确常常伴随着政治性的伟大),而是"与人的尊严相一致的和平活动"②。

平等主义违背了以人性完满为目的的基本原则。人与人之间在获得德性的能力上,天生有所不同,也不是所有人都以同等程度的意愿和决心去追求德性。而且,每一个人所面对的成长环境也并非都有利于养成高贵的美德。由此,以人性之完善作为参照,人与人之间是不平等的,所以"在至关重要的方面,所有人的平等权利在古典派看来,就是最大的不正义"③。"至关重要的方面",自然是指政治权力的分配,正是这种分配决定了一个政体以及一个政治社会的基础,即它的生活方式。

古典自然正当学说如果得到充分发展的话,就是最佳政体学说。"因为什么基于自然而是正当的或何为正义这种问题,只有通过在言辞中创建最佳政体,才能得到充分的回答"④。从第16到20自然段,施特劳斯简要介绍了古典派的最佳政体学说。政体(politeia, regime)不同于"宪法(constitution)"。政体不是一个法律概念,而是一个政治概念。法律或宪法,不可能是最根本的政治现象,因为法律的制定和施行都取决于人。政体是在政治权力的分配方面,对人的安排⑤。政体决定着一个社会的生活方式。"一个社会的品质或风气,取决于它把什么东西看作是最令人尊重或最值得敬仰的"⑥。这些东西通常就是一个社会中权威性的习惯或态度。体现这些习惯或态度的人构成一个特定的统治阶层,代表一种特殊的生活方式。任何一个社会都不可避免地把某种类型的人(普通人、祭司、富商、军阀、贤人等)和某种类型的生活方式视作权威,从而把这种特定的生活方式强加给全社会。与这些人的品位和偏好相矛盾的东西,充其量只会被容忍,如果不是被蔑视或被怀疑的话。为了发挥切实的影响力,那些体现着令人敬仰的习惯或态度的人应当形塑政体。"当古典派们主要关注不同的政体,尤其是最佳政体的时候,他们隐含的意思是,最重要的社会现象,惟有自然现象才

---

① [美]施特劳斯:《自然权利与历史》,彭刚译,生活·读书·新知三联书店2003年版,第135页。
② [美]施特劳斯:《自然权利与历史》,彭刚译,生活·读书·新知三联书店2003年版,第134页。
③ [美]施特劳斯:《自然权利与历史》,彭刚译,生活·读书·新知三联书店2003年版,第135页。
④ [美]施特劳斯:《自然权利与历史》,彭刚译,生活·读书·新知三联书店2003年版,第145页。
⑤ [美]施特劳斯:《自然权利与历史》,彭刚译,生活·读书·新知三联书店2003年版,第137页。
⑥ [美]施特劳斯:《自然权利与历史》,彭刚译,生活·读书·新知三联书店2003年版,第139页。

比之更为根本的社会现象,是政体"①。

古典政治哲学所呈现的最佳政体,乃是为高尚之士(gentlemen,或译作"贤人")所欲求、为哲人所阐发的那种政体。最佳政体既是可欲的,也是可能的,因为它合于自然,它不要求人性发生奇迹性的改变,且能够最大限度地导向人性之卓越。但最佳政体的实现又是极其渺茫的,因为它得以实现的条件非人力所能掌控,全赖机遇。既然最佳政体只有在最有利的条件下才是可能的,那它就只有在最有利的条件下才是正义的。善与正义不是一回事。最好的政体只有一种,且永恒不变,而正义的政体则多种多样,视乎具体情况而定。在最恶劣的条件下,可能只有某种极差的政体比如专制政体才是正义的。古典自然正当学说在有关最佳政体的问题上最终给出了双重答案:"绝对最好的政体乃是智慧之人的绝对统治;实际可行的最佳政体乃是高尚之士依法而治,或混合政体"②。智慧之人的绝对统治之所以不可行,还是因为理性和言辞的局限性,或多数人的非理性。智慧之人无力说服多数人接受他的统治,因此不得不采纳一种折中的办法,在一定程度上征得多数人的同意。"政治问题就在于协调智慧的要求和同意的要求"③。与平等主义者不同,古典派主张智慧优先于同意,而不是同意优先于智慧。因此,古典派建议的实际可行的最佳政体,不是民主政体而是贵族政体,是生活在城市中的土地贵族的统治。混合政体是一种通过加入君主制和民主制性质的制度要素而得到加强的贵族政体。贵族作为高尚之士,乃是在政治上对哲人的反映或模仿。历史证明,正是这些人习惯性地同情哲学、亲近智慧。

① 〔美〕施特劳斯:《自然权利与历史》,彭刚译,生活·读书·新知三联书店 2003 年版,第 139 页。
② 〔美〕施特劳斯:《自然权利与历史》,彭刚译,生活·读书·新知三联书店 2003 年版,第 144 页。
③ 〔美〕施特劳斯:《自然权利与历史》,彭刚译,生活·读书·新知三联书店 2003 年版,第 143 页。

平庸与不平庸[*]

◎肖　泳

内容提要　平庸是一个不被称道的词语,不平庸则是一种赞扬和肯定。然而,"什么是平庸"很难下定义。平庸与中庸有共同的词素"庸",内涵却有天壤之别。汉娜·阿伦特通过耶路撒冷审判发现,纳粹军官不一定每一个都是直接的凶手,但是他们是有罪的。他们中有无数像艾希曼这样的国家机器"零件"式的人物,通过"服从"支持了暴行,这是平庸之恶。贺拉斯被推为中庸典范,梭罗的特立独行一向被举为不平庸的范例;还有丹麦女作家伊萨克·迪内森,生活坎坷绝非一帆风顺之外,她对命运的独特解释展现了不平庸的另一面。

关键词　平庸　中庸　梭罗　伊萨克·迪内森　阿伦特

平庸为我们所不齿以至于必须超越的充分理由是什么?"不甘于平庸"为什么是对一个人的赞扬?犹太裔美籍哲学家汉娜·阿伦特在 20 世纪 60 年代对平庸之恶的辨析和探讨的文章,把平庸推上道德哲学的范畴。在她看来,平庸这一貌似危险性最小的小恶,却在道德全面崩溃的紧急时刻造成不可饶恕的大恶。

一、平庸与中庸

平庸是如此常用的词,我们却在词典中找不到对它的解释,只有"平"与"庸"分开的释义。"平"在商务印书馆《现代汉语词典》里共有 10 个义项,与"平庸"相关联的主要是两个:①表面没有高低凹凸,不倾斜;②经常的,普通的。而"庸",意为"不高明,没有作为"。

---

*　肖泳,浙江理工大学文化传播学院副教授,研究方向为文艺美学与性别诗学。

豆瓣网上有位网友"南桥的日记",给平庸的定义是：

> 平庸就是缺乏想象,缺乏个性,缺乏锐气,缺乏创见,缺乏追求,缺乏理想,缺乏勇气,或许有些知识,但是没有见识,或许有些才能,但是没有才华,或许有个文凭,但是没有水平。平庸就是除了物质需要别无他求,以现实为自己活动的上限,以身边的人为自己的标准,以生活的物质处境为自己的骄傲。平庸就是人云亦云,模仿,攀比,陈腐,乏味,呆板,枯燥,俗气,单调,没有色彩,四平八稳,没有挑战性,一眼看得到底,对特立独行恨之入骨,即便这人和自己没有什么关系。①

这番定义引起很多人跟帖评论。

说清什么是"平庸"是件困难的事。那么就从什么可称之为"不平庸"来反向说明吧。

"庸"的另一个用法——中庸,指向一个不同于平庸的道德境界。《论语·雍也》中孔子说："中庸之为德也,其至矣乎!民鲜久矣!"全书只提到这一次"中庸",却令人费解而向往。《先进篇》子贡问："师(子张)与商(子夏)也孰贤?"子曰："过犹不及"。很多人把这作为对"中庸"的注释。过犹不及,意思是过度与不足性质一样,都不是道德上最为推重的状态,把握到做人做事恰恰好的尺度是道德实践中最不易的事。在《子路篇》里孔子又说："不得中行而与之,必也狂狷乎!狂者进取,狷者有所不为也。"很多人把这段话也理解成是对"中庸"的解释。狂与狷,是孔子认为当难以结交中庸品格的人时退而求其次的选择。狂者,志高而直率,努力进取,有知其不可为而为之的斗志;狷者,是清楚知道什么事不能做因而选择沉默和放弃的人。

孔子没有直接说什么是"中庸",在此如果我们采用孔子"叩其两端而竭焉"的推理方法,是不是可以说,狂与狷分别是两个端点,从这两端出发向中间叩问,大致就能把握到中庸之脉络了呢?《微子篇》里记录了几段孔子对殷商离乱亡国时期人物作为的评论,大致可以作为狂和狷的范例。

> "微子去之,箕子为之奴,比干谏而死。孔子曰:殷有三仁焉。"

三人的行动和命运结局各不相同,但行动的道德指归都无有例外,即尽人臣的责任。微子去之,是有所不为;箕子有所为而不得,后佯狂而降为奴;比干最为刚烈,直谏

---

① 南桥的日记:《平庸的含义》,2011 年 6 月 13 日,http://www.douban.com/note/155908539/。

而遭剜心而死。孔子赞他们"仁"。

另有一段是这样记录的：

> 逸民：伯夷、叔齐、虞仲、夷逸、朱张、柳下惠、少连。子曰："不降其志，不辱其身，伯夷、叔齐与！"谓"柳下惠、少连，降志辱身矣，言中伦，行中虑，其斯而已矣。"谓"虞仲、夷逸，隐居放言，身中清，废中权。我则异于是，无可无不可。"

所谓降志与辱身与否，或隐居放言、废中权与否，都是这些末世人物面对不义时的行为选择。他们或表现得狂，如比干、伯夷、叔齐，不降其志不辱其身；或表现得狷，如微子、虞仲、夷逸，隐居求废，有所不为；另有柳下惠等委曲求全，虽然在他人眼里降志辱身，但孔子认为他们的言行都出于深思熟虑，并非毫无原则，也有可取之处。

大致说来，这些人物在亡国离乱的末世，家国律法君臣大义面临崩溃之时，仍然能守持独立的判断，做出不悖于道德大义的选择，尽管各自的策略不同，但可以肯定的是，他们都基于自己的判断而对行为做出了不悖于理性良知的道德选择。

当然，正如孔子在《先进篇》里的评论一样，"过犹不及"，上述人物都没有达到中庸的至境。孔子并没有说自己能否做到中庸，他只是说"我则异于是，无可无不可"。孔子的这一表态，很容易让人联想到古罗马时期的一位人物贺拉斯。

古罗马诗人贺拉斯年轻时是坚定的共和派，积极参与了雅典布鲁图集团推翻恺撒独裁统治的军事活动，失败后逃亡乡野。多年以后，因奥古斯都大帝大赦而返回雅典的贺拉斯再次出现时，他已经不是那个激情洋溢热衷于政治的年轻人了。他成为皇帝宠臣梅塞纳斯的上宾，他有数次可以做皇帝亲密大臣的机会，但他拒绝了。他跟皇帝保持适度距离，但他仍然写一些诗歌赞美皇帝。他接受的梅塞纳斯赠予的庄园，据说实是皇帝假梅塞纳斯之手赠予他的。他过着衣食无忧的田园生活，维吉尔死后，他拥有了罗马第一诗人的盛名。贺拉斯的后半生是否就是孔子所谓"无可无不可"境界之下才会呈现的生活？

依迪丝·汉密尔顿在《罗马精神》一书中把贺拉斯描述成中庸典范："生活在审慎的限度之内，祛除人欲，放弃群山之巅和危险的狂喜，永远且总是首先选择安全。这就是贺拉斯的'黄金中庸'法则，遵此法则者既可避免过于堂皇而招人嫉妒，也不会——既然他从不冒险——陷于无助而悲惨的危困。为了人生之旅风平浪静，不管风向如何，都要收帆慎行。"贺拉斯自己则说过，"如果不知餍足的追求美德本身"，"即使智者也会变成愚人"①。

无论狂狷还是中庸,都与平庸有本质不同。平庸并不因平常、不倾斜、不高明才是平庸。检测是否平庸的时刻,常常是被诱惑、日常原则无效的时刻,如微子、伯夷、叔齐等,身处国亡家破的危急时刻。狂狷者、中庸者在这种时刻都表现出对诱惑极强的抵制力,对自我判断力极强的自信心。换句话说,他们坚持自己的道德原则而非追随大众流行观念。

二、梭 罗

1989 年春,诗人海子卧轨自杀,身边的书包里有四本书,其中一本是梭罗的《瓦尔登湖》。海子留下的著名诗句"面朝大海,春暖花开"开辟了一个新的诗意想象空间,像一个漂浮在云间的方舟承载着当代中国人浮躁、沉重、身不由己的日常生活之重,成为空灵飘逸、悠闲适然的审美象征。

海子的精神偶像是梭罗,他写过一首诗《梭罗这人有脑子》:

> 梭罗这人有脑子
>
> 像鱼有水、鸟有翅
>
> 云彩有天空

以今天对人才的取用标准和生活节奏来看梭罗,他不是疯子就是呆子,绝不会像海子这样把他夸成"有脑子"。如果梭罗去求职,递上他的简历会怎样?

梭罗 1817 年出生于马萨诸塞州康科德镇一个铅笔制造商家庭,1837 年哈佛大学毕业后,几乎没有过一个长久而正当的职业,可堪一提的不过是做过两年私立学校教师,在铅笔制造技术上做过些革新,但很快放弃了教育家和发明家之路。当他需要钱的时候,他就做些体力活,造小船、插篱笆、做土地测量员等,等于是打零工。实际上,在土地测量员这行当,他完全能成为翘楚,但他无心于此。他粗茶淡饭,衣着简朴。当他出名后,人们都知道在 1845—1847 年,他在导师兼好友爱默生的支持下,独自带着一把斧头在瓦尔登湖畔建了座小木屋,过起了自给自足、自耕自读的生活。这两年独居生活,今天看来就是行为艺术。他的《瓦尔登湖》在这期间写成,出版后受尽嘲讽,没多少人愿读他这晦涩难懂、与时下生活格格不入的书。这位有着一双蓝色眼睛,身材

---

① [美]依迪丝·汉密尔顿:《罗马精神》,王昆译,华夏出版社 2008 年版,第 151 页。

短小结实,行动力强,每天都有新想法,坚信真理,有着无政府倾向的美国人,1862 年 3 月因肺病去世,生前没有任何一所大学给他颁发过荣誉证书或者请他去做教授,他也不曾是任何学会、协会的会员,甚至终生未娶。用今天成功学的眼光来衡量梭罗,他在生前可以说一无可取,他没有稳定职业,长期与爱默生一家生活在一起,无妻无子。而他的英年早逝,只给他的一生添了个注脚曰"失败",似乎这样的人总会悒郁寡欢,难享天年。连爱默生也忍不住对他的胸无大志而惋惜。

梭罗本人应该没有想到身后一个多世纪,世界发生了变化,他逐渐为美国人所熟知、接受甚至被奉为"圣人"。梭罗堪称"不平庸"者的典范。他的不平庸并不因为他在当时是位逆潮流的人物。并非所有叛逆都可称为不平庸。梭罗的逆潮流、他的生活方式,都基于理性思考和意志选择,是他独立判断之下的行为。

据爱默生给梭罗写的小传,这个人的全部天赋和热爱就是大自然,他"能用双眼准确地测量出一棵树的高度;他能估计出一头牛或一头猪的重量,活像个牲口贩子"。早春,他看到一条融冰的小溪,他是这样写的:

> 小溪中传来了小冰块儿摩擦时的轻微声响,它们心满意足以各种速度浮动着,对未来充满了期待。溪水经过一座天然桥梁时,你兴许还能听见这些急速流淌的漂浮物低声交谈呢。每条小溪都是一条输送草地汁液的通道。池塘里,冰块儿在一阵欢快而振奋的喧嚣声中破裂开来,沿着较大的溪流涡旋而下,发出刺耳的摩擦声猛烈地向前冲去,一直冲进了不久前樵夫们和狐狸走过的通道。[①]

就这样,在一条融冰的小溪欢快的奔跑中,梭罗富有洞察力的眼睛,看到和听到了溪水、草地、人、动物融通和谐、亲密无间的全貌。

可是,如果你认为一个热爱大自然,愿意像块石头一样纹丝不动一整天,只为让受惊吓的昆虫、飞鸟重新回来的人,对自然有着如此透彻的理解,也一定对他的人类同胞的行为有着透彻理解和宽容心的话,可能你就错了。梭罗的朋友不止一次说:"我爱梭罗,可是我讨厌做他的朋友。"

他曾经因反对当地政府的一项征税政策而抗税,被捕入狱,他的朋友代他交了税才放出来。第二年,他依然故我,继续抗税,为免入狱,还是朋友替他交了税。

这样一个时常打点零工、靠体力活谋生的人,按理说是没有理由傲慢的。可是,小

---

① 〔美〕大卫·梭罗:《马萨诸塞州自然史》,载《远行》,董晓娣译,光明日报出版社 2008 年版,第 18 页。

镇上的居民却以与他散步为荣。而他在别人出钱邀请他去远足或旅行时,却挑三拣四,时常拒绝自认为不喜欢的人。他毫不在乎周围人的反对和嘲笑,我行我素。他可能与那个时代气氛、周围的大多数人格格不入,但是,正如汉娜·阿伦特在《论道德哲学的若干问题》中反复阐述的苏格拉底的"不自相矛盾律":我是与我自己生活在一起,我要与我的自我和谐相处。梭罗愉快地与他的自我和谐相处。

不平庸者的判断力来自我与自我之间不曾停歇的对话。苏格拉底说,遭受不义要比行不义好。因为行不义使我与自我不能和谐相处①。梭罗的散文、诗歌,至今不乏晦涩难懂之处。他独居中的思考和写作,与其说他在寻求外界的理解,不如说那是他与他自己之间的交谈。

汉娜·阿伦特在耶路撒冷的审判中无比惊讶地发现,艾希曼罪的起源恰恰在于平庸。这位把无数犹太人经他之手送上死亡之路的纳粹高官,自始至终对自己的辩护都是:我只是在服从命令。当这个命令已经越出理性而实际上是良知的非法状态时,他仍然不加反思地"服从"②。平庸是无所谓我与自我是否和谐相处的,平庸的人格特点之一,是尚未发展出一个能和自己对话的自我。

三、伊萨克·迪内森

黄金中庸法则之下,古罗马诗人贺拉斯成了一位类神明的人物。另一位不平庸者的典范是丹麦女作家伊萨克·迪内森,她本名凯伦·布利克森。这位出生于19世纪末,活跃于20世纪中期的欧洲白人女性,在现代主义浪潮席卷而来时,却无限眷恋着贵族精神和哥特式传奇,固执地以"讲故事的人"自居,除了我们所熟知的《走出非洲》之外,她还有四个故事集和一个散文集。如今她在丹麦的文学声誉堪与安徒生媲美,被视为国宝。当她在肯尼亚经营的咖啡农场破产,离了婚,情人死去,她带着一身病痛回到欧洲,无以谋生,在亲友劝说下拿起笔写作投稿时,她的丹麦文故事集《七个哥特式故事》却遭到冷遇,书商拒绝出版。

汉娜·阿伦特《黑暗时代的人们》中写到了迪内森,在她看来,成为一位伟大的艺

---

① [美]汉娜·阿伦特:《独裁统治下的个人责任》,《责任与判断》,陈联营译,上海世纪出版集团2011年版,第33页。

② [美]汉娜·阿伦特:《论道德哲学的若干问题》,《责任与判断》,陈联营译,上海世纪出版集团2011年版,第61页。

术家从来不是迪内森的目标①。平庸,固然有不高明、庸碌无为的意味,但是,不平庸并不意味着对声名荣誉、财富权力等显赫符号有必然渴望。

　　一种冒险的冲动,似乎内在于迪内森家族的血液里,他们都是如此充满激情的人。热衷于打猎和旅行的父亲给童年迪内森短暂的父爱和后来父亲的自杀,成为迪内森日后生活里总也解释不通的缺口。她命运的不平常之处远不止于此。幼年丧父,非洲经历,一段失败婚姻带给她的不只是心灵的创痛,还有终生不育及疾病;至爱情人死去,农场破产不得不离开她所热爱的肯尼亚的家……很难想象这个女人如何面对这每一个对常人来说都是致命的打击。回到丹麦的时候,她已人到中年,却面临如何创业谋生的困境。有人说迪内森本人的故事比她的小说更精彩。但是,当我们按常规眼光试图通过小说作品寻找那些强烈自传式的痕迹,以还原她本人的生活轨迹时,常常不得其门而入。

　　命运,是迪内森讲述的一个重要主题。她的笔名 Isak 来自《圣经》。迪内森研究者认为取这个名字与两个圣经故事有关,一个是以撒的次子雅各的故事。雅各用种种欺骗手段获得长子地位,传说曾与上帝搏斗,被打败了但仍紧紧抓住上帝不放手,直到上帝答应赐福于他为止,后来子孙被赐"以色列"之名。另一种说法来自以撒的母亲,上帝启示会赐予她一个孩子,想到自己这么老还能生孩子,她不禁笑了,后来她真的生下了以撒,也写作"伊萨克"(Isak)。Isak,即"发笑的人"之意。

　　讲故事,是迪内森生活的一部分。通过讲故事,在反复的讲述和想象中,生活中那些缺失、不完整的意义得以补充和完善。也是通过讲故事,"讲故事的人"伊萨克·迪内森而不是凯伦·布利克森——脱开了那个让人闻之而叹息的不幸女人的命运,转而扮演各种人物角色,生活在故事中各个不同的角色命运中,像上帝一样开着玩笑。她反复讲述的似乎都是别人的故事,这些故事又往往发生在远离欧洲的异域,时间上也至少与她生活的时代有一个世纪之隔。她是一个在故事中巧妙藏匿自己的艺术家。

　　《做梦的人》(*Dreamer*)常被研究者引为她最具自传性的作品,那个海上的说书人弥拉,不必说他有过什么惊险经历,看看他那被齐根割掉双耳和鼻子的恐怖的脸,一切故事都不言自明了。弥拉已经失去讲故事的激情,那么生活还有什么是让他觉得有趣的呢? 他说是做梦。英国人林肯讲述的女歌唱家裴勒格琳娜的故事,是弥拉做梦生活的活生生实践。假如命运待你不公,把诸多苦难降临于你,那么抱持和固守于个人的不幸而泥足不出是很愚蠢的。裴格勒琳娜让世人都相信那个不幸的女歌唱家已经死去,活着的她却转换各种身份——圣女、革命家、妓女等,在不同地方生活,她得到从未

---

① ［美］汉娜·阿伦特:《黑暗时代的人们》,王凌云译,江苏教育出版社 2006 年版,第 88 页。

有过的轻松和宁静。这确实是一个奇幻故事。

迪内森还讲述过一个原本来自民间的故事:一个男人晚上被屋外可怕的声音吸引而走了出去,当他循着声音走上一条路时,他遭受了一连串倒霉的事。他反复被绊倒,掉进水里,爬出来向前又被绊倒倒退回去……不管怎么走,坏运气总是伴着他。男人被折腾了一夜,后来他终于回到自己的屋里,筋疲力尽地瘫倒在床上。天亮了,当太阳升起时,男人被窗外的奇异景象惊呆了:原来他昨晚摔倒爬起在地上拖出的痕迹,竟画出一只美丽的鹳。

关于命运,迪内森借说书人弥拉之口说:"我长时间想了解上帝。现在我和他是朋友了。为了真诚地爱他,你必须善于变化,你必须爱玩笑,这些都是他的真实倾向。很快我就会十分珍视好的玩笑的,当年教所有世人的血脉都冰冻得硬邦邦的我,现在有的尽是能教人民笑起来的有趣的小故事。"她不止一次说过,上帝习惯开玩笑。当命运一次次在上帝的手中让你跌倒爬起狼狈不堪时,你能做的是什么呢?不是僵硬地固着于一处,而是变化,对上帝的玩笑发笑。

当我们说到平庸是缺乏一个与我对话的自我,无所谓与自我和谐相处时,迪内森本人的命运和创作从另一个高度提供了如何与自我和谐相处的参照。命运总是屡屡打击如你我的凡人,当那个无比珍爱的自我内在失衡的时候,迪内森指出了一条做梦的途径。做梦人通过变化来抛弃破碎的自我,以梦的方式重建多样的身份角色,回顾命运所来轨迹,为诸种美好经历忍不住发笑,并且教会世人如此对待命运。不平庸者总是乐于做梦的人。

海明威曾不无羡慕地说非常佩服塔妮娅(迪内森本名)的平衡和老练,而他自己"为了证明他的男子气概,必须去清除和消灭自身的不安,而他从未真正克服过它"[1]。这一评价是中肯的。

> 我在非洲的农场坐落在恩贡山脉的山脚、海拔六千英尺的高原上,赤道在农场以北一百英里处横穿高原。因此,白天你会觉得自己登临高处,离太阳很近。拂晓和黄昏,天清气爽,幽静宜人;可是,夜里即冷飕飕。[2]

这是迪内森的小说《走出非洲》的开篇名句,从中我们看不出任何怨忿和悲苦,一切的一切在她作为讲故事的人回顾所来之径时,都幻化为梦为诗了。

---

① [美]汉娜·阿伦特:《黑暗时代的人们》,王凌云译,江苏教育出版社 2006 年版,第 90 页。
② [丹麦]伊萨克·迪内森:《走出非洲》,徐秀荣译,中国致公出版社 2005 年版,第 3 页。

理论之辨
与
生活伦理

理论的终结？*

——"后理论时代"的文学理论形态及其历史走向

◎段吉方

内容提要 "理论之后"并非意味着理论已经走向末路，而是理论在一种新的文化生态中展现出新的价值诉求。对于"理论之后"、"反理论"、"理论的抵抗"等观念我们不能笼统地混为一谈，需要深入剖析它们的生成语境与论域范围。当前，集体性的理论焦虑体现了理论对象化现实能力的疲弱，关于"理论之后"的整体反思最终应该落实到文学阐释实践的正当性与有效性上来，需要对其所蕴含的理论发展脉象和思想裂变现实做深入考察，以呼应"后理论时代"的文学理论期望。

关键词 理论之后　反理论　文化研究　价值诉求

近几年来，文艺学研究不断地陷入一种理论的末路情绪之中。"理论的死亡"、"反理论"、"理论的抵抗"等种种"理论之后"的质疑性论断不绝于耳，"理论的黄金时代已经过去"似乎成了一种普遍的见识。理论高峰的背影还未远去，理论低潮的暗流就开始蔓延，理论的危机正让文艺学研究经受新一轮的话语洗礼，也预示了当下文艺学研究正经历某种动荡，甚至是大的转折。但当前文艺学研究中对理论危机的解读和应答也是非常含糊的，特别是对"理论之后"问题更存在着多种理解方式和路向，各种阐释间隔和缝隙因此也暴露了问题本身的复杂性。在这种情形下，无论是对"理论盛宴"的额手相庆，还是对"理论危机"的悲观消沉，都体现了文学理论知识生产与价值更替变幻多端的格局，同时也反映了我们理论研究中的一种尴尬的处境，是一种理论融通的困难。在这种困难面前，新潮往往也意味着严重的滞后，仅仅触及某种理论生长语境

＊　国家社会科学基金项目，编号10CZX006；广东省哲学社会科学"十一五"规划项目，批号09GJ-03。

段吉方，华南师范大学文学院副院长、教授、硕士生导师，研究方向为马克思主义美学。

的相关性并非意味着一种合适的理论姿态已然生成,更不等于我们能够有效地介入理论发展的最新格局。所以,面对"理论之后"的种种猜想和臆断,需要我们做的仍然是审慎的理论把握。

一、"反理论":学科互涉与理论融通的可能与困境

就像当初各种西方文学理论在中国学界迅速抢滩登陆、全面开花一样,中国当下理论生态和发展空间中"理论之后"情绪传播之快之广依然是空前的①。表面看来,"理论的死亡"、"反理论"、"理论的抵抗"等种种"理论之后"声音好像是与保罗·德曼、斯坦利·费什、特里·伊格尔顿等西方文学理论家的观点有关,他们曾不同程度地提出了类似的观念,如保罗·德曼在 20 世纪 80 年代曾发表了重要论文《对理论的抵抗》,斯坦利·费什则在他著名论文《这门课里有没有本文》中提出了"理论无用论"的宣言,特里·伊格尔顿则在 2004 年出版了《理论之后》(*After Theory*),由于他们的某些宣言性的论断,我们往往把"理论的死亡"、"理论的终结"、"理论的抵抗"、"反理论"等预言和判断笼统地称为"理论之后"的问题,并将之视为一种文学理论层面上的变局。这种看法有一定的依据,但也不排除似是而非之处,因为无论是从"理论之后"问题的起源语境来看,还是从它本身所蕴含的问题性质来说,"理论之后"的问题都并非是一种孤立的声音,也不是一种单纯的文学理论话语,仅仅将"理论之后"视为一种关于文学理论研究的悲观预言更是不全面的。

首先,"理论之后"并非是一种"理论",它不是一种稳定的有明确思想指涉的理论观念,而是一种理论发展的趋向,预示了一种理论发展的转折。其次,作为一种整体性的判断,"理论之后"仍然是一种西学话语,这种"西学话语"不但由来甚久,而且声音、

---

① 20 世纪 90 年代以来,中国文学理论研究界开始有针对性地关注"理论过剩"、"理论终结"甚至"理论死亡"的问题,主要是反思理论生产、理论传播与理论接受中的时代、地域、语境与文化疆界问题。2004 年伊格尔顿《理论之后》出版后,中国文学理论界关于"反理论"、"理论的抵抗"、"理论之后"的研究与反思不断扩大,迅速地从关于理论生产的反思上升到理论的合法性、有效性等问题的研究,"理论之后"的情绪也迅速扩张。具体研究见《中华读书报》2004 年 2 月 11 日高建平、金慧敏、刘方喜等人关于"文学理论死了"的专题讨论文章、《文艺研究》2005 年第 11 期关于"理论过剩"专题的一组讨论文章及周宪:《文学理论、理论与后理论》,《文学评论》2008 年第 5 期;姚文放:《从文学理论到理论——晚近文学理论变局的深层机理探究》,《文学评论》2009 年第 2 期;盛宁:《"理论热"的消退与文学理论研究的出路》,《南京大学学报》2007 年第 1 期;顾明栋:《后理论时代对理论的抵抗及范式构成》,《当代外国文学》2007 年第 2 期;阎嘉:《"理论之后"的理论与文学理论》,《厦门大学学报》2009 年第 1 期;周启超:《在反思中深化文学理论研究——"后理论时代"文学研究的一个问题》,《江苏社会科学》2009 年第 6 期。

面目、立场不一，其中不乏严肃认真的理性思考，当然更包含某些混乱的理论观点和立场。最后，作为一种"西学话语"，"理论之后"体现了一种元理论形态的思想情势，这种思想情势与当代西方文学文化理论的发展现实相关，但更主要的还是体现了一种理论生产与更新层面上的瓶颈化困境，包孕着一定的思想策动的能量。从这三方面来讲，若想更深刻地把握"理论之后"问题的内涵，恐怕还需要我们认真做些思想整理和理论耙梳工作。

作为一种理论发展趋向，"理论之后"最开始并不具备文学研究上的普遍性，它并非是直接针对文学理论研究而言的，这并不是说它在理论上不成立或者说是一个"伪问题"，而是说它本身其实包含着非常复杂的意义指向。不但"理论之后"中的"理论"的含义非常广泛，而且"理论之后"中"之后"的说法其实也难以厘定其意指所在。在这个意义上，"理论之后"说的并非仅仅是厌烦了某些凌空蹈虚的宏大理论，在理论已近黄昏之时而体现出的那种"欣快症"倾向。这种印象分析和情绪判断和"理论之后"的问题并非发生在同一层面，作为一种印象分析和情绪判断，我们尽可以发泄种种关于理论的不满，但作为一种理论发展转折的整体性判断，"理论之后"则涉及了20世纪80年代以来当代西方整个人文学科发展的某种隐蔽的思想情势变化，揭示了文学理论的话语走向，这其实就上升到了理论生产与知识更新的高度。

在当代西方人文学科整体发展中，最早在理论层面上显示出的知识生产与知识更新的某种隐蔽变化情势的是所谓的"反理论"思潮。20世纪80年代，西方一批伦理学家，如威廉姆斯、泰勒、麦金太尔等曾掀起一场声势浩大的伦理学的"反理论"运动。这场运动针对的是"现代道德理论"，反对的是伦理学研究中那种脱离文化和历史语境、对照单一标准以通约的道德理论的狭隘性。这场"反理论"运动曾在当代西方人文学术研究中产生重大影响，它对那种普适性的、对照单一标准以通约的元叙事理论合法性的怀疑深深触动了人文学术理性的叙事逻辑，并因此影响了伦理学研究的理论走向。现在看来，它虽然没有直接地涉及"理论之后"的问题，但无论是现代道德理论，还是文学与文化理论，那种脱离文化与历史语境的元叙事理论都面临着来自文本与历史的质疑，正是因为如此，这场离我们现在"理论之后"研究并不久远的"反理论"运动不该被遗忘。无论是伦理学研究还是文学研究、美学研究，在面对元叙事理论的合法性的层面上，它们的"问题性"都是一致的。

除了威廉姆斯等人的"反理论"运动之外，当代西方哲学中的"反本质主义"哲学其实也包含了某种"反理论"的意味。这要追溯到罗蒂和维特根斯坦。美国哲学家罗蒂曾经提出了一种明确的"反本质主义"哲学。罗蒂所谓的"本质"是与哲学上那种非历史主义的终极真理观联系在一起的。在《后哲学文化》一书中,罗蒂将那种本质主义和基础主义的哲学称为"大写的"哲学。他认为,所谓"后哲学文化"就是这种"大写的"哲学消失的文化,因为"后哲学文化"不再相信终极实在的本质,在"后哲学文化"时代,"将不存在任何称作'大写的'哲学家的人","在这个文化中,无论是牧师,还是物理学家,或者是诗人,还是政党,都不会被认为比别人更'理性'、更'科学'、更'深刻'"①。奥地利哲学家维特根斯坦也从语言分析的角度提出了一种哲学和美学上的"反本质主义"观念。在《哲学研究》中,维特根斯坦提出,语词与对象的对应指称关系并非语言的本质图像,语词的意义并不是由它与对象的指称关系确定的,而是通过它的"用法"确定的。维特根斯坦借这个观点指向了一种哲学上的困惑,那就是在哲学上,我们通常力图为每个名词寻找相应的实体,在他看来,这种实体的存在只是某类"语言游戏"的一种"用法"而已。他用"家族相似"的概念来说明这种"语言游戏"的实现规则,所谓"家族相似"就是说,"因为一个家族的成员之间的各种各样的相似之处:体形、相貌、眼睛的颜色、步资、性情等等,也以同样的方式相互重叠和交叉。……所以,我要说:'游戏'形成一个家族"②。维特根斯坦的"家族相似"概念深刻地解构了语言分析的本质主义理论规则,正是因为词语在"语言游戏"中形成了一个"家族",所以要寻找语词在逻辑上统一的"本质"是不可能的,它的意义只能存在于家族成员中的某种相似性。在这种观念的基础上,维特根斯坦认为美的本质研究也是如此,他提出"美"只是个形容词,并认为"美"的概念存在很多危害,美的本质、美的"理论"也只是一种用语言描述的东西,他甚至提出:"我们不会提出任何一种理论。在我们的思考中没有任何假说。我们远离一切的解释,而只是以描述来代替它。"③

　　罗蒂和维特根斯坦都曾是当代西方哲学研究中的风云人物,处于哲学理论研究的显著位置,他们的"反本质主义"观念引起了很大的思想震动。"反本质主义"挑动的是哲学的基础和哲学家的理性这个"旋转的木马",最终撼动的是当代西方整个人文学科的知识基础与经验,同时也引起了文学理论研究与美学研究的体系性与本质性的建构危机。也正是在这个意义上,作为一种哲学观念的"反本质主义"其实是铺设了哲学领域中的"反理论"之路,并为当代西方人文学科发展中"理论之后"问题的出场提供了潜在的思想支援。现在看来,这种支援也很重要,因为在某种程度上,"反理论"以及"理

---

① 〔美〕理查德•罗蒂:《后哲学文化》,黄勇编译,上海译文出版社2004年版,第14页。
② 〔奥〕维特根斯坦:《哲学研究》,李步楼译,商务印书馆2004年版,第48页。
③ 〔奥〕维特根斯坦:《哲学研究》,李步楼译,商务印书馆2004年版,第71页。

论之后"的问题都指向理论研究的某种思维方式与理念逻辑上的话语转向，这种话语转向正是"反本质主义"哲学的思想能量所在。无论"反理论"与"理论之后"主动借力于这种思想能量，还是二者之间不约而同地走向理论范式上的雷同，它们之间或隐或现的关系都是我们不能忽视的。虽然罗蒂和维特根斯坦的"反本质主义"哲学并没有实现完全意义上的理论范式的"反理论"转折，但正是在他们的思想策动下，"反理论"有了从伦理学、哲学到文学理论的思想互涉的可能，这也正说明了"理论之后"问题的缘发语境的特征，它有一种在不同学科的思维方式和思想逻辑中自由游走的自洽性，这既体现了当代西方人文学科知识生产过程中理论融通的方便，也造成了不同学科间的阐释悖论。也就是说，在不同的学科领域，这种自洽性的话语都可以被应用，但它又不是一种可以通约的理论形态，在伦理学研究中是如此，在哲学研究中是如此，在文学研究中仍然如此。

二、"理论的抵抗"：伦理学、哲学、美学向文学理论的转折与位移

在罗蒂和维特根斯坦提出"反本质主义"，以肢解哲学上的基础主义和本质主义的过程中，他们没有忽略为文学叙事的合理性留下空场。这不仅是因为他们都对文学葆有兴趣，更主要的是，文学语言的隐喻空间和文学叙事的开放视角本身也是一种反本质主义的象征。但这也并非意味着文学可以成为"后哲学文化"的基础。罗蒂和维特根斯坦虽然认为文学在本质上是反本质主义的，但他们不想将那种反本质主义的文学观念上升为一种基础性的、理性的"理论"，正是从这个意义上说，他们的反本质主义观念也蕴含着深刻的"反理论"思想。在罗蒂，这种"反理论"思想是通过哲学研究来实现的；在维特根斯坦，则是通过美学和伦理学研究来实现的。

在《哲学与自然之镜》中，罗蒂曾经提出，哲学家们常常把他们的学科看成是讨论某些经久不变的永恒性问题的领域，其中有些问题是关于人类存在物与其他存在物的区别的，另一些问题则关乎认知要求的合法性，即有关知识的"基础"问题，因此，在哲学家们看来，"哲学相对于文化的其他领域而言能够是基本性的，因为文化就是各种知识主张的总和，而哲学则为这些主张进行辩护"①。不难看出，在罗蒂的论述中包含着对哲学的深刻情感，他承认哲学能够根据认识和心灵的本质为人们的认识活动提供理解的基础，但也深藏着关于哲学的不解甚至疑惑，正像有的学者说的那样，罗蒂"从哲

---

① ［美］理查德·罗蒂：《哲学与自然之镜》，李幼蒸译，商务印书馆2003年版，第1页。

学史中受益匪浅",但他也迫不及待地提醒人们,"哲学并不比文学或政治更有理由拥有一个本质"①。罗蒂之所以这样做,是因为他充分地认识到作为人文学科知识基础的哲学其实已经在认知要求的合法性过程中专业化和学科化了,所以,当罗蒂的"反本质主义"肢解了基础主义和本质主义的认识来源之时,其实也是以他自己的方式表达了对作为一种"理论"的"哲学"的质疑,这正是作为哲学家的罗蒂的思想超越性所在。在罗蒂的"后哲学文化"中,哲学既是理论,同时又不是理论,至少哲学的魅力不在于本质的理论。目前,中国文学理论界大都把"反本质主义"作为质疑文学理论体系性建构与本质主义的知识生产的思想原点,但其实就罗蒂的观念来看,"反本质主义"既不是解构文学理论的终点,当然更不是建构文学理论的起点,它其实是走向了对哲学史和哲学理论的超越。在罗蒂的"后哲学文化"中,一切认识都归于常识,理性、科学、理论不过是常识的叠加和复述,常识的普泛化其实也就使作为"常识的批判"的"理论"②失去了存在的根基,这也正是为什么罗蒂不同意以反本质主义的文学作为"后哲学文化"基础的原因,说白了,他是担心"文学"与"常识的批判"之间再度走向专业化和学科化的"理论"。

即使从一般的哲学理论着眼,罗蒂的担心也并非多余,这一点,同是作为"反本质主义"哲学家的维特根斯坦也有清醒的认识,维特根斯坦是通过伦理学和美学研究表达他的认识的。在《逻辑哲学论》中,维特根斯坦曾认为"伦理和美学是同一个东西"③,维特根斯坦之所以这样强调,是因为在他看来,伦理学和美学同属于那种被他称作"神秘的或不可说"的领域。在这个领域中,美和伦理一样,只显示自己,美的本质、语言的逻辑和意义、思想的形而上学主体都可以被语言的实际使用所代替,所以,维特根斯坦认为他根本没必要使用"理论"④。对于维特根斯坦的这种明显的"反理论"倾向,他的老师罗素曾经颇为失望,但这不影响他的观点后来仍然被哲学界奉为圭臬,他的这种哲学理念为后来的美学研究成功走出"美是难的"的困扰提供了思想上的支持。维特根斯坦是在"语言批判"层面上展现他的思想的超越性成分的,有的学者认为,"对于维特根斯坦而言,哲学就是'语言的批判'",而"净化一个人的语言,就是净化

---

① [美]理查德·鲁玛纳:《罗蒂》,刘清平译,中华书局2003年版,第25页。
② [美]乔纳森·卡勒:《文学理论》,李平译,辽宁教育出版社1998年版,第16页。
③ [奥]维特根斯坦:《逻辑哲学论》,贺绍甲译,商务印书馆2009年版,第102页。
④ [奥]维特根斯坦:《美学讲演录》,见刘小枫主编:《人类困境中的审美精神》,魏育青等译,东方出版中心1994年版,第534页。

一个人的思想"①。这不仅仅是一种文学叙述风格的表现，而且是一种深刻的美学精神。"语言批判"融合了他的美学和伦理学思考，最终从美学和伦理学过渡到了文学，文学研究领域中的维特根斯坦的意义正是在于对这种美学精神的显著影响，哲学研究中的反本质主义与文学研究中的"反理论"之间也有了"互文性"的渠道，保罗·德曼和斯坦利·费什的"理论的抵抗"观念其实也与维特根斯坦的美学精神有某种"互文性"。

相比哲学研究中的维特根斯坦和罗蒂，在美国文学理论家保罗·德曼那里，"反本质主义"哲学研究发生了深刻的转折，这种转折用罗蒂的话说就是"德曼把反本质主义哲学变成一种文学崇拜"②。罗蒂说德曼"在最后关头又推了本质主义一把"③，这话看似是对德曼的批评，其实不然，因为德曼与罗蒂在反本质主义研究的初衷不同。在反本质主义的问题上，德曼更多强调的是文学语言隐喻符号的反本质意义，在某种程度上，他推进了反本质主义在文学研究层面上的进程，这也正是他的"理论抵抗论"提出的哲学背景。"理论抵抗论"出自德曼在 20 世纪 80 年代的重要论文《对理论的抵抗》。在文章中，德曼考察了美国文学教学和文学理论传授的深层次关系。他提出，作为文学研究方法证明的"理论"一直以来都与文学教学和谐共存，但是，随着它内部不断出现的争议和辩论，希望凭借合理论说而演进的"理论"却在文学和语言教学中显露出某些危机征兆，从而暗示出"理论"和人们获取知识的方法与手段之间的不确定性，"理论"成了"学术的因而也是教学的障碍"④。在德曼看来，之所以会出现这种情况，是因为文学研究和文学教学中把"理论"理解成了某种剥离了具体感觉的本质主义的普遍系统和方法概念，从而忽略了文学语言的隐喻传统和符号意义，而作为隐喻符号的文学在某种程度上正是拒斥那些作为"理论"的本质主义的普遍系统和方法概念的，这些概念既威胁文学教学的展开，也"在理论学科的严肃游戏中成了某种百搭牌的东西"⑤。与德曼坚持同样观点的是斯坦利·费什。费什干脆宣称"理论无济于事"⑥，认为理论不过是从它声称要超越的可变无常的实践世界、信仰、推测、观点中借用了某些术语和内容而已，"所谓理论是一件永远不可能企及的事"⑦。

---

① ［美］贾可·辛提卡：《维特根斯坦》，方旭东译，中华书局 2003 年版，第 71 页。
② ［美］理查德·罗蒂：《后哲学文化》，黄勇编译，上海译文出版社 2004 年版，第 142 页。
③ ［美］理查德·罗蒂：《后哲学文化》，黄勇编译，上海译文出版社 2004 年版，第 152 页。
④ ［美］保罗·德曼：《解构之图》，李自修等译，中国社会科学出版社 1998 年版，第 94 页。
⑤ ［美］保罗·德曼：《解构之图》，李自修等译，中国社会科学出版社 1998 年版，第 99 页。
⑥ ［美］斯坦利·费什：《读者反应批评：理论与实践》，文楚安译，中国社会科学出版社 1998 年版，第 102 页。
⑦ ［美］斯坦利·费什：《读者反应批评：理论与实践》，文楚安译，中国社会科学出版社 1998 年版，第 100 页。

保罗·德曼和斯坦利·费什的"理论抵抗论"是文学研究中反本质主义声音的重要代表,罗蒂说德曼把"反本质主义"变成一种文学崇拜,其实也从另一个维度上说明了反本质主义文学研究的影响与努力。正是基于这种影响,德曼和费什的"理论抵抗论"理应也被纳入"理论之后"的视野中。"反理论"、"反本质主义"、"理论抵抗论"共同构成了"理论之后"问题的一个潜在的思想语境,都是"理论之后"问题的思想催发的原点。虽然"反理论"反对的是现代道德理论,"反本质主义"颠覆的是哲学上的基础主义和本质主义观念,"理论抵抗论"抵抗的是文学研究与文学教学中的本质主义理论系统和方法概念,但它们都是对那种独断性、普遍性、体系性的"理论主义"的拒绝,从而体现了一种深刻的理论焦虑。这种理论焦虑一方面与文学的现实处境有不可分割的关系,更主要的是与当代文学理论增殖与更新中某种隐蔽成规和体制转换相关,特别是德曼和费什,他们不但质疑"理论"的合法性,而且开始问及理论的僭妄对文学研究学科建制、学科壁垒与学科教学的影响与辐射问题,涉及了文学理论学科属性与学科建制层面上的实践反思。他们所起到的作用不是理论落潮的推波助澜,而是从理论发展的内部肢解了理论前行的动力,他们将那种普泛意义上的"反理论"观念引向了对文学理论学科发展局限的批判,真正地涉及了理论范式的转换和应用问题,从而将"理论之后"问题的探索引入到了一个关键的时刻。值得一提的是,德曼和费什的观念同样不是孤立的声音。20世纪80年代,澳大利亚学者尼尔·路西也曾经发表了"反理论"的论文,题目就叫作《理论之死》。路西的观点指向的是文学解释传统中的"元理论"观念,特别是对法国思想家利奥塔的思想进行呼应。他提出的观念是如何既能够在利奥塔与康德传统命题之间寻找破解文学稳定结构的理论招数,但同时又不影响"文学反思判断的规则"[①]。路西还发表了《批评之死》、《历史之死》等文章,尽管观念还缺乏针对性,但也并非仅仅是一种零打碎敲的声音,他承续的正是后现代主义质疑宏大叙事、抗拒那种本质主义的、稳定不变的元叙事理论的批判精神,所以他的观点已经非常接近那种普遍意义上的"理论之后"观念了。

三、"理论之后":批判理论的转折与伊格尔顿的矛盾

从当代西方社会文化思潮的发展历程来看,"反理论"、"理论的抵抗"、"反本质主义"都有它独特的出场语境,更有它的意义指涉。这种意义指涉不仅仅是一种情绪性

---

① ［澳］尼尔·路西:《理论之死》,载阎嘉主编:《文学理论精粹读本》,中国人民大学出版社2006年版,第234页。

论断，而是体现了当代哲学与文化理论增殖与更新中的某种生产机制与表达机制的变化，它已经从那种情绪性、感受性以及印象式的转折变化上升为对理论发展惯性的批判，并进入了某种时代与文化主潮变革的视野中。英国文化理论家特里·伊格尔顿广为人知的《理论之后》其实就是基于这种语境而发的。在众多关于"理论之后"的著述中，伊格尔顿的声音值得认真探讨。他在 2004 年出版的著作《理论之后》可以说是最近几年相对沉寂的文学理论界的一个"理论事件"。在《理论之后》中，伊格尔顿提出，理论的黄金时代已经过去，"随着一场新的全球资本主义叙事的开始，以及所谓的反恐热，人们曾经熟悉的所谓的后现代主义思维方式正在走向终结"①。他认为，在这个终结点上，当代西方各种文化理论在资本主义文化体制中被专业化和宰制化了，智识生活与日常生活之间不再有任何的缝隙，文化研究也失去了对当代生活最基本的呼应能力，在这个意义上，"'理论之后'所意味的正是我们现在处于理论发展高潮之后的没落时期，在某些方面，我们已经远离因阿尔都塞、巴特与德里达等思想家的洞见而展现的理论富饶的时代"②。

伊格尔顿在《理论之后》中提出了当代西方文化理论与文学理论发展的悖谬现实，深刻地剖析了当代西方文化理论与文学理论的现实境遇与范式转换问题，并对理论如何进一步影响当代生活的问题有深度回应。他的批判分析对于我们更深入地认识当代西方文化理论的逆转与突变有非常重要的参照作用。20 世纪西方文化理论发展到解构主义、后现代主义等文化研究阶段，确实已经失去了整体性的活力和深度发展的动力，各种文化研究在不断强化的专业化和体制化过程中也体现出了真正融入日常生活的困难，特别是当文化研究越来越以商品化的方式演变成一种关于身体与政治的华丽表演之时，这意味着作为一种研究范式的文化研究举步维艰了。正像有的研究者所说那样，文化研究"我们对它谈得越多，越不清楚自己在谈什么"③。在《理论之后》中，伊格尔顿一直以来的对"性"、"身体"、"政治"等文化研究关键问题的热情荡然无存，他的触觉是灵敏的，他已经深刻地认识到了文化理论内在思想理路变迁的困境，所以，《理论之后》所显露的并非仅仅是伊格尔顿包含讥讽与俏皮的论辩智慧，也不仅仅是冷峻犀利、入木三分的批判锋芒，而是那份理论研究的责任感，这是应该值得我们尊重的。

---

① Terry Eagleton. *After Theory*. London：Allen Lane，2004，p. 221.
② Terry Eagleton. *After Theory*. London：Allen Lane，2004，p. 2.
③ 罗钢、刘象愚主编：《文化研究读本》，中国社会科学出版社 2000 年版，第 66 页。

但是,从另一方面来看,伊格尔顿这份理论责任感也有它独特的析出背景,这个背景就是包括文化理论在内的西方左派文化在西方学术机构和学术体制内的格局与地位的变化,从中也折射出了一种重要的理论心态。在《理论之后》中,伊格尔顿说的"理论"其实就是指 20 世纪 60 年代后在西方兴起各种文化理论,包括后结构主义、女权主义、后殖民主义、解构主义、后现代主义以及各种文化研究等,这些理论大部分与西方左派文化思潮有各种各样的关系。在西方,左派文化是一种特有的知识分子话语,它承续的是一个世纪以来的激进文化的思想传统,特别是感染了 1968 年法国"五月风暴"后的激进情绪,具有那种把残余的激进理想演化为浓烈的学院政治的实践特征。正是在这个意义上,西方左派文化其实已不单单是一种纯学术和纯理论的研究,而成了一种知识分子人文理念和政治关切的思想标示。当然,为此它也曾招致了很多批评,当代美国哲学家罗蒂曾经批判它们的空泛和花哨,认为现在英美的一些大学已经成了滋生左翼理论的温床,那些"文化左派"知识分子"漫不经心地使用诸如'晚期资本主义'等术语,仿佛我们只需等待资本主义垮台,而无须解决这个问题"①。罗蒂还指出,文化左派每年都能提出新名词,而且,"当代学院左派似乎认为,你的理论越抽象,就越能颠覆现有的秩序。你的概念工具越有气势、越新奇,你的批判就越激进"②。法国思想家雷蒙·阿隆也曾批判它们的虚伪和浮躁,批判"文化政治研究"成了一些批评理论家的重要的学术研究内容,甚至"意识形态已成为知识分子的事业"③。美国学者拉塞尔·雅各比则更加指出了西方左派文化研究功利和投机的成分。雅各布说,那些左派学者逾越了学术与学院的限制,在资本主义文化体制与文化机构中走向了理论争斗的左右搏击,他们虽然质疑资本主义文化体制,反对学术权力和院校政治,但他们"不是院校权力的天生反对者,当有可能进入这些院校并或许有利可图时,他们就当仁不让了"④。这种批判虽然有些过火,但也指出了当代西方各类左派文化理论在面目上的复杂性。特别是如今,当各种西方文化研究理论心甘情愿地做了资本主义全球叙事的注脚之时,其实也就意味着作为一种知识分子话语的左派文化的危机。西方左派文化既对资本主义文化体制存有不可根本杜绝的依附性,但也绝对不愿意看到资本主义全球叙事的来临。这是一种矛盾的心理,其实,伊格尔顿也是处于这个矛盾中的。伊格尔顿的思想向来具有明显左派文化情感,虽然伊格尔顿也批判文化左派的"自由

---

① [美]理查德·罗蒂:《筑就我们的国家》,黄宗英译,生活·读书·新知三联书店 2006 年版,第 76 页。
② [美]理查德·罗蒂:《筑就我们的国家》,黄宗英译,生活·读书·新知三联书店 2006 年版,第 68 页。
③ [法]雷蒙·阿隆:《知识分子的鸦片》,吕一民等译,译林出版社 2005 年版,第 296 页。
④ [美]拉塞尔·雅各比:《最后的知识分子》,洪洁译,江苏人民出版社 2002 年版,第 160 页。

悲观主义"①,但在某种程度上,他同西方整体的文学批评理论一样,也面临着文化转向的巨大挑战,他既要在哲学和理智的层面上践行"文化左派"的实践精神,同时又要在思想层面上为文化左派迎战自由主义的挑战廓清理论和现实障碍,面对文化左派不断被边缘化的命运,伊格尔顿也显得不那么从容了。所以,在《理论之后》中,他在感叹后现代主义之后的理论困境之时,也包含着对那种知识分子话语坍塌的惋惜。当我们看到他说:"不能用理论判断你的生活方式,因为理论是你生活的一部分,并不是从生活中分离出来的某种东西。"②"许多理论的批评者是细心的读者,但是他们也是一些没有理论的人。"③"我们永远不会处于'理论之后',也就是说没有理论便不会有反思性的人类生活。"④他已经在提出"理论之后"的同时走向了再度的理论期望。伊格尔顿不满意后现代主义文化理论的现实功效,但不是说在伊格尔顿那里作为一种整体的理性思考的"理论"不需要了;伊格尔顿痛恨所谓的"资本主义全球叙事时代的来临",从表面来看颇有些对理论的失望情绪,但他并没有认为理论已经终结,也没有真的认为我们现在已经处于"理论之后",而充其量是对理论的"不满",他所说的后现代主义理论"之后"与那种通常意义上的"'理论'之后"观念还是有很大差别的。

伊格尔顿的《理论之后》在西方学界影响很大,中国学者更是争相引述,英国学者戴维·洛奇在书评中同样用了醒目的题名:"向这一切说再见",并认为:"《理论之后》是作为理论实践者与捍卫者的伊格尔顿之间的对话"⑤。无论伊格尔顿是出于什么样的考虑,他的观念都是对西方学界自 20 世纪 80 年代就已经出现的"反理论"思潮的一种强力助推。但是面对理论研究中的"后理论"、"反理论"、"理论的抵抗"乃至弥漫甚久的"理论危机论",仅着眼于伊格尔顿一人的观念,单是从伊格尔顿这样一部著作就提出所谓的"后理论时代",那是远远不够的。对于伊格尔顿,我认为,我们该重视的并非是他说了什么,而更应该强调的是他那种关于理论的文化价值批判的思想高度以及那种审慎的态度。同时我们也要认识到,如果我们仅仅流于印象与情绪层面上的分析,仅仅满足于对某种理论阐释新说法的介绍和转述,或是仅仅呈现了作为一种现象、话语、思潮层面上的"理论之后"的观点,那我们仍然是停留在对西方理论的跟风阐释上的,仍然是在描述作为一种"理论"的"理论之后"观念,因此也就意味着仍然没有对

① ［英］特里·伊格尔顿:《后现代主义的幻象》,华明译,商务印书馆 2000 年版,第 8 页。
② Terry Eagleton. *After Theory*. London：Allen Lane, 2004, p. 54.
③ Terry Eagleton. *After Theory*. London：Allen Lane, 2004, p. 221.
④ Terry Eagleton. *After Theory*. London：Allen Lane, 2004, p. 221.
⑤ ［英］戴维·洛奇:《向这一切说再见》,《国外理论动态》2006 年第 11 期。

"理论之后"的命题以及其中所蕴含的理论发展脉象和思想裂变现实做深入研究,特别是那种理论范式意义上的深入考察仍然是缺位的。

四、理论的终结:"后理论时代"的文学理论思考

目前而言,关于"理论之后"问题的研究主要集中在伊格尔顿、德曼、费什、罗蒂、维特根斯坦等人的身上,他们面对文学理论研究的最新趋势发出了各种声音,虽然有的声音发生在文学研究疆界之外,但最终都在文学研究范围内"借尸还魂"。相应地,尽管他们有着各自不同的身份和各自不同的研究领域,但文学理论研究界还是更多将他们的观念视为一种文学研究的突出情势,他们在文化、哲学、政治学、伦理学等领域的发言与著述也一直以来被当作文学阐释的理论依据。这既是一种有效的学术融合与交叉阐释的视野,但也不排除某种思想形态与思维观念上的理论误用。有时他们在文化、哲学、政治学、伦理学等领域的观念并非直接针对某种文学的历史与现实,抛却地域疆界和文化差异等因素,他们的观念并非对于文学研究具有直接应有的效力。作为一种"西学话语","理论之后"的问题具有浓郁的语境色彩,既有独特的思想指涉,但论域有太过宽泛,如果我们忽略了它的语境特征和论域范围而生硬地移植、转述进而指向一种明确的理论方向,有时就会造成双向伤害。也就是说,一方面我们没有把握它真正的含义,在移植和转述中失却了对其思想语境的具体分析;另一方面,在理论接受与本土应用中没有经过理论生态的认真考察而消弭了它的借鉴和参照价值,这是很遗憾的。

"理论之后"的问题毕竟在理论研究的台面上凸显了,也预示了当前文学研究的某种理论策动和变局,一向处于理论研究前线的文学理论敏感地在此番理论策动中嗅到了某种变革的路径,但对于"理论之后"、"反理论"、"理论的抵抗"等说法我们也不能笼统地混为一谈。无论保罗·德曼、斯坦利·费什,还是维特根斯坦、罗蒂、伊格尔顿,他们谈论的"理论之后"不排除指向一种宽泛意义上的文学理论,但各种思想指涉仍然还有差别。"反理论"、"理论的抵抗"在某种层面上接近所谓的"理论危机论",但"理论之后"则没有这个意味。有的学者认为:"'理论之后'也就是后现代理论范式之后的理论","就是韦勒克所说的'大理论'(the grand theory)死亡之后的理论。"所谓的"后理论"就是"告别'大理论',不再雄心勃勃地创造某种解释一切的大叙事,转而进入了各

种可能的'小理论'探索"①。有的学者提出，人们都在谈论"理论之后"，那是因为文学理论已经没有期待，没有什么大的思潮，没有什么大的转向，从而滋生了人们对理论的失望，甚至理论的疲劳②，也有的学者试图从理论范式变化的角度来尝试解答理论的接受和抵抗现象，并试图通过分析新的概念体系和理论范式变化来解决文学研究方法上的分歧③。这些意见都很中肯，不乏真知灼见，但在我看来，我们对"理论之后"的分析恐怕还是应该从多种层面上着眼，应该深入探索"理论之后"问题所带来的理论研究的深层次动荡以及影响，努力把握"理论"、"理论之中"以及"理论之后"的文学研究的生态变化，特别是能够从批判反思的角度着眼理论变革的路向。

　　理论危机的声音已经此起彼伏，抵抗理论的呼声也愈来愈烈，连绵不绝的"理论之后"的声音不但让理论显得黯淡，同时也让文学理论研究变得凄惶。在理论呈现颓废之势的当口，种种预言和判断令人应接不暇，但是，人为地助长理论的末路情绪不但于事无补而且更加混淆视听。面对"理论之后"的种种预言与判断，首先，我们该思考，"理论之后"说明了什么？美国学者华勒斯坦曾说："无论人们是怎样真诚地追求普遍性，迄今为止，在社会科学的历史发展过程中，对于普遍性的期待从来没有真正地实现过。"④"理论之后"正说明了那种普遍性的理论努力的破产，无论是那种普泛意义上的"理论危机论"，还是具有明显的对立情绪的"理论抵抗论"以及理论范式意义上的"理论之后"观念，其实都预示了理论的现实入口与出路的瓶颈化困境，理论在现实的裂隙中出现了价值和信任危机，这一点，无论是在文学教学还是理论研究中都表现得非常明显。美国学者卡勒感叹："理论已经不是一套为文学研究而设的方法，而是一系列没有界限的、评说天下万物的各种著作。"⑤有的研究者也提出，当学生"不满为什么课堂里阿尔都塞要比莎士比亚更重要：他们怀疑那些眼花缭乱的理论课程不过是陈旧货色的新包装。"⑥在这种情形下，理论确实在自身的发展中显露出某些危机征兆，但是，理论的危机有时也不全是"理论"本身的问题，说白了，是一种理论的限度问题，也就是说理论的发展在某种程度上已经接近它的极限，所以才会出现更生的阻力，才有了那种集体性的理论焦虑。无论我们对这种焦虑如何认识，我们得承认，当我们不断地将这

---

①　周宪：《文学理论、理论与后理论》，《文学评论》2008年第5期。
②　周启超：《在反思中深化文学理论研究》，《江苏社会科学》2009年第6期。
③　顾明栋：《后理论时代对理论的抵抗及范式构成》，《当代外国文学》2007年第2期。
④　[美]华勒斯坦等：《开放社会科学》，刘锋译，生活·读书·新知三联书店1997年版，第53页。
⑤　[美]乔纳森·卡勒：《文学理论》，李平译，辽宁教育出版社1998年版，第4页。
⑥　张箭飞：《文化理论在西方的死亡》，《学术研究》2005年第9期。

种焦虑归结为消费、商业、功利意识形态、传播媒介和形式等新问题之时，其实已经说明了理论对象化现实的弱势。在这个意义上，"理论不仅已经告别自己辉煌的过去，还要失去自己的将来"①。这种看法虽然过于极端，但也是一种警示之言。

或许，当我们呼吁理论的危机感慨理论的过剩宣告"后理论时代"来临之时，我们该思考的是，我们曾经真正地拥有一个"理论之前"或者一个"理论"的时代吗？在所谓的"后理论时代"，我们是被"理论"抛弃了，还是在"理论"面前失败了？我们曾有过对理论推崇备至顶礼膜拜的时期，但好像是突然之间，这些东西都不重要了，一切坚固的东西都烟消云散了，理论也不需要了。伊瑟尔说："我们目前谈论理论的衰落指的是我们对理论的误读，而不是理论本身的过时。"②"理论之后"的声音之所以连绵不绝，固然像卡勒说的"理论的不可控制性"③是一个主要原因，但也不能排除我们在对理论的接受特别是理解与应用中仍然存在着盲目甚至功利性的滥用，而在某种程度上，那种真正的理论又是缺失的。在西方，风光无限的各类理论家曾经缔造了一种以理论为业的知识分子的共同事业，它支撑着无数学院知识分子的生活方式和生存姿态。在以往的岁月，文学理论家不单单代称一种职业，而且代表了一种荣耀、一种地位、一种理想主义的生活姿态，他们曾经引起了一群生活在"格林威治村"的文学信徒和时尚青年的无限崇拜和追求。但在今天，"在理论上有所发现的英雄时代似乎已经结束了"④。随着文学研究的日益边缘化和人文理念的日益弱化，在"格林威治村"渐渐远去之后，理论正面临着角色转换和地位转换的尴尬和痛楚，但这并非意味着理论真的走向末路，而是理论在一个新的文化生态中展现出的新的价值诉求，它所蕴含着的更深层次的理论期望正是需要我们认真对待的。

---

① 张箭飞：《文化理论在西方的死亡》，《学术研究》2005 年第 9 期。
② ［德］沃尔夫冈·伊瑟尔：《怎样做理论》，朱刚等译，南京大学出版社 2008 年版，第 11 页。
③ ［美］乔纳森·卡勒：《文学理论》，李平译，辽宁教育出版社 1998 年版，第 17 页。
④ ［美］詹明信：《晚期资本主义的文化逻辑》，陈清侨等译，生活·读书·新知三联书店 1997 年版，第 303 页。

从"聚魅"到"祛魅":新世纪文学的身份转型*

——兼及新世纪文学正义的另一种召唤

◎张邦卫

内容提要 新世纪文学的基本走向是媒介化。媒介化不仅推动着新世纪文学的观念、属性、形态的转型,也推动着新世纪文学的身份转型。新世纪文学的身份转型包括作者向生产者的转化、创作向制作的转化、作品向商品的转化、语言文本向图像文本的转化、硬载体文本向软载体文本的转化、清晰文类向模糊文类的转化、读者向消费者的转化等。新世纪文学的身份转型实质上就是新世纪文学从"聚魅"走向"祛魅"的动态进程。新世纪文学的"祛魅"过程主要包括纯文学"祛"革命文学的"魅"、商业文学"祛"纯文学的"魅"、媒介文学"祛"纯文学的"魅"。新世纪文学的"祛魅"表征主要包括作者神话的破灭、作品灵韵的寂灭、读者上帝的幻灭。

关键词 新世纪文学 身份转型 聚魅 祛魅 文学正义 媒介化

在现代传媒语境下文学的泛化与弱化已是不争的事实,文学自身的"祛魅"使文学审美日常生活化,文学成为现代消费的一种对象。新世纪文学身份的转型可以细分为作者向生产者的转化、创作向制作的转化、作品向商品的转化、语言文本向图像文本的转化、硬载体文本向软载体文本转化、清晰文类向模糊文类转化、读者向消费者的转化等。文学的文化身份必然从"单纯"走向"多元",从"聚魅"走向"祛魅"。当然,在新世纪,文学身份的"祛魅"还源于在审美价值的弱化与商业价值的强化,而文学这种非实业的商业价值同实业的商业价值相比则是"小巫见大巫",甚至是微不足道,被"祛魅"

* 国家社会科学基金项目,编号 10BZW103;浙江省社科联研究项目,编号 2009N31;湖南省教育厅优秀青年项目,编号 08B002。

张邦卫,浙江传媒学院文学院常务副院长、教授、硕士生导师,研究方向为文艺美学与媒介诗学等。

也就在所难免了。诚如金惠敏所说的："一切以印刷媒介为基本的现代精神生活形式——它们以'距离'、'深度'、'地域性'为生命内蕴——所面临的深刻的存在论危机：这即使算不上一个终结，亦堪称一次脱胎换骨的转型。"①当然，随着 2006 年以来"中国文化软实力建设工程"的实施与推进，以及 2012 年著名作家莫言荣获诺贝尔文学奖的高端刺激与极致引导，文学的"祛魅"可能会在"后 2012 年"有所缓解与改观。

一、传媒语境中的文学"祛魅"

"祛魅"一词源于马克斯·韦伯所说的"世界的祛魅"（the disenchantment of the world），也可翻译为"解咒"，是指对世界的一体化宗教性解释的解体，它发生在西方国家从宗教神权社会向世俗社会的现代性转型中。自世界祛魅以后，世界进入"诸神纷争"（价值多元）时期，对世界的解释日趋多样与分裂，社会活动的各个领域逐渐分立自治，而不再笼罩在统一的宗教权威之下。所谓文学的"祛魅"，即指统治文学活动的那种统一的或高度霸权性质的权威和神圣性的解体。

从思想资源上讲，传媒语境中的文学"祛魅"很明显与解构主义、与文化研究有关。但从文学实践上讲，传媒语境中的文学"祛魅"更多来自于文学载体、传播媒介的翻新及"传媒霸权"的建构。由于传媒业的高速发展，以往文学的艺术中心地位动摇了，甚至是走向边缘，成为传媒文化的点缀与风雅附会，四处扩张的文学性从深层次表征的是文学性的扩散与消散。传媒语境中的文学，不再是"经国之大业，不朽之盛事"，也不再"兴观群怨"，也不再"经夫妇，厚人伦，美教化"，也不再是"文艺战线的排头兵"，更难说是国家意识形态的喉舌与喇叭。与传媒共舞（主要是一种陪舞）的新世纪文学，更多地走向了产业化、世俗化、商业化、消费化、娱乐化、碎片化、图像化、休闲化。文学的神圣性已被亵渎，霸权性已不复存在。这样，新世纪的文学不仅有因为传媒而"聚魅"，反而因为传媒而"祛魅"了。对此，陶东风曾经认为："被'祛魅'以后的文学，再也没有精英文学那种超拔的精神追求，没有了先锋文学对形式迷宫的迷恋，没有了严肃的政治主题和沉重的使命感。'祛魅'以后没有作家，只有'写手'；'祛魅'以后没有文学，只有文字；'祛魅'以后的读者不再是精英知识界，而是真正的大众。"②

本雅明（Walter Benjamin）的《作为生产者的作者》、《讲故事的人》、《机械复制时

---

① 金惠敏：《媒介的后果——文学终结点上的批判理论》，人民出版社 2005 年版，第 187 页。

② 陶东风：《文学的祛魅》，http://www.blogchina.comnewsdisplay/。

代的艺术作品》都是对文学"祛魅"的经典阐释,这些著作的中心思想就是"大众媒介社会中获得的艺术生产与欣赏的新条件极大地改变了艺术的本质"。其一,在技术高度发达的 20 世纪,人类进入了机械复制时代,产生了以电子传媒为主导的复制艺术。在技术复制时代,艺术从个别文化精英的手中解放出来,成为大众欣赏的对象,但与此同时,大众所欣赏的已经不是同一种艺术。其二,由于传播方式的转变,工业社会必然导致古典艺术的终结与机械复制艺术的主导。在本雅明看来,随着古典艺术在现代信息社会的终结,代之而起的便是与信息这种传播方式相对应的机械复制艺术。较之于古典艺术,机械复制艺术是一种全新的艺术,其所处的时代是"艺术的裂变时代"。其三,现代传媒和复制艺术对传统艺术的影响,本雅明认为是"灵韵"(Aura,亦译作光韵、韵味和氛围等)的丧失。"灵韵"的真正含义是指"作品独特的质地和由此带来的神秘感,它只属于原创的、独一无二的作品"[1]。灵韵使人陶醉神往,所以原创作品具有较高的"膜拜价值"。到了技术复制时代,艺术品不再独一无二了,不再具有独特的灵韵。这样,艺术的"膜拜价值"受到抑制,"展示价值"得到加强。其四,当代艺术是越来越远离人的艺术,既远离观众,又远离艺术家自己的整体人格。本雅明同意阿多诺的看法:当代文化越来越标准化、模式化和简单化,也越来越容易受到操控——无论是人为抑或技术的操控,机械复制技术大量复制的不只是艺术和艺术的主体,它还复制了消费这种艺术的大众。总之,在本雅明看来,传媒的发展使古典艺术向机械复制艺术变迁,高雅艺术走出神圣的殿堂与崇高的庙堂,走向生活,失去"灵韵"。

当然,最能印证文学"祛魅"的是希利斯·米勒(J. Hillis Miller)的"文学终结论"。米勒通过对德里达的《明信片》做出分析,曾提出文学终结的论断。"在特定的电信技术王国中,整个的所谓文学的时代(即使不是全部)将不复存在(从这个意义上说,政治因素倒在其次)。哲学、心理分析学也在劫难逃,甚至连情书也不能幸免……"[2]米勒认同德里达的看法,认为电信时代正在将文学引向终结。尽管如此,米勒又认为:"文学研究的时代已经过去,但是,它会继续存在,就像它一如既往的那样,作为理性盛宴的一个使人难堪,或者令人警醒的游荡的魂灵。文学是信息高速公路上的沟沟坎坎、因特网之神秘星系上的黑洞。虽然从来生不逢时,虽然永远不会独领风骚,但不管我们设立怎样新的研究系所布局,也不管我们栖居在一个怎样新的电信王国,文学——信息高速路上的坑坑洼洼、因特网之星系上的黑洞——作为幸存者,仍然急需我们去

---

① 肖小穗:《传媒批评——揭开公开中立的面纱》,黑龙江人民出版社 2002 年版,第 100 页。
② [美]希利斯·米勒:《全球化时代文学研究还会继续存在吗?》,国荣译,《文学评论》2001 年第 1 期。

'研究',就是在这里,现在。"①仔细辨析米勒似乎矛盾的表述,米勒的文学"终结"准确来说是"边缘化",有两在意蕴:从艺术分类学角度来看,文学在艺术中的主导地位已由影视艺术所取代;从文化分类学角度来看,文学不再是文化的重心,科学上升为后现代的文化霸主。② 不管是米勒表面上的"文学终结论",还是深层上的"文学边缘化",事实上都表征了传媒语境中的文学"祛魅"。

在传媒文化语境中,传媒张扬的不仅是技术理性,还有消费主义。在消费社会中,文学本身走向通俗化,精英文学处于弱势,而文学研究也渐渐偏离文学,更多地转向消费、传媒、技术、产业与文化。文学研究中的文学性也不再作为文学自身属性而存在,而是变成了一种促进欲望生产的因素,从精神之端降为实用主义。这样,文学既成为消费与产业的工具,也成为传媒与技术的工具。文学性独立于文学,一定意义上也成为工具,比如说当解读一个历史文本时,你可以说历史是虚构出来的,找到文字中流露的作者不经意的态度或者由选择而忽略的那些人和事,历史不再有可信度。因为有虚构,也就有文学性。当人们要为一件商品造势时,可以用五颜六色、煽情或纯情的广告来招揽目光,至于广告背后的实际物品如何,它不会明言,这种修辞也是文学性。事实上,文学性修辞与话语为广告、商业、商品服务的案例是屡见不鲜、比比皆是的。这样,文学随着商业化、产业化、大众化的进程而丧失了严肃的精神性和宏大叙事。在传媒文化语境中,文学的精神价值之维与审美之维消隐,而实用之维、功利之维、产业之维、消费之维得以肆意的扩张,文学异化为马尔库塞所谓的"单向度文化"。在《单向度的人》中,马尔库塞指出,当代工业社会已经成功地建造起一种"单向度的文化",这是一种完全丧失了否定和超越能力的文化,它不会鼓励人们去追求与现实生活不同的诗意生活。"现在,艺术远离社会、冒犯社会、指控社会的特征已被消除。艺术的异化已经成为同上演艺术的新型剧院和音乐厅建筑一样是以使用的观点来设计的,……文化中心变成了商业中心、市政中心和政府中心的适当场所。……现在差不多人人都可以随时获得优雅的艺术享受,只要扭动收音机的旋钮或者步入他所熟悉的杂货铺就能实现这一点,但在这种艺术的传播过程中,人们却成了改造他们思想的文化机器的零件。"③

从媒介与文学的关系上考察,有两点是值得关注的:"其一是新媒介通过改变文学

① [美]希利斯·米勒:《全球化时代文学研究还会继续存在吗?》,国荣译,《文学评论》2001年第1期。

② 参阅余虹:《文学的终结与文学性统治》,载余虹等主编:《问题》(第一辑),中央编译出版社2003年版,第81—82页。

③ [美]赫伯特·马尔库塞:《单向度的人》,黄勇、薛民译,上海译文出版社1989年版,第60页。

所赖以存在的外部条件而间接地改变文学;其二是新媒介直接地就重新组织了文学的诸种审美要素。"①不管是"改变"还是"重组",其实都是传媒语境中文学"祛魅"的手段。当然,传媒语境中的文学"祛魅"绝不等同于文学"终结"甚至是文学"死亡"。事实上,"终结"的只能是那些不合传媒时代的传统文学样式,"开启"的是那些为传媒引擎所催生的新媒介形态的文学。"祛魅",也许是一种回归本真的明智选择,就像"附魅"是一种远离本真的错误选择一样。对此,希利斯·米勒在《论文学》一书中指出:"文学的络结就在眼前。文学的时代几近尾声。该是时候了。这就是说,该是不同媒介的不同纪元了。文学尽管在趋近它的终点,但它绵延不绝且无处不在。它将于历史和技术的巨变中幸存下来。文学是任何时间、地点之任何人类文化的标志。今日所有关于'文学'的严肃的思考都必须以此相互矛盾的两个假定为基点。"②

二、新世纪文学的"祛魅"过程

新世纪文学的"祛魅"过程,从某种角度上说,时间跨度上可以追溯到 20 世纪 80 年代的"新时期"。按陶东风在《文学的祛魅》一文中的观点,从 20 世纪 80 年代"新时期"到新世纪的当下,中国文学大致经过了两次"祛魅"过程:第一次"祛魅"发生在 1980 年代,第二次"祛魅"发生于 1990 年代。在陶东风看来,第二次"祛魅"是延续到新世纪当下的一个动态过程。但事实上,在新世纪,由于新媒介的强势介入与霸权建构,主要是商业出版、影视传媒、网络媒介、手机媒介等,我们似乎可以将新世纪以来的文学"祛魅"视为第三次"祛魅"。

(一)纯文学"祛"革命文学的"魅"

纯文学"祛"革命文学的"魅"发生于 1980 年代。这次"祛魅"由精英知识分子发动,也以精英知识分子为主力。它所祛的是以"文革"时期的样板戏为典型的"无产阶级革命文学"之"魅",祛的是以"无产阶级斗争为纲"的政治工具论文学之"魅",祛的是"高大全"的英雄人物之"魅"。这一次"祛魅"的过程同时也是"聚魅"的过程,是文学净化、纯化的过程。革命文学被"祛魅"的结果,是精英知识分子文学被"聚魅",它不仅为精英知识分子写作及新时期文学的出场提供了合法性依据,而且产生了新的知识分子文学之"魅"。

---

① 金惠敏:《媒介的后果——文学终结点上的批判理论》,人民出版社 2005 年版,第 32 页。

② J. Hillis Miller. *On Literature*, London and New York:Routledge,2002,p.1.

值得一提的是,1980 年代的文学领域的"祛魅"和政治领域的"祛魅"是同时进行的,前者祛的是革命文学、政治工具论文学的"魅",后者祛的是"两个凡是"的"魅"。这次"祛魅"和"聚魅"带有"非功利性的功利性"的特点,即精英知识分子把自己的功利性追求隐藏在非功利性的表象之中。文学的自主性和自律性是这一次"祛魅"和"聚魅"的核心,启蒙文学和纯文学几乎垄断了 1980 年代的文学活动(包括文学生产、文学传播与文学消费等)。这次的"祛魅"是自上而下的,它虽然由知识分子发动并充当主力军,但实际上得到了当时官方改革开放的意识形态的默许、支持与鼓励。

(二)商业文学"祛"纯文学的"魅"

商业文学"祛"纯文学的"魅"发生于 1990 年代,其间虽然遭到了精英文化的强烈抵制和声讨,如"人文精神大讨论"、"崇高派对世俗派的论争"等,但在 1990 年代末终于牢固地确立了自己的"霸主"地位,从体制上说这主要得益于 1992 年中共十四大之后市场经济体制的全面建立。如果说 1980 年代的"祛魅"过程,既是"祛魅"也是"聚魅"的话,那么所聚之"魅"主要是纯文学之"魅",是文学自主性、自律性和审美无功利的神话,那么,1990 年代的"祛魅"所祛的也恰好是 1980 年代所聚的,也就是文学自主性、自律性的神话以及由这种神话赋予文学的那种高高在上的神秘性和稀有性,用学者王岳川的观点就是所谓的"解卡里斯马化"。相比之下,1990 年代的"祛魅"虽有着国家体制即市场经济体制的荫庇与护航,但从具体的操作层面上讲却是自下而上的,具有强烈的民间色彩、商业驱动和大众参与性。市场经济实质上就是商品经济,商品的生产与流通是市场经济的中心任务,商品生产与流通的等价与自由是市场经济所遵循的基本原则,而作为商品交换的中介——金钱与货币也就成了市场经济的灵魂。市场经济朝着纵深发展,商品精神也就随之向全社会的各个领域蔓延与浸染,其中不可避免地包括文学领域与审美领域。这样,文学的商品化与商品化的文学,也就成了1990 年代的文学主潮。

对于 1990 年代的商业文学,赞同者认为文学活动自身的商品化是大势所趋,是后工业文明来临的必然产物,它将为文学走下神圣的殿堂而步入民间提供新的契机;贬抑者认为文学商品化是缪斯的堕落,是艺术精神向金钱势力的一次自觉的献媚,它给文艺带来的直接结果便是伪劣横行、精神沦丧;中庸者如潘知常认为"当我们斥责商品败坏美和艺术之时,不要忘记也正是商品在抬高美和艺术"[①]。事实上,"王朔入'市'"、"陕军东征"、"70 后美女写作"、"80 后青春写作"、"文化散文热"、"小资散文热"

---

① 潘知常:《反美学》,学林出版社 1995 年版,第 17 页。

等,都是市场化运作的标杆与旗帜。具体地说,有八点是十分明显的:一是创作向制作的退化;二是艺术话语向商业话语的转换;三是消费历史、消费政治与消费身体的喧闹;四是稿酬制度的完善与知识产权保护意识的深入;五是出版商的长袖善舞与文学策划甚至是炒作;六是产业资本(如影视资本)进入文学领域成为"掌门人";七是文学畅销书与文学富豪受大众热捧;八是广告式文学批评即传媒文艺批评的兴起。所有这些,都在表征着商业文学对纯文学的"祛魅",同时也在演绎着一个新的文学规定——即"文学既是一种精神生产也是一种精神商品",换言之,"文学是作为商品的艺术"。

(三)媒介文学"祛"纯文学的"魅"

媒介文学"祛"纯文学的"魅"发生于 2000 年代,也就是新世纪的第一个十年。这次"祛魅"主要是由大众传播媒介(主要是新媒介)及其传媒人所推动。这次"祛魅"是真正意义上的自下而上,具有强烈的民间色彩、传媒色彩与商业色彩,普通大众的参与度十分高。它的真正实施得力于大众传播手段的迅速发展和普及导致的文学参与手段的非垄断化和大众化,文学活动的"准入证"的通胀和贬值。文学不再是精英的专利,而是大众人人可以玩一把的涂鸦,甚至"玩的就是心跳"。值得一提的是,影视传媒、网络媒介、手机媒介在这次"祛魅"中起了极其重要的作用。

从影视传媒来说,它不仅造成了文学"灵韵"的丧失,还造成了文学"类象"、"视像"与"拟像"的狂欢,甚至是作者权威的消失,时空距离的消失以及趋零距离的出现都与影视传媒有关。从网络媒介来说,它的发展和普及使得精英对于媒介的垄断被极大地打破。一个人写作的任何作品都可以上网发表,写作和发表不再是一个垄断性职业,而是普通人可以参与的大众化活动。这是人人都可以参与的文学狂欢节,是彻底的去精英化的文学。"我手写吾口","我是网虫我怕谁","网虫菜鸟齐上阵,作家名手俱一旁"。网络文学的积极面是民主化,但它的消极面则是泥沙俱下,即所谓的"网络排泄"。没有入场券的文学场人人可以进入,当然也会产生大量不负责任、没有使命感和承担感,甚至趣味低下的文学。网络写作有强烈的自娱自乐的倾向。网络的游戏化、自由化在消除禁区的同时也为低级趣味的表现提供了机会和土壤。从手机媒介来说,它的平民化普及与智能化升级换代,不但催生了短信写作,也使凭附于手机的"移动阅读"、"即时阅读"和"即时转发"成为现实。

除此之外,媒介文学对纯文学的"祛魅"还得力于社会文化的日益世俗化、多元化,媒介社会或信息社会的出现,消费文化的巨大发展及其所导致的纯艺术和纯文学的衰落,日常生活的审美化、符号和图像的泛滥以及文学性的扩散。在新世纪,新媒介(主要是数字媒介)所创造的媒介文学对纯文学的"祛魅"是全方位的。比如复制与拟仿成为文本的基本生成方式,写作以观念的戏仿、意义的复制和话语的拼贴为常态,所有的文本生产都成了一种"文化工业",遵循着"福特主义"式的机械化生产逻辑和"利益最大化的"运行原则。还比如作品成为产品与商品,作者成为撰稿人与写手,读者成为受众、观众与消费者,纯文学原有的中心、崇高、权威、经典、宏大叙事、确定化等受到无情的颠覆与解构。

三、新世纪文学的"祛魅"表征

从整体上说,新世纪文坛有一个明显的分流状态:一部分是后现代所指认的经多种传媒方式传播的文学,如网络文学,这是一股"洪流";另一部分是被认为消隐的传统文学市场,总体趋势是趋向大众化、娱乐化,这是一股"暗流"。就传统文学而言,从数量上来说,文学爱好者和文学作者并不比以前少,传统文学书籍及杂志依旧在争先恐后地出版,而且出版个人作品较之从前也更加容易。但是不得不承认,从质量上而言,确实有整体水平下滑的感觉,精神价值低落,因娱乐大众而流于俗气;精英文学处于小圈子之中,而大众通俗文学占据市场份额更广、更流行。就新媒介文学而言,从文学样式上说,影视文学、网络文学、手机文学等不断翻新,争相竞艳争宠;从数量上说,文学的自由性与无序性并存,随意性增强,鱼龙混杂,但也使更多人参与到文学中来,文学基数增大,有人甚至称之为"海量的文学";从质量上说,虽然我们可以肯定地说新媒介文学特别是网络文学不乏优秀之作、轰动之作,但是我们同样可以肯定地说时至今日尚无大家大作、也无经典之作。对比传统文学与新世纪媒介形态的文学,我们不难发现:文学曾经赖以存在的经典法则、文化机制、社会环境以及传播媒介等都发生了重大的变化,文学的"确定性"基础消失了,它实现了"跨越边界,填平鸿沟"的口号,它兑现了"没有什么不可以"的自由承诺。在这种情境下,文学正面临着两难的困境:"从外部来看,艺术已经成为一种不可能的事情;但从内部来看,艺术还得继续下去。"①对此,后期象征主义者保罗·瓦莱里明确指出:"所有的艺术种类都有其物质部分,对这一部分,我们再也不可能像以前那样来观察、对待;它不可能摆脱现代科学及现代实践的影响。近二十年来,无论是物质、空间还是时间,都已经不同于以前。如此巨大的革新必将改变各种艺术的所有技术,并以此影响创意本身,最终或许还会魔术般地改变艺术

---

① [德]阿多诺:《美学理论》,柯平译,四川人民出版社1998年版,第16页。

的概念。对此,我们必然做好准备。"①

(一)作者神话的破灭

在新世纪,由于新的文学环境和传播机制的生成,使得作者队伍的构成发生了前所未有的变化。大体看来,新世纪的作者构成主要有四部分:传统型作家;网络作家;80后、90后青春作家;自由撰稿人式的草根作家。与20世纪中国文学相比,新世纪的作家准确来说是商业经济的仆人,是消费文化的生产者,是传媒文化的帮工,所以,与其称之为"作家",还不如称之为"写手"。作者在文学活动与文学话语中的功能也随之出现了根本性的改变,这其实就是文学作者"祛魅"的后现代表征。

自亚里士多德以来,诗和小说一直被作为真理的形式。在主体理性时代,文学作者因而拥有了突出的崇高地位,因为作者是这种真理的发现者,写出真理的人即拥有真理的人。自文艺复兴以来,主体精神与人文主义思想的高扬,读者对作者的关注往往超出了对其作品的关注。作者是"人类灵魂的工程师"、"社会的良心"。在伏尔泰、雨果、歌德、巴尔扎克、托尔斯泰、陀思妥耶夫斯基、高尔基、鲁迅、王蒙那里,作者的人格力量及其对社会历史的巨大影响是有目共睹的。在这样一种文学—社会格局中,一方面,文学的严肃性得到了充分的保证,创作文学作品是一种对社会历史起作用的大事,作者或是那些想要尝试写作的人承担着重大责任;另一方面,因此也只有少数人会成为作者,只有少数人实际上操作文学的话语。作为读者的大部分人只是被动地阅读作者写就的作品,尽管他们的"期待视野"是作者们要加以考虑的。

作者的中心在结构主义的视野中被进行了置换。在结构主义看来,文学的中心既不是作者的人格与人品,也不是作者的责任与意图,而是作品,准确来说是文本。作者中心论被作品中心论所替换。除此之外,作者的权威在解构主义的视野中被进行了颠覆。在解构主义看来,以语言形式为肌质的文本是文学的中心,是"语言说人"而不是"人说语言","不是普希金创造了普希金诗歌,恰恰相反,是普希金的诗歌创造了普希金"。这样,曾经拥有对于文学话语的至高无上地位的作者,借用福科引用贝克特的一句话——"谁在说话有什么关系",从而被打入从属的地位。作者的神话到了终结的时候。正是在这样的背景之下,罗兰·巴特提出了著名的口号:"作者已死"。作者"死了",就无人要为维护文学文体的纯洁性担当道义上的和法理上的责任了。于是各种对文学的滥用不再受到权威的有力阻击和合法性的质问。作者"死了",各种媒体充斥着无作者的文本:广告文本没有作者;新闻报道的作者分量很轻,可有可无;网络文本

---

① 转引自[德]本雅明:《经验与贫乏》,王炳均译,百花文艺出版社1999年版,第259页。

最常见的出现方式是匿名或化名,不必去问写作者的名字和身份。作者成为无人关注或不太关心的元素,写作和文本才令人感兴趣。于是出现了一种写作的"民主"局面,人人都能玩一把文学,玩文学不必太严肃,从"码字"到"灌水"、"接龙"再到"软件写作",作者化身为新游戏与新娱乐参与者。

以新世纪的网络文学为例,作者队伍的无限扩大、整体素质的良莠不齐以及创作主体从精英向大众、从专业向业余甚至是职业的转换等,都是作者神话破灭的表现形态。据资料显示,新世纪的网络写作的受众人群超过了 5000 万人,作者达到了 10 多万人。网络写作改变了以往"你写我读"的书写方式,形成了读写之间认知交流、思想交流、情感交流以及人生经验交流的平民化书写潮。在平民化书写潮中,网络写手异常活跃,从世纪之交的涂鸦、沙子到后来的痞子蔡、李寻欢、安妮宝贝、慕容雪村、竹影青瞳等到近两年走红的血红、随波逐流、天蝎龙少、唐家三少、辰东、我吃西红柿等,均以网络为阵地拥有了众多读者群。近几年,每到年底就有人对这些网络写手的收入进行排名,大家似乎并不关注作品的精神内涵和文学成就,而是更关注写作者们的钱袋子。网络写手的分量不是取决于它们的作品,而是取决于它们的网上点击收费额、版税与版权转让(主要影视改编权)的收入所得。这本身就是对作者神话的无情讽刺。姜奇平曾经指出:"工业时代,只有具备了发表资格的作品,才准'出生'。印刷字在这里被赋予了贵族徽章般的神圣。作者一旦躲在了印刷字后面,就立刻显出贵族的身份来。偏偏在信息时代,在互联网上,人们生产'文字婴儿',从来不遵守'计划生育',想生就生,并不需要谁个的批准。其实,用电脑写字,用网络发布,并不在意字形字体本身是否'千人一面',而在意内容本身,是否非常'个人'。在网上 BBS 站贴个帖子,在聊天室闲聊几句,并不需特别在意是否要迎合编辑的口味、读者的偏好,一味地天马行空下去便好,反倒是不容易'千人一面,千篇一律'。上过网的人,谁见过一模一样的作品呢? 倒是工业时代用手写的东西,虽然字形可能歪七扭八,但最终总要追求成为'千人一面,千篇一律'的印刷体,靠着大众口味的传播,借外强中干的字之神圣,躲在貌似神圣的印刷体后面,做一个非常'大众'的、具备了发表资格的某种贵族。然而,凡大众传播的文字,都不免有批量生产的机器味。这样看来,信息时代的字,机器味只在形式上,骨子里是很'个人'的;倒是工业时代的字,形式上是很'个人'的,但骨子里却是很'机器'的。"①

就新世纪的网络文学而言,作者神话的破灭还表现在网络写手们的众生化、平民

---

① 姜奇平:《文化精英失落论——作家是一群特殊的人吗?》,《中国计算机报》1998 年 11 月 10 日 D3 版。

化与随意化，以及匿名写作对主体承担的卸落。网络写作是匿名的，作者处于"三无"状态，即无身份、无性别、无年龄。所有网民在同一个平台自由嬉戏，相互交流却又各自独立，这使得网络写作可以摆脱物欲功利的诱惑，实现艺术创作的心灵自由，恰如刘勰在《文心雕龙·神思》中所谓的"精骛八极，心游万仞"，没有负荷意识形态和"载道"的小心翼翼，又可以褪去文学以外的因素强加给文学的负载，保持文学的独立品格。这有利于打破"知识分子写作"那种"众人皆醉我独醒"般的自傲，避免孤芳自赏、戚戚自玩的"文学白领"心态。然而，匿名写作的网络世界是一个众声喧哗的非主体世界，却又是一个以庸常抗拒崇高、用世俗阻隔主流、以宣泄替代承担的世界。网络写手们"我手写我心"、"我写故我在"，大家都是芸芸众生、凡夫俗子，大家一道卑微和庸常，没有等级的区别和权威的尊荣，网络就像马路边的一块小木板，谁都可以走上去信手涂鸦。因为"在网上没有人知道你是一条狗"。"于是，随着作者虚拟和主体性缺失，写作的责任和良知、作家的使命感和作品的意义链也就无根无依或无足轻重，文学的价值依凭和审美承担成了被遗忘的理念、被抛弃的概念或不合时宜的信念。"①质言之，在网络文学的视域下，作者不再是"灵魂的工程师"或"社会良知的代言人"，而是网上灌水的"闪客"和"撒欢儿的顽童"。

　　法国当代思想家米歇尔·福柯曾从"知识与权力"的转换机制上研究创作主体的地位和功能问题，他说："作者的作用是表示一个社会中某些话语的存在、传播和运作的特征。"②话语是一种社会权力，作者对话语的介入，不在于如何将意义赋予文本以及作者如何从内部调动话语的规则来完成构思，而是在话语中作者主体在何种条件下以何种形式出现？它遵循一些什么规则？表现出什么功能？网络写作对主体承担的卸落，正是在人文本体的意义上，用主观代替了艺术主体，又用主观化的客观代替了艺术客体，最终它卸落的不仅是主体承担，还有承担背后的艺术责任和社会权力。此外，文学话语只有掌握在少数文化精英的手上时，它的权力与权威才为人所推重，然而在网络时代，文学话语众生化、平民化，人人都可以在网络上进行文学话语的表达或泛文学话语的文学游戏，那么这种话语表达已经是毫无权力与权威了，一切都不过是"不过如此"而已。这样，从前附在作家身上的神圣性已悄然隐去、荡然无存，作者的神话也就破灭了。

---

① 欧阳友权：《网络文学论纲》，人民文学出版社 2003 年版，第 116 页。

② 〔法〕米歇尔·福柯：《作者是什么?》，见王逢振等编：《最新西方文论选》，漓江出版社 1991 年版，第 451 页。

(二)作品灵韵的寂灭

文学一直是作为非功利的高雅精神活动被看待的。文学因其纯粹的审美性曾深受理想主义者的青睐,成为拯救之道。王国维在对受羁于欲望与痛苦的恶性循环的人生感到绝望的同时,对包括文学在内的艺术寄予最后的希望,就因为艺术是决不与功利欲望及生存之考虑有染的。王国维说:"美术(即艺术——引者注)之务,在描写人生之苦痛与其解脱之道,而使吾侪冯生之徒,于此桎梏之世界中,离此生活之欲之争斗,而得其暂时之平和。此一切美术之目的也。"[①]"个人之汲汲于争存者的写作,决无文学家之资格也。"[②]现在,欲望与生存之争不只出现于作品的描写中,也出现于作者的写作、作品的产生过程中。文学的商业化如此普遍和正常,受到正面的维护,以至人们不能再用"文学的堕落"来加以解释。文学救世的神话因之破灭,其中诱因之一就是作品灵韵的寂灭。

从 20 世纪 90 年代以来直至新世纪前十年,文学作为产品与商品越来越成为一种普遍的社会存在。关于这一点,特里·伊格尔顿(Terry Eagleton,1943—)在《马克思主义与文学批评》一书中有精辟的论述,他指出:"文学可以是一件人工制品,一种社会意识的产品,一种世界幻象(world vision);但同时也是一种工业(industry)。书籍不仅是有意义的结构,而且是出版商为了赚钱在市场上出卖的商品。戏剧不是文学文本的集成,而且是一种资本主义商业:雇佣一些人(作家、导演、演员、舞台管理员)生产为观众所消费的、能赚钱的商品。批评家不仅是分析文本,而且(常常)是国家雇佣的大学教师,从意识形态方面培养能在资本主义社会尽职的学生。作家不仅是超个人思想结构的换位者,而且是出版雇佣的工人,去生产能出售的商品。"[③]阿诺德·豪泽尔更是明确指出,"艺术作品自古以来就是作为商品而创造的,因为它们主要是为了出卖,而不是为艺术家自己所使用"[④]。可见,在新世纪前十年,作品的商品属性得到了无以复加的推崇与彰显,不管是纯粹的商业文学还是畅销的青春文学与狂欢的网络文学,甚至是传统意义上的纯文学、雅文学,商业性的诱惑与利益性的驱动,成了新世纪写作的最主要的预期效果。对于作者而言,写作更多的是作为一种职业、一门技艺来参与市场的。对于作品而言,从最初的策划、写作、流通到改编,最终衡量的是销售量与码洋。许多小说在写作时就已瞄准了影视市场,是为改编电影、电视剧而写的,这考虑的

---

① 王国维:《红楼梦评论》,载《王国维文集》(第一卷),中国文史出版社 1997 年版,第 9 页。
② 王国维:《文学小言》,载《王国维文集》(第一卷),中国文史出版社 1997 年版,第 25 页。
③ Terry Eagleton. *Marxism and Literary Criticism*. London: Routledge, 1977, pp. 59-60.
④ Arnold Hauser. *The Sociology of Art*. London: Routledge, 1982, p. 598.

是小说这种独特商品的二次商机甚至是多次商机。可见，强大的商业理性为新世纪文学及其作品的存在方式准备了社会认同的理由。

随着文学作品的产业化与商业化进程的加速推进，包括精神性、思想性、价值性、审美性在内的作品的灵韵也就寂灭了。换言之，商业性的扩张总是以灵韵的消散作为代价的。对此，阿多诺在《文化工业：作为欺骗群众的启蒙》一文中认为，作品与一般商品并没有什么本质区别，在为资本家赢利这一点上表现出惊人的一致，并且认为作为商品的作品所遵循的是文化工业的普遍规则。他说"整个世界都得通过文化工业这个过滤器。……今天，文化消费者的想象力和自发性之所能逐渐萎缩，这不能归罪于心理机制。文化产品本身，其中最有代表性的有声电影，抑制观众的主观创造能力。……工业社会的力量对人们产生的影响，是一劳永逸的。……社会上所有的人都接受文化工业品的影响。文化工业的每一个运动，都不可避免地把人们再现为整个社会所需要塑造出来的那个样子。"①这样，在文化工业的机制下，文化产品的模式化、标准化、类型化、雷同化也就在所难免了，那种独一无二的"灵韵"只能是一种乌托邦式的预设与怀想。英国著名诗人华兹华斯曾经尖刻地说道："以往作家的非常珍贵的作品（我指的几乎就是莎士比亚和弥尔顿的作品）已经被抛弃了，代表他们的是许多疯狂的小说，许多病态而又愚蠢的德国的悲剧，以及像洪水一样泛滥的用韵文写的夸张而无价值的故事。"②比照新世纪的文学景象，扎堆的与成批量的"类型文学"，如青春文学的忧伤与叛逆、"70后"的身体与性、影视文学的谍战与职场、网络文学的穿越与盗墓等，商家们明知会给读者带来不可避免的审美疲劳，但依然乐此不疲、争先恐后，最主要的动机就是"类型文学"背后的利润驱使。

以新世纪的网络文学为例，文学作品灵韵的寂灭主要表现在网络文本的畸变上。其一，文本载体的转换。网络时代的文学文本成为集文字、声音、图像、符号等的多媒体文本，即文学从单媒介向多媒介延伸已经是大势所趋。换言之，网络文学以电子符号的软载体的形式存在于电脑中，传输到互联网上。不借助于计算机网络设备，它们看不见，摸不着；而一旦人机交互进入网络世界，它们则五光十色、风光无限。其二，文本内容的迁移。传统的文学文本有着浓烈的理性、启蒙与救世精神，有着认识、教育与审美作用，而在网络时代的文学文本则是感性、物质与玩世，以表面的私人话语挑逗大众的狂欢，并且还充斥着零碎、平面、浅显与低俗，甚至还有大量的"黄色"与"黑色"的

---

① ［德］阿多诺：《艺术社会学》，参见陆梅林《西方马克思主义美学文选》，漓江出版社1988年版，第378页。
② 参见伍蠡甫：《西方文论选》下卷，上海译文出版社1979年版，第8页。

毒素。其三,文本类型的变化。网络文学的崛起使传统的文学艺术类型划分悄然发生着变化:在这里,纪实文学与虚构文学、文学与非文学的界限,抑或传统文学类型中诗歌、小说、散文、戏剧的"四分法",都已变得模糊。网络写手们在互联网上的率性而为与一吐为快,早已把传统文学的惯例与藩篱抛之脑后了,哪里还有耐心顾及文学该是什么呢?另外,网络文学还有向综合艺术发展的趋势:由于多媒体技术对于创作者充分表达和接收者全方位观赏的诱惑,越来越多的网络文本开始从单一的文学表达向光色声像的多媒体综合表达靠拢,甚至把网络小说做成电脑游戏。其四,文本功能的转变。由于网络时代从本质上来说是一个市场化、商品化与消费化的社会,所以网络文本的价值主要体现在消费性、休闲性与娱乐性上,网络文本的最大功能就是消费性突出、商业化明显。其五,文本价值的弱化。网络时代的文学文本追求的是高点击率,讲究的是文本商品化后的利益回报,再加上网络写手们的良莠不齐与急功近利,缺乏精雕细刻与精益求精,文学价值普遍不高,即使每年都有从茫茫网海中精选出来的"年度最佳网络文学作品选",也根本无法与传统文学的经典之作相提并论。

(三)读者上帝的幻灭

在文学活动的各个环节中,读者的阅读活动对作品的意义赋予与价值生成是至关重要的。在接受美学看来,读者是作品的直接接受者,作品意象与表现形式有赖于读者完成。作品的"不确定性"、"空白"与"召唤结构"有赖于读者的"确定"、"填补"与"应召",作品的意义才能得以实现。正如姚斯(H. R. Jauss)所说的,作品的意义来源于两个方面:一是作品本身,二是读者的赋予,而从本质上说作者的意义仍然是读者的赋予。姚斯说:"一部文学作品并不是一个自身独立、向每一个读者均提供同样观点的客体。它不是一尊纪念碑,形而上学地展示其超时代的本质。它更多地像一部管弦乐谱,在其演奏中不断获得读者新的反响,使本文从词的物质形态解放出来,成为一种当代的存在。"[①]G. 格林认为,一部作品的意义,主要是读者赋予的。梅拉赫指出,在作者—作品—读者所构成的"动力过程"中,读者实现挖掘与发挥作品潜力的功能,在阅读与批评活动中,读者居于中心地位。

在市场经济与消费主义语境下,读者的权力因消费而得以不断提升,读者的接受行为趋向市场化。趋向市场化的读者权力与趋向文本化的读者权力是不同的。前者指向的是读者的消费力与购买力,后者指向的是读者的解读力与鉴赏力。趋向市场化

---

① [德]姚斯:《走向接受美学》,参见《接受美学与接受理论》,周宁、金元浦译,辽宁人民出版社1987年版,第26页。

的读者准确来说是消费者，它不是真正意义上的读者，而是读者的异化。作为消费者的读者在新世纪尽管被捧为"上帝"，但是文学商品的策划者、生产者、传播者、经销者考虑的不是读者的审美需求与价值诉求，而紧盯着的是作为消费者的读者的"钱袋子"。在传媒法则与消费主义合谋的新世纪，读者的自主性、选择性等市场空间与市场属性虽然得以加强，权力得以提升，这是新世纪文学消费行为的基本趋向。但是，值得深思的是，在文化产业的进程中，读者的"上帝化"，准确来说是"傀儡化"，是为他人吐钱的自动取款机。这也许是新世纪读者上帝的幻灭的最悖逆表现与最吊诡表征。

在有着市场经济与消费主义内涵的新世纪，读者的"上帝化"是一把双刃剑。一方面，文学不可避免地会受到市场性、商业性和利益场的干扰，猎奇心理和怪异题材也会进一步刺激读者时尚化的阅读诉求。这样，文学活动势必由"作家市场"转向"读者市场"，读者也由作品的"宾语"置换为"主语"。因此，一个作家的作品要想占有可观乃至理想的市场份额，首先就要考虑读者大众的审美需求，这有利于作家树立起"以读者为本"的创作观。另一方面，作家对于读者利益的考虑可能会以牺牲文学的思想深度和艺术品位为代价，因为市场的效益原则和读者的口味并非总是积极健康的。这样，"文学就不会是真正的文学，所谓的精神生产也只剩下了生产而不见精神，这样发展下去的结果只能是数量代替了质量，物质代替了精神，进而导致心灵的贫瘠和精神的废墟"①。以欲望书写为例，"在 20 世纪 80 年代启蒙语境中，曾经作为对抗极'左'思潮扭曲人性的反叛性生命形式，负载着特定时代的'执著的精神性追询与理性深度的分析与思辨'功能。但是，在 90 年代骤然而生的消费文化语境中，无论是林白、陈染们的'女性主义'创作，还是棉棉的《糖》、卫慧的《上海宝贝》一类的'都市新人类'作品，以及新近作家李修文的《滴泪痣》《捆绑上天堂》一类的唯美—颓废主义写作，虽然这些作家所隶属的文学'流派'各异，但在'身体写作'及'欲望表现'方面，却显出惊人的相似性"②。这样，文学更多地沦为一种被消费的特殊商品，加之某些媒体和作者在经济利益的驱动下一味迎合读者口味，甚至和商业携手进行不负责任的商业化炒作，造成媚俗化、肤浅化、鄙俗化、浮躁化等不良倾向。这也许是新世纪读者上帝的幻灭的最自残式的表现。

在新世纪，读者上帝的幻灭还表现在"读者的叛变"上，即走上了"反读者"与"去读者化"的异化之旅，或者说读者不再是作品的读者了。具体表现有五点：一是读者的文

---

① 吴玉杰：《大众传媒与文学批评的非学理性倾向》，《广播电视大学学报》2006 年第 2 期。
② 李俊国：《日常审美·欲望狂欢·时尚拼贴》，《文艺理论·文摘卡》2006 年第 1 期。

化身份向消费者转化,读者的共同体所共构的是一个利润丰厚的消费市场,读者在新世纪虽然依然处于中心地位,但其作用与功能早已面目全非,成为文学产品商品化的生成器与转换者。对具体的文本来说,读者所赋予的不是意义,而是码洋与利润。二是读者的趣味大大游离于文本本身,所关注的重点是文本之外的事件。文本的事件化,这是新世纪的一个重要流向。这样,文本不再是精思览读的对象,而是读者在茶余饭后聊天、闲聊的由头。比如当代文坛中的"二王之争"、"二张之争"、"二余之争"以及王朔的"枪挑"、"棒喝",还有在网络上红极一时的木子美的《遗情书》,等等,除了专业读者之外,又有几个读者真正读完、读懂过全部争鸣文本呢? 三是读者的对文本的阅读方式从"精读"向"泛读"、"听读"甚至是"标题浏览"转化。读者对文学资源的把握不再是知识积累与审美素养的提高,而是猎取文学信息,这样,"蜻蜓点水"与"走马观花"式的标题阅读成为大众阅读的一种主要形式。换言之,"读的方式"向"看的方式"转变。一目十行、断章取义,替代了传统的"微言大义"的推敲与琢磨。从本质上说,这种感性化与猎奇化的阅读时尚,对文本而言,虽然有读者的在场,实际上还是不在场,有读者与没有读者是一回事。总在文本的外围转悠与偷窥的"标题浏览",事实上并没有走向文本内在,文本的价值也没有得到真正的实现。四是读者数量的锐减。在新世纪,有一句话是很有现实针对性的,那就是"写作品的比读作品的多"、"写诗的比读诗的多"。在"快餐阅读"的新世纪,这些少数的读者中又有多少是真正关心文学之所以为文学的文学性呢? 检索文学网站上的原创作品,与纯文学沾边的大多少有人问津,而那些与纯文学背道而驰的哗众取宠之作则大多是点击率奇高。这恰恰印证了读者数量锐减的客观现实。五是读者能动性与主动性的销蚀。这正如学者童庆炳所指出的,"读者接受的能动性在当代文化工业和大众传媒的动作中已受到了很大销蚀。当人们面对充满商业营销气息的大众文化产品时,被要求的是'消费'而不是'再创造',因此,在文学阅读的地位得以提高的另一面,则也存在着重新被贬低的趋向"①。这样,作品的空白没有得到填补,召唤没有得到响应,不确定的内涵没有得到确定,从而导致作品的意义建构没有实现。

---

① 童庆炳:《文学理论教程》,高等教育出版社1998年版,第32—33页。

"解构"与"解构主义"之辨 *

◎翟恒兴

内容提要　半个世纪以来,风靡全球的解构主义已不再是新鲜术语,人们对其的了解也越来越深入。但是,目前学术界还没有从学理的层面上厘清"解构"与"解构主义"之间的区别。因为"解构"是一种策略,"解构主义"则是一种唯"解构策略"至上的理论! 而且"解构"与"解构主义"不仅具有各不相同的思想指向,它们也反映了两种不同的思维方法:"本质"与"本质主义"的思维方法。把握"解构"与"解构主义"在具体内涵、思想方法上的不同有利于正确认识它们的学术价值。

关键词　解构　解构主义　本质　本质主义

　　受"3H"(黑格尔、胡赛尔、海德格尔)影响的德里达解构西方传统的形而上学,引发了人们一系列的思想观念、研究方法的转变。从某种意义上说,是德里达开创了一个新的时代的到来——后现代主义时代就是由他揭开了序幕。自20世纪90年代以来,"后学热"也引起了中国学术界对解构思想的关注。在中国语境下,学术界对解构主义有以下几点质疑:

　　从社会学视角来看,有人指出"中国并不具有滋育解构理论的后工业社会土壤,并且中西思想文化传统判然有别,解构主义的某些口号和主张在中国多少'给人一种弄巧成拙、画虎不成反类犬的感觉'"[①]。从理论特征上来看,有学者认为作为一种文本策略,"解构主义因为过分强调语言文本的隐喻性和修辞性,从而实际上彻底否认了语

---

　　*　教育部人文社科项目,编号10YJC751114;中国博士后科学基金项目,批号2011M500714。
　　翟恒兴,浙江海洋学院人文学院副教授、山东大学文学院博士后,研究方向为马克思主义美学等。
　　①　陈后诚:《西方文学批评在中国》,百花文艺出版社2000年版,第397页。

言的表意和交际功能,由此对语言文本的一切阅读实际上也面临无所适从的困境"①。从方法论上看,有学者认为:"解构式阅读强调文本的不稳定性和互文性,强调阅读是一种互文活动,一种意义的无限补充、替换、撒播、增殖……这在很大程度上有滑向相对主义的危险。"②一种思想在传播、研究过程中出现的各种看法是正常的。随着时间的推移和对解构主义思想了解的深入,关于解构和解构主义还有待于进一步探讨。

一、作为策略活动的"解构"不等于"解构主义"

结构主义、解构主义两者之间在时间上是一脉相承的(有人把"解构主义"称为后结构主义)。解构主义是对结构主义的"反动",因此,两者有着深厚的理论渊源。不同的是解构主义更注重"能指与所指的分离";主张"结构、本文、意义的动态化",反对总体化。如果说结构主义继承了索绪尔语言系统的稳定性、自足性以及知识系统的可能性,解构主义则继承了索绪尔的差异性语言原理,展示语言不可化约和不断增生的多样性。两者实质上是索绪尔基本观点的"左""右"两极的分化。解构主义对抗结构主义的方法就是"解构"的策略。所以,英国人克里斯蒂纳·豪威尔斯(Christina Howells)在《德里达》一书中将解构主义称作"解构工程"。

"解构"(deconstruction)一词,从字义上看是颠覆、摧毁、拆散的意思。从词源学角度看,该词与德国哲学家海德格尔《存在与时间》一书第六节中"摧毁"(destruktion)的概念有很大联系。这一术语的本意是海德格尔对古希腊以来至尼采的整个西方形而上学传统进行怀疑和超越的一项活动。海德格尔以"现象学建构"表示对"存在论历史的解构"。因此,海德格尔开创了从历史角度进行解构的策略,但他并未注意到西方传统思想源头的根本结构。德里达在语言和观念的关系审视中,挖掘出"语音中心主义"这一西方传统形而上学的核心思想,并进行解构。德里达在《心理·另类发明》③中指出,"解构"这一术语是他从 Littre(法文词)中翻译海德格尔的《摧毁》(Destruction)和《减缩》(Abbau)中选出的。德里达说"destruction"和"abbau"两词都是"拆散"并非"毁掉"西方本体论和形而上学的传统的有机概念。对逻各斯中心主义和语音中心主义的批判,颠覆传统形而上学和传统文化的基本原则(如,绝对的相对

---

① 朱立元:《当代西方文艺理论》,华东师范大学出版社 1997 年版,第 341 页。
② 陈后诚:《西方文学批评在中国》,百花文艺出版社 2000 年版,第 403 页。
③ 德里达:《心理·另类发明》(Psyche:Inventions de l'autre),巴黎:加利利出版社 1987 年版,第 237—270 页。

化、概念的历史化、在符号差异化中模糊化)以及对文学艺术和社会政治等领域的重大问题进行研究与批判而形成的理论(如诠释的双重本体论意义、模糊化是自由创造可能性基础,如异延、凝固、撒播等术语)是德里达的解构策略思想的主要内容。当埃瓦尔德说"解构不只是大学里文学或哲学教授的批判活动,它是一个历史性运动"时,德里达也同意此看法!并随后补充:"解构并不在那儿开始或结束。"①上述德里达、海德格尔等人是在作为一种活动或策略的意义上来谈论解构的;而前文列举的国内对这一思潮的"共识"中大都指向"解构主义"。"解构"和"解构主义"从具体内容到思想内涵都不尽相同,而且其后果也不一样。

"解构"是一种策略活动,"解构主义"则是关于"解构"这种策略活动的理论,一种"唯解构策略"至上的排他性、片面性理论。因此有人指出"不可在'deconstruction'之后加上'ism'词缀,因为'解构'本身提倡一种多样性和异质性,它不喜欢什么'主义'之类的东西"②。J·希利希·米勒深表同意并说:"'解构论'已经决定性地影响了建筑、法学研究、哲学、人类学,更不消说文学研究和文化研究了……这'影响'是如此多种多样,以至于我们不可能将解构论仅仅局限于某几条抽象的原理,就像有人以此方式从德里达的著作中抽出几个概念或假定而后宣布其为错误的一样。"③这里,米勒使用了"解构论"而不是"解构主义"一词。他反对把"解构论"称为"解构主义",认为如果使用"deconstructionism"的话,在该词后加上复数"s",以表示解构主义的多样性和异质性。

其实,"主义"一词除了表示思想体系的完整统一之外,还有权威性、中心化之意。而反权威、无中心、防僵化正是胡赛尔、海德格尔、德里达等人批判传统形而上学的初衷。"主义"和"思想"有区别:前者是某种理论的极端化、片面化的强调,后者是对具体现象进行理论概括、总结的结果。从经验的立场来看,冠以"主义"的某种理论往往会成为一种静止、僵化、排斥他者的封闭性思想体系。如黑格尔思想和黑格尔主义是两个内涵完全不同的概念。前者是关于哲学家黑格尔的思想,是一种概括性、描述性的介绍、研究;而后者则唯黑格尔思想马首是瞻,否定、排斥其他思想,是一种思想偏激的表现。就像理性思想与理性主义、人文思想与人文主义、启蒙思想与启蒙主义、科学思

---

① 何佩群:《德里达访谈录》,上海人民出版社1997年版,第46页。

② [美]J·希利希·米勒:《永远的修辞性阅读》,王逢振译,《2001年度新译西方文论选》,漓江出版社2002年版,第364页。

③ [美]J·希利希·米勒:《永远的修辞性阅读》,王逢振译,《2001年度新译西方文论选》,漓江出版社2002年版,第365页。

想与科学主义、审美思想与审美主义、历史思想与历史主义等概念不同一样,"解构思想"与"解构主义"也是不同的。与把"解构"片面化、极端化的"解构主义"不同,"解构思想"是关于"解构"策略的客观性、真实性的描述。

J. 希利希·米勒将其"解构思想"称为"deconstruction",即解构论。他说:"解构论在其所有的多样性中实现了对'逻各斯中心主义'的解放性批判,其目的并不只是为了拆除和毁灭,而是一种意在指向新的体制形式和文化形式的肯定性吁求。这种'前瞻性肯定'就是话语行为。"①在《理论今昔》一书中,米勒指出解构思想有两个积极意义:"纯粹认识性"和"前瞻性肯定"。前者强调文本阅读中的"冷静而客观的审视",以便在"意义如何生成的探究中产生出某种意想不到的和颠覆性结果"②。不仅如此,解构论还通过"打破僵化的和公理化的观念"(比如抨击南非种族隔离及其类似的现象)赋予"解构论形式的特殊的政治效能"③。也就是说解构思想不仅在认识论上寻求突破,也力求在本体论建构上获得进展。"解构"的策略只是充当这种认识论和本体论建构的方式和手段,但是,如果把作为手段和策略的"解构"当作本体性的追求目标,便走入了"主义化"的歧途。正因如此,米勒更喜欢把自己的"解构论"称为"修辞性阅读"。为了体现自己这种"肯定性的吁求",米勒还专门写了一本名为《阅读伦理学》的书,对阅读行为、文学教学、评论给以特别的伦理维度关注。当然,德里达、米勒等人没有对解构和解构主义的不同做过专门的学理性论述。因此,有必要从思想方法的深层原因上再对其进行分析、探讨。

二、"解构主义"实质上是一种本质主义

造成"解构"与"解构主义"混用的根本原因在于没有厘清"本质"与"本质主义"的区别。这不仅是国内在研究解构思想时所没有注意到的问题,也是德里达、米勒等解构思想的创始人、发起者所忽视的。上述"解构"与"解构主义"的不同,在思维方式上可归结为"本质"与"本质主义"的不同。"解构"与"解构主义"的思想差异源于"本质"

---

① [美]J. 希利希·米勒:《永远的修辞性阅读》,王逢振译,《2001 年度新译西方文论选》,漓江出版社 2002 年版,第 363 页。

② [美]J. 希利希·米勒:《永远的修辞性阅读》,王逢振译,《2001 年度新译西方文论选》,漓江出版社 2002 年版,第 363 页。

③ [美]J. 希利希·米勒:《永远的修辞性阅读》,王逢振译,《2001 年度新译西方文论选》,漓江出版社 2002 年版,第 364 页。

与"本质主义"两种思想方法的分野。

海德格尔在《艺术作品的起源》中认为,迄今为止被人们当作某事物本质的东西,即它被人们以同一名称来称谓的其他所有事物共同具有的东西,实际上绝非这个事物的本质(个体本质或根本性本质),而是"非根本性本质"(类本质)。因为在本质追问的过程中某一事物的本质被这类事物的本质所代替。海德格尔对那种以为认清事物的"本质"便揭示了事物真相的本体论形而上学提出了质疑。但他并未否定对事物的本质性认识,只是反思人们对"本质"本身的思考方式。海德格尔的思考由真理的本质问题转向了本质的真理问题。海德格尔思考的转向表明他已经意识到了"本质"与"本质主义"的区别。

"本质"是某类事物或现象表现出的共同特征。本质观照是对"形而下"的东西进行"形而上"抽象把握的结果。西班牙哲人加塞尔说得好:"所谓求知,就是不满足于事物向我们呈现的相貌,而要寻所它们的本质。"①伽达默尔也说:"在差异中寻找共同的东西,这就是哲学的任务。"②可见对事物抽象的"本质"把握是人类一种重要的认识能力。其实,"本质"并非是一种实际存在,而是一种可能性存在。"本质便属于这样的存在,它所代表的东西既不是一个自在之物,也并非纯粹的观念玩具,而只是一种可能性。"③这种可能性存在表明,本质只是一个观念,"其内容要凭借我们的意识活动对某些条件的抽象而成,这抽象之所以拥有真正的意义,是因为通过这番抽象我们可以把握到一种潜在的事实"④。因此,"本质"本身并非既成事实,而是一种存在于我们意向活动的现象。也就是说,"本质"只是我们试图揭示对象之所"是"的一个手段和工具,并非对象之所"是"。同一事物,因为认识目的、方法和手段的不同而有各种各样的"本质"。比如对于一名植物学家而言,花的本质只能从生物学方面做出界定,而其在画家、美学家的眼里总是从美学的层面做出解释。无论对花的本质怎样设定,都不是既成事实的存在,而是有待实现的可能。因此,"本质"的"真正位置并不在本体论而只属于认识论"⑤。"本质"只是我们探索实在世界的一把钥匙。应将"本质"视为功能性的认识论装置而不是像本质主义那样将其当作实体性的本体论对象。了解"本质"的内涵,也就明白了为什么本质主义会走入穷途末路。同时,也有助于发现与本质主义对

①　[西]何·奥·加塞尔:《什么是哲学》,商梓书等译,商务印书馆1994年版,第38页。
②　刘小枫:《人类困境中的审美精神》,知识出版社1994年版,第655页。
③　徐岱:《美学新概念》,学林出版社2001年版,第301页。
④　徐岱:《美学新概念》,学林出版社2001年版,第301页。
⑤　徐岱:《美学新概念》,学林出版社2001年版,第302页。

抗的反本质主义的逻辑错误。

努力发现隐藏于现象背后的"实在",或者像追逐大雁、野鹅一样地去追逐事物真正本性的"本质"的思想方法,波普尔率先将其命名为"本质主义"。对这种思想方法的承认与否是古典与现代哲学的分野。本质主义割裂了形而上与形而下的联系,完全排斥感性、经验等形而下的世界,认为只有反映事物(现象)的本质世界才是真实的世界。瑞士学者索绪尔和奥地利人维特根斯坦对本质主义思想方法进行了批判。他们认为词的"负载者"与"意义"是不同的,在此基础上揭示出"透过现象看本质"中的"本质"是一个人为营造的"幻觉"。这击中了本质主义的要害,但实际上也就终止了关于"本质"的谈论。本质主义将存在与本质的关系颠倒,最终导致西方传统形而上学僵化和权威化、中心主义倾向。这是解构主义诞生的思想文化背景。深受海德格尔影响的德里达等人通过把关于本质的观念相对化——"将以前的哲学,尤其是自笛卡尔和培根以来的现代哲学之中起绝对作用的东西加以相对化"①,来拒绝探讨本质。"正如海德格尔试图要做的那样,后现代主义者(总的来说)并不试图重新思考本质,而是放弃关于'本质'的整个观念。"②

因此,从表面上看,解构主义是反对本质主义的。但是,因为它放弃了关于"本质"的整个观念,所以,在消解唯本质至上论的本质主义同时,把充当认识论工具的"本质"也一起拒斥掉了。法国著名学者马利坦曾批评道:"关于事物本质与本性的任何思考的摧毁、取消的做法,只是显示了智慧的彻底失败。"③这似乎显得有些危言耸听,其实不然。冯友兰先生在其《三松堂自序》里讲过一个富有哲理意味的故事:孔子对一位学生讲解"吾日三省吾身"中的"吾"就是"我"。学生到家回答其父检查时复诉说,"吾"是孔先生。受到责骂后,被告知"吾"不是孔子而是"我"。第二天孔子要其温习"吾"之义时,他便答道:"吾是我爸爸"。很显然,故事里的学生缺乏一种把握事物本质的抽象力,难以明白"吾"不属于孔子和其父这样的个体,而代表抽象的某一类主体。所以,对具体事物的本质关照乃是人类文明的不归之路。从这个角度上看,解构主义彻底抛弃"本质"的思维方式也是趋于僵化的,并成为另一种形式的本质主义。虽然把虚拟的幻影当成了追踪的对象的本质主义思想方法有问题,解构主义对本质所具有的认识论意

---

① 冯俊:《导言:从现代主义向后现代主义的哲学转向》,《后现代主义哲学讲演录》,商务印书馆 2000 年版,第 45 页。

② 冯俊:《导言:从现代主义向后现代主义的哲学转向》,《后现代主义哲学讲演录》,商务印书馆 2000 年版,第 45 页。

③ [法]保罗·富尔基埃:《存在主义》,潘培庆译,上海译文出版社 1988 年版,第 120 页。

义视而不见的反本质主义思维方式也是不正确的。

本质主义与反本质主义表面对立,实质上殊途同归。本质主义以"本质"为归宿,反本质主义以反"本质"为己任。本质主义与反本质主义的对峙实际上是当年唯名论与唯实论之争的翻版。唯名论在"只有个别的东西存在"的理念下营造的意义世界,决无抽象事物的一席之地;而唯实论在"唯有关于事物的一般概念才是真实之物"的主张下,概念成了重要实体存在,我们周围的具体现象则是虚幻之物,毫无意义。"当唯实论由于其以抽象理念为本的本质主义立场而处处碰壁时,从唯名论而来的彻底的反本质主义学说,则会让我们因见木不见林而寸步难行。"[①]这也是人们为什么既对传统形而上学提出批判,又对"颠覆"传统形而上学的解构主义提出质疑的原因。

三、"解构"与"解构主义"价值之辨

从思想方法上,澄清"本质主义"与"反本质主义"的不足之处,有利于我们深化对解构与解构主义的思想价值的认识。

把"解构"当作一种认识事物的工具或手段时,"解构"是为了"建构"。在海德格尔那里,"解构"是"摧毁"、"解除结构"之意。他想通过解构"掀开""此在"上面的多种"遮蔽",进行现象学还原,然后要"解除解构",重建新的存在本体论。德里达把改造胡塞尔的现象学分为三个步骤:"现象学解构"—"现象学还原"—"现象学建构"。由此看来,解构只是第一步,他的最终目的是进行"现象学建构"。那么,如何解构?德里达提出了"异延"的方法。德里达是个彻底的尼采主义者,用非概念化对抗概念化。因此"异延"并非一个概念,是他的策略。异延"表达运动和变化中的差异化运动本身",异延就是一种运动,"异延"既有时间的"延",还有空间的"异"。"异延"也是产生主体的东西,这与本质主义不同,因为本质主义背后有一个绝对的主体。"解构"只是一种颠覆策略,一种思想建构方式。解构陈旧腐朽之思想是为新思想的诞生扫清障碍。有人已经从建设性向度上关注解构的积极意义,他们认为解构论的意义在于"倡导创造性和对世界的关爱,鼓励多元的思维风格"[②]。因此,我们应当强调解构策略的建设性维度。在解构之际应有本体论追问,即,把"解构之后干什么"提到日程上来。

解构策略的否定性向度本身也包含着一种可贵的解放意义。这不仅体现在使得

---

① 徐岱:《美学新概念》,学林出版社 2001 年版,第 300 页。

② 陈后诚:《西方文学批评在中国》,百花文艺出版社 2000 年版,第 405 页。

"阅读行为中的负责任的、政治的、伦理的决定成为可能",还体现在它的强烈的社会批判和现实关怀上。对此米勒曾经明确地指出:"所谓的解构论为新型的民主、新型的义务和创造性责任开辟了道路。"①它的社会影响远远大于它在文学艺术等其他领域的影响。一种理论只有面对现实的社会生活才是有意义的,否则,也只是空中楼阁。对那种强调直接性、在场、当下存在的逻各斯中心主义的解构策略,"并非要破坏毁灭一切秩序,而是要防止秩序包括思想文化道德体系的僵化和权威化"②。这无论是在思想观念、精神文化领域还是在社会生活方面对我们都有很大的启发意义:是不是我们的文化历史、社会生活中也存在一个应该被解构的"逻各斯中心主义"呢? 我们的思想领域是不是也存在着僵化、极权化的情况呢?

解构主义则是消极的,它把"解构"策略极端化、片面化处理,是另一种形式的本质主义。本质主义正是解构主义的消解对象。然而,仅仅停留于"解构"的层面上止步不前,把建构的目标丢掉,这是解构主义的弊端所在,也是以解构主义为思想基础的后现代文化的致命之处。这种文化表现出一种平面化、无深度、零散化、游戏式的特征。在这种文化视野里各种事物之间的差异的界线模糊化、知识在商品化的同时也权力化、一切都以当下的感官满足为主。可以看出,这是一种没有本体、没有真理性追求的文化。在人类历史的长河里,留存下来的文化都是有本体的,否则它会很快消失掉。"后现代"至今还没有找到自己的本体性建构目标。所以,它还在解构中游荡、漂移。

作为一种思想方法的解构主义对传统文化的反思是有利于文明的进步的。它的目标是阻止因为追求同一性、稳定性而最终倾向权威化和极权主义。然而,解构主义击碎几千年以来的语音中心主义这一神话的同时,又树起了另一个神话:文字中心主义。解构主义在颠覆了一切权威和神圣的同时,又树立起了另一个权威:解构主义。这一点我们应当清醒地看到。因为,解构主义不分青红皂白地涤荡一切的后果就是没有信仰、没有崇高、没有神圣……

---

① [美]J.希利希·米勒:《永远的修辞性阅读》,王逢振译,《2001年度新译西方文论选》,漓江出版社2002年版,第364页。

② 冯俊:《导言:从现代主义向后现代主义的哲学转向》,《后现代主义哲学讲演录》,商务印书馆2000年版,第11页。

全面去爱:现代日常生活的伦理诉求*

◎张公善

内容提要 现代社会中的日常生活更具有碎片性。整体性可谓现代日常生活对于现代人最重要的伦理诉求。全面去爱即整体地去爱整体,即现代社会中的至善。全面去爱要求我们正视日常生活中的所有"负能量",将其纳入整体生活之中进而超越它们,最终走向一种自在圆融的至善生活。

关键词 全面去爱 日常生活 碎片性 整体生活 至善

日常生活往往单调烦琐,日复一日,年复一年。无论何时何地,只要活着,就得遭遇日常生活:衣食住行,柴米油盐,生儿育女,还有各自的工作,等等。日常生活中的烦恼永无尽头。在此,人就像古希腊神话中那个推着石头上山的西西弗斯,永远没有休息的时刻。不同之处在于西西弗斯是推着石头,而我们普通人则是被日常生活推着。可是,"令人惊奇的是,日常性是所存在的最大之事","我们都根植于日常性","没有它,我们就一无所有,没有归处"[①]。

现代人也必须直面上述日常性。同时,现代社会由于时空的压缩,现代人面临更大的流变性和偶然性。圣艾修伯里在《小王子》中说:"他们没有根,活得很辛苦。"[②]海

---

* 教育部人文社科项目,编号 10YJC720058。

张公善,安徽师范大学文学院副教授、硕士生导师,研究方向为应用伦理学与美学。

① [英]唐库比特:《生活,生活:一种正在来临的生活宗教的新描述》,王志成、朱彩虹译,宗教文化出版社2004年版,第69页。

② [法]圣艾修伯里:《小王子》,艾梅译,中国对外翻译出版公司2006年版,第68页。

德格尔也说:"无家可归状态成了世界的命运。"①这种漂泊的"无家可归"和"无根"感是现代人类最典型的病症。现代性的最直接的表现便是外在世界的变化:"一切坚固的东西都烟消云散了"。整体的世界被分裂成一片片领域,知识分门别类,行业分工精细。与此相对应,现代生活越来越专业化、数字化、间接化。为此,本雅明不仅从艺术韵味的消失表明这种堕落,更通过人类生活经验衰弱的揭示,对现代社会提出自己的批判。而在轰轰烈烈的后现代思潮中,生活更是惨不忍睹,借用后现代思想大师鲍曼的话来说就是:"这个世界上所有存在于我们周围的形式,无论看起来多么坚固,都不可能一成不变;事物毫无前兆地突然引起我们的注意接着又消失或渐为人遗忘而不留痕迹……时间被切割成一个个情节……各个情节之间极少或没有任何逻辑联系,甚至它们的连续性也很可疑,看起来好像纯粹是巧合的、偶然的、随机的……换句话说,我们居于其中的世界……看起来具有碎片化、突变性和非逻辑性的特征。"②

　　面对越来越碎片化的生活、越来越异化的现代社会,在日常生活中立足日常性并实践一种整体之道,可谓现代日常生活对于现代人的最重要的伦理诉求。我们可以从消极与积极两方面来思考实践方案。消极意义上的审美出游,并不是对日常生活的否定,而是在短暂的超脱中,在一种艺术的整体氛围中,将疲倦的灵魂牧养,最终带着更加宽广的胸怀投入日常生活中去。积极意义上的全面去爱,则是要我们正视日常生活中的所有"负能量",将其纳入整体生活之中而超越它们,从而走向一种自在圆融的和谐生活。全面去爱,即整体地去爱整体,即现代社会中的至善。以下所论是在现代日常生活中如何实施整体之道的一些实践,可供参考。

一、在爱情中体验整体

　　爱情被认为是最具排他性的一种情感,然而在爱情中,我们也能体验到一种无私忘我,一种与所爱之人融为一体的感觉,更有甚者,这种感觉还可以进一步升华为更大的融合。

　　关于生命的二元结构(身体与心灵,肉体与灵魂)的争执由来已久。古希腊毕达哥拉斯派哲学家就认为灵魂是不朽的,人死后,灵魂可以脱离肉体转世。柏拉图认为灵

---

① 〔德〕海德格尔:《关于人道主义的书信》,熊伟译,孙周兴主编:《海德格尔选集》,上海三联书店1999年版,第395页。

② 〔英〕鲍曼:《生活在碎片中》,学林出版社2002年版,第309页。

魂堕入肉体之前本在理念世界，当它堕入肉体之后，就受到肉体的蒙蔽，将关于理念的知识忘记了。他们都把肉体与灵魂看作是独立的两种实体，而且都重灵魂轻肉体。现在我们知道，肉体与灵魂并非相互独立存在，而只能相互依存。"虚假的精神是肉体的否定，真正的精神则是肉体的再生、拯救。"①帕斯认为，性欲是生命的原始之火。在人身上，性欲不再仅仅是动物的本能欲望，而是"色欲（爱欲）"，它是"被想象和人类意志化了和变形了的性欲"。人的生命有着双重火焰——色欲与爱情，它们都由原始之火的性欲给添柴加火。如果说色欲倾向于占有对方的身体，那么爱情则倾向于完整地拥有对方，它"寻求身体中的灵魂和灵魂中的身体，即完整的人"②。劳伦斯的性爱小说也充分体现了他的灵肉合一爱情观："爱必须是二位一体，始终是二位一体——在同一份爱中既有甜美的心神交融，又有激烈自豪的肉体满足。这样我们就升华为一朵玫瑰。"与此相反，《金瓶梅》当中西门庆对诸多女人的感情则堕落为一种欲望的本能。

索洛维约夫对"完整的人"的论述也值得重视。他认为人的绝对意义就是"成为宇宙整体的不可分割，不可代替的部分，成为绝对整体的一个独立的、有生命的独一无二的器官"。完整的人与利己主义格格不入。"爱作为感情，其意义和价值在于有效地迫使我们全身心地承认他人也具有我们由于利己主义只觉得自己才具有的绝对核心意义。"爱情的崇高意义就在于它促使人成就其完整性："爱情本身只是一种动机，它向我们提示，我们能够而且应当恢复人本质的完整性。"③而这种完整性也是通向博爱的大道。弗罗姆认为，如果一个人只是爱他的对象，而对其他人无动于衷，那么他的爱就是一种"更高级意义上的自私"，因此他说："如果我确实爱一个人，那么我也爱其他的人，我就会爱世界，爱生活。如果我能对一个人说：'我爱你'，我也应该可以说：'我在你身上爱所有的人，爱世界，也爱我自己'。"④

为什么有人对身体与灵魂结合仍然不满足？这主要因为他们内心世界的单调，没有开拓通往现实世界的道路。墨西哥诗人帕斯说得好："使情人们绊倒的大危险、使许多人落入其中的致命陷阱就是专注于自我。……自我专注是一口井。为了从井中出来到露天去，我们必须看到自我之外的地方；那就是世界所在地，世界在等待着我们。"⑤我们常说爱情是两个人的身心的深度交流，然而爱情还得有通向生活世界的广

---

① ［俄］索洛维约夫：《爱的意义》，董友、杨朗译，生活·读书·新知三联书店 1996 年版，第 78 页。
② ［墨］帕斯：《双重火焰：爱与欲》，蒋显璟等译，东方出版社 1998 年版，第 5、23 页。
③ ［俄］索洛维约夫：《爱的意义》，董友、杨朗译，生活·读书·新知三联书店 1996 年版，第 46、64 页。
④ ［美］弗罗姆：《爱的艺术》，李健鸣译，商务印书馆 1987 年版，第 34 页。
⑤ ［墨］帕斯：《双重火焰：爱与欲》，蒋显璟等译，东方出版社 1998 年版，第 182 页。

度,正如埃克苏佩里所告诫我们的:"爱情不是双目对视,而是望着同一个方向。"①

综上所述,爱情中的整体性是灵与肉的合一,是个人同他者的融合,也是自我与外面世界的联结。

二、憎恨然后慈悲

我们总是竭力去追求真善美,而摒弃假恶丑,并且希望生活永远充满着真善美。其实这不过是一个幻象而已,而且也是对生活的一种片面理解。正如白天与黑夜相伴而生,我们的生活也必然既有真善美也有假恶丑。

人是一个复杂的整体,如果从最基本的元素着手,它至少是三大元素的合一,即兽性—人性—神性。"人性就是降临在人间的神性。"②纪伯伦此语说明人性与神性之间的相通,同时也暗示神性比人性要崇高一些。而塞涅卡认为:"我们自身之中就有着一种神性,它保护我们,并且注视着我们,我们作恶和行善都逃不出它的目光。"③生死学大师伊丽莎白明确指明人性中的善恶两极:"我们每个人的灵魂之中都有两股势力在相互交锋,一方圣洁如甘地,另一方则邪恶似希特勒。"④费希指出未来社会的"好生活"必然仰赖"人的神性化"⑤。梭罗也认可人性之中的神性因素,同时也指出人性之中的兽性成分,他说:"自知身体之内的兽性在一天天地消失,而神性一天天地生长的人是有福的,当人和劣等的兽性结合时,便只有羞辱。"⑥梭罗其实道出了人性的可变性。作为一个人,最起码应拥有人性,即人之为人的类特性,这是最狭义的人性。可是在我们每个人身上,又都潜在地拥有致人堕落的兽性,以及把人提升的神性。我们既可以由人变成野兽,也可以由凡入圣。所以广义的人性应该是"兽性—人性—神性"的统一体。

从此视角来看,假恶丑的存在主要在于人性向兽性的堕落,而真善美的存在则意味着人性向神性的升华。真善美让我们更加热爱生活,可是假恶丑的存在也有其意义。假恶丑让我们更加珍惜真善美,因为真善美时刻有可能遭受假恶丑的侵袭。假恶

---

① 转引自 Sandra Magsamen:《艺术地生活》,崔薇、李孟苏译,重庆大学出版社 2008 年版,第 131 页。
② [黎]纪伯伦:《纪伯伦散文诗全集》,伊宏编,浙江文艺出版社 1993 年版,第 91 页。
③ [古罗马]塞涅卡:《面包里的幸福人生》,赵又春、张建军译,陕西师范大学出版社 2003 年版,第 88 页。
④ [美]伊丽莎白·库伯勒-罗斯、戴维·凯斯勒:《人生的功课》,徐黄兆译,中央编译出版社 2011 年版,第 1 页。
⑤ [法]吕克·费希:《什么是好生活》,黄迪娜等译,吉林出版集团 2010 年版,第 305 页。
⑥ [美]梭罗:《瓦尔登湖》,徐迟译,吉林人民出版社 1997 年版,第 207 页。

丑使我们充分认清人性深处的阴暗面，并以之为镜，时刻提醒自己要注意锤炼自己的灵魂。

说假恶丑的存在有其价值，并不意味着我们可以纵容别人或原谅自己去实践假恶丑。对于假恶丑，我们必须时时刻刻说"不"，必须无情地给予批判与鞭挞。因为所有的假恶丑都践踏了生活伦理，违背了人性健康向上发展的愿望。可是憎恨之后，也理应对其表示慈悲，因为我们每个人在内心都有假恶丑的可能性。更有甚者，慈悲之心如春风化雨，往往滋润假恶丑，使其反转其道，回归良善进而走向神性的进化大道！

三、敬畏并珍爱生命

你是否从未因为发现自己踩死了一只蚂蚁而感到难过？其实芸芸众生，我们也如蚂蚁一般，也可能死于非命。在生命的层面上，人类与所有的生命是一样的，都有着一些共同的特征，诸如新陈代谢以及努力适应环境等。那种认为"人是万物的尺度"以及"人是万物之灵"的人类中心主义的观点理应遭到鄙弃。所有其他的生命，都是人类的同道者，共同分享着生命的神奇。在此意义上，人类没有权力凌驾于其他生命之上，而应该对其保持敬畏之心。施韦泽是"敬畏生命"的主要倡导者。他认为："善是保存和促进生命，恶是阻碍和毁灭生命。"[①]人作为唯一有意识的生命，"意识到与他接触的所有的生命是一个整体，体验它们的命运，尽其所能地帮助它们，认为他能分享的最大幸福就是拯救和促进生命"[②]。

敬畏生命，因为生命是地球演化过程中的一项奇迹。敬畏生命，因为生命让世界充满色彩和活力。敬畏既是一种对神圣之物的保持距离的敬仰，也是对一种神奇之物的畏惧，"敬畏生命的世界观是伦理神秘主义"[③]。因此在日常生活中，我们对待生命更多的时候不是敬畏而是珍爱。珍爱是与生命的亲密接触，是与所爱之物的肌肤相亲。珍爱生命不仅仅是珍爱我们自身的生命、他人的生命，更应该珍爱所有的有机生命体。如果能如此，就不会有那么多虐待动物、滥砍滥伐的行为了。

那么，如何看待日常生活中一些正常的杀生、采摘和砍伐呢？珍爱生命并不意味着不杀生、不采摘、不砍伐。每一生命体在宇宙中自有其在生物链中的位置。宇宙中

---

① ［德］施韦泽：《敬畏生命》，陈泽环译，上海社会科学院出版社 2003 年版，第 19 页。
② ［德］施韦泽：《敬畏生命》，陈泽环译，上海社会科学院出版社 2003 年版，第 131 页。
③ ［德］施韦泽：《敬畏生命》，陈泽环译，上海社会科学院出版社 2003 年版，第 134 页。

人类作为有意识的自为的存在,使其在生命的金字塔中高高在上。作为基础的生命支撑着在上面的生命。由此,位居其下的生命都是人类存在的基础。但这并不意味着人类可以妄自尊大地对其他生命随意生杀予夺。人类意识到自己在宇宙中的地位,就更应该珍爱自己的基础,因为基础便是人类赖以存活的根。

珍爱生命其实就是要求我们在日常生活中善待并呵护一切生命。如果一朵玫瑰花在被采摘之前得到的是日以继夜的呵护,那么玫瑰花被采摘来作为礼物表达温情与善意,也可谓自得其所。只要我们对身边的生命保持一颗善心,充满爱意地培育它们,那么当我们需要它们的时候,它们的奉献也可以被视为一种伟大的回报。"只要我们重视其他生物,将它们看作是具有一定地位,并且试着用与我们自己感到的相同自信保护自己生命价值的某种东西,那么,我们就不能仅仅待之若一物,一个对我们有用的物件。即使我们将不得不牺牲掉它对我们的必要性,或者因为随后发生的道德吁请可能要求我们的所需以同样的牺牲,我们也将以人道的,甚至是对其蕴含的生命的敬畏之情,去这样做的。"①然而人类远远没有做到这点,人类往往急功近利地索取,却不知道温柔地牧养其他生命。这样的例子触目惊心,比如世界名菜法国鹅肝。每一只鹅都被极端地对待,没日没夜给它们注射食物,狭窄的笼子不让它们卧倒休息,以便它们尽快生长。这无异于是动物的法西斯集中营!

珍爱生命,我们才能最终真正体会到所有的生命都是宇宙的礼物。

四、善待器物

人与动物的不同之一在于人类能够制作并运用工具。自人类诞生以来,人就与器具生活在一起。人类文明的发展史也可谓是器具的发展史。器具越来越多。人类也越来越器具化了。现代人可谓置身于机器之林中的"生活机器"。

已经很少有人相信,每一件器具都是一件艺术品。人与动物的另一不同之处,在马克思看来就是:人按照美的规律来建造世界。以此观之,人所创造的器具都是按照美的规律来的,只不过美的程度不同而已。其实在我们人类看来,有些动物的住所很不可思议,也往往表现出美感。而在动物的眼里,人类的每一个器具更应该是神奇而美好的,因为它们做不到。

每一件器具都凝聚着创造者的心血。对器具的尊重是对人类创造活动本身的一

---

① [美]辛格:《我们的迷惘》,郜元宝译,广西师范大学出版社2002年版,第93页。

种尊重。然而在日常生活中，不爱惜器物，肆意破坏器物，尤其是损坏公共设施的行为也是层出不穷。看看我们高等学府的课桌就很能说明问题。这些国家的栋梁们，这些未来世界的知识分子们，有不少人在为考试或自习占位时，用记号笔在课桌上乱抹乱画。很多课桌被糟蹋得面目可憎。其实真正可憎的是这些乱画的行为。课桌何罪，遭此毁容？

我们身边的器物，往往被赋予了我们的情感，从而变得具有精神性，不再是冷冰冰的纯粹物体。我们打工赚来的钞票，我们结婚时穿的西服，我们登上长城、泰山的皮鞋，都会拥有一份我们内心的情感。

长期以来，我们都希望培养一颗博爱之心。而我们的博爱主要还是针对人类的其他成员。现在看来，我们更应该将博爱推广到其他的生命，进而落实到我们身边的器物。唯有如此，我们的心才能真正变得博大宽厚，真正做到悲天悯人。

常言道：睹物思人。一个不珍惜身边器物的人，也可能不珍惜身边的人。为此，我们有必要将施韦泽的"敬畏生命"伦理进一步发展成"敬畏器具"伦理。即我们理应像敬畏生命一样敬畏我们身边的器物，爱护并促进它们更好地服务人类便是善，毁坏并妨碍它们为人类谋福利便是恶。

五、正视苦难　积极生活

苦难是生活中必不可少的一种体验。虽然每个人都不愿经历苦难，但苦难的到来从不打招呼，它是不期而遇的。只要生活着，苦难总有一天会叩响你的大门，让你大吃一惊却又无可奈何。每当这时，不要逃避，不要拒绝，而应该主动将苦难迎接，认真端详仔细研究，然后积极去寻求解决之道。

一旦我们从苦难中走出来，那些曾经的苦难便会散发出异样美好的光芒。可以说任何苦难的经历都是一笔巨大的人生财富。珍藏它们，等到新的苦难到来时，它们便会温暖你的心灵，让你有力量去积极战斗。

没有苦难的人生是残缺的，但我们又不能陷入苦难主义。所谓苦难主义是苦难的异化，它动机不纯，炫耀苦难，把苦难审美化。[1]

失败与痛苦一样都是人生的营养。可很多人害怕失败而不愿行动，消极无为。很多人为了成功，积极投入，可是过于功利，致使成功也蜕变为物质的享受。而一旦失

---

[1]　张公善：《重建新生活的倡议书——论王安忆〈叔叔的故事〉》，《湖南文理学院学报》2008 年第 2 期。

败,又往往无法面对,甚至遭受不了打击而自暴自弃乃至自绝于世。

　　胜败皆有所值。它们不过是生活两岸的风景,从不同的侧面看,就有不同的意味。成功可能退化为失败,失败也可能是另一种成功。我们的生活有太多的目的。我们很少去关注生活本身的美好,反而把每天的生活都变成一个个目的。当我们的生活成了任务,重要的东西自然就是结果。其实真正重要的东西往往在成功与失败之前。如果经历精彩,那么结果也变得暗淡。即便平平淡淡的生活也自有其魅力,因为生活本来就是"由一系列的经历所组成的,每段经历都有它特殊的意义,从这些经历中我们可以学到需要学习的人生阅历"①。所以真正重要的事便是生活本身。生活着就是要拥抱生活中的所有酸甜苦辣和成败得失。

　　朱光潜告诫我们,"人要有出世的精神才可以做入世的事业"②,他是希望我们把生活打造成一件艺术品,即将人生艺术化。为此,我们既需要培育一颗积极生活的心,因为生活永远在路上,需要我们不断地努力;同时我们也要培育一颗超然处世的心,因为生活中有太多的欲望,需要我们不断地净化。

　　积极生活,超然处世,一心二为,方能自在圆满。

---

　　① [美]伊丽莎白·库伯勒-罗斯、戴维·凯斯勒:《人生的功课》,徐黄兆译,中央编译出版社 2011 年版,第185 页。
　　② 朱光潜:《谈美》,安徽教育出版社 1997 年版,第 10 页。

诗性正义
与
艺术伦理

越界历险与国际正义 *

——论格林的国际政治小说《喜剧演员》

◎潘一禾

内容提要 英国作家格雷厄姆·格林创作了多部内容深刻的国际政治小说,以老杜瓦利埃执政时期为背景的《喜剧演员》就真实再现了大国"冷战"影响下的海地政治危机和三股政治力量的生死博弈,即独裁者、反抗者和英美外来干涉势力之间惊险残酷而又无奈愚蠢的反复较量。虽然小说家格林曾经与老杜瓦利埃本人有过通过媒体的生死对抗,但在"作为高尚艺术的冒险小说"中,他却聚焦于国际霸权与国内独裁之间相互利用、民不聊生的海地现实,从而极富前瞻性地否定了"冷战"思维、抨击了不负责任的外来"干涉",并从整个人类共同生存的高度去剖析人性的复杂性、发现对抗恐惧和混乱的方法与能量。这样知名的文学文本也应成为我们思考国际公平和正义的重要参考。

关键词 国际正义 格雷厄姆·格林 《喜剧演员》 国际政治小说 冷战

英国作家格雷厄姆·格林(Graham Greene,1904—1991)一生的创作极其丰厚且类型多变,被认为是"评论家和英国传统最难处理的当代英国小说家"①。围绕其作品的评论和争论,曾过多地集中于他的善讲故事和21次被提名诺贝尔奖但最终落选,以及将他定位为通俗畅销书作家。然而21世纪以来,随着现代派小说逐渐淡出历史舞台,格林小说的前瞻性和重要性被西方评论界重新发现和评估,他在文学史和思想史

---

* 潘一禾,浙江大学传媒与国际文化学院教授、博士生导师,研究方向为国际政治与世界文学等。

作者在写作本文的过程中,曾与浙江大学美学专业博士房岑有过多次讨论和共同切磋,并选用了一些她收集和翻译的最新国外研究文献,特此说明和致谢。

① Malcolm Bradbury. *The Modern British Novel* 1878—2001. Beijing:Foreign Language Teaching and Research Press,2005,p.297.

上的地位也随着研究的不断深入而明显提升。我国的译林出版社和上海译文出版社近年相继出版和译介了格林大部分长篇小说,但其代表作之一《喜剧演员》尚没有中译本。这部以海地杜瓦利埃独裁政权为背景的国际政治小说创作于1965年,被欧美评论家们誉为格林20世纪60年代最好的作品。① 缺乏中译本也许是因为其中论及"共产主义"的言论曾经有点敏感,但在冷战结束后的今天读来,反而如资深中文译者潘绍中先生所说:格林总是"极其敏锐而深入地反映了时代的风貌"②。

一、一个作家也可以是一颗银弹

格林曾是一名记者,并且在二战时期作为英国情报部门的一员被派往非洲,因此练就了敏锐的政治嗅觉。二战后在世界范围内的冒险式旅行成为格林的日常生活方式。从1955年创作以第一次越南战争为背景的《文静的美国人》开始,格林在之后三十年的世界旅行中陆续创作了表现古巴政治混乱的《哈瓦那特派员》(1958)、揭露海地杜瓦利埃独裁暴政的《喜剧演员》(1966)、描写巴拉圭游击队行动的《名誉领事》(1973),以及涉及非洲独立与解放问题的《人性的因素》(1978)等多部国际政治小说。

《喜剧演员》中的很多场景都取材于格林的亲身经历。美国文学评论家罗伯特·戴维斯(Robert Davis)曾提出,"与同时代的其他作家相比,格林的作品具有一种'新闻纪实美学'(a journalistic virtue)的价值"③。《喜剧演员》正是一部这样的作品。格林在小说的题跋中这样写道:"虽然小说的人物都是虚构的,但贫穷的海地和杜瓦利埃医生的统治却是真人真事,不是我信口编造的。杜瓦利埃政权的黑暗,我甚至没有分毫夸大以增强戏剧效果。"④《喜剧演员》中所记录的海地政治现实已成为海地历史的一个重要参照,成为控诉独裁者杜瓦利埃的一个有力武器。

在国际政治的大舞台上,位于拉丁美洲的岛国海地是拉美地区第一个独立的黑人国家,但因为沉重的被殖民后遗症和外国势力的频繁介入,在经过君主专制、民主制和多次不同的独裁统治之后,海地长期处于动荡的政局中。尤其知名的是自1957年"爸爸医生"(Papa Doc)老杜瓦利埃(François Duvalier)上台到1986年其子小杜瓦利埃下

---

① Bernard Bergonzi. Graham Greene at Eighty. *The Furrow*,1984,Vol. 35,No. 12,pp. 772-777.

② 潘绍中:《格林短篇小说选》,商务印书馆1988年版,第2页。

③ Robert Murray Davis. From Standard to Classic:Graham Greene in Transit. *Studies in the Novel*,1973,Vol. 5,No. 4,pp. 530-546.

④ Graham Greene. *The Comedians*,London:Vintage,2009,pp xix-xx. 其后的小说引文只在文中标示页码。

台,二人对海地实行了长达 31 年的独裁统治,期间是海地最贫穷和黑暗的岁月。格林首次造访海地是在 1954 年,正值拉丁美洲短暂的经济繁荣,彼时的海地也曾是时髦的"度假胜地"。格林在自传《逃避之路》中曾写道,"那里极度贫穷,但是有很多的游客,而他们带来的钱是可以逐渐流入社会福利体系中去的"①。可惜"来自小镇的医生"老杜瓦利埃上台后,一个原本让外界以为应该面色温和的救治者,却很快成为一个大权独揽的暴君。法律在海地完全失效,被人民戏称为"爸爸医生"的老杜瓦利埃和他的警察卫队唐唐·马古特(Tontons Macoutes)不断用任意妄为的暴力手段消灭一切违犯行动和反对者。老杜瓦利埃甚至将自己比作海地本土宗教巫毒教(Voodoo)中最令人畏惧的死神"撒麦迪"(Baron Samedi),利用本土文化和"精神恐吓"来巩固自己的恐怖统治。他的警察卫队唐唐·马古特之名也取自海地当地克里奥尔传奇中的恐怖人物。格林在海地结识的挚友伯纳德·迪德里希(Bernard Diederich)曾这样描述唐唐·马古特:"他们是打断人骨头的专家。他们最拿手的刑讯方式就是把人吊起来,然后把骨头活生生地剥出来。"②

　　1965 年,在迪德里希想方设法的帮助下,第三次造访海地的格林终于"逃了出来"。迪德里希回忆他在多米尼加的圣·多明戈机场接格林的时候说到,"他真的很害怕,好像在发抖,虽然他极力克制。"格林称老杜瓦利埃为"疯子",告诉迪德里希他从未"在任何其他国家感受到像在海地一般无所不在的恐惧。"在海地,格林曾被唐唐·马古特墨镜后射出的冷酷眼神"搜身";他不得不藏起笔记本,用非常小、几乎分辨不清的字迹在一本维多利亚时期小说的书皮背面记录素材。格林曾在《逃避之路》中提到,他从来没有想过会写一本关于海地的小说,直到 1965 年从海地归来。他的朋友迪德里希也认为:"作为格林最好的作品之一,《喜剧演员》是格林最具有政治意味的小说。他写作的目的很明确。我们真的是在和'爸爸医生'作战!"③

　　正如迪德里希所言,小说家格林与政治独裁者老杜瓦利埃有一场借用媒体的隔空对抗。小说《喜剧演员》在欧美出版后,世界的目光开始更密切地关注海地。"爸爸医生"老杜瓦利埃因此遭受到更多的质疑和谴责。格林在回忆中写道,"我很高兴,它戳

　　① Graham Greene. *Ways of Escape*. London:Bodley Head,1980,p.228.
　　② 英国记者、作家,长期生活在海地和多米尼加。著有《小说的种子——格雷厄姆·格林 1954 年到 1983 年在海地和拉丁美洲的探险》(*Seeds of Fiction:Graham Greene's Adventures in Haiti and Central America 1954—1983*)和《"爸爸医生"和"唐唐·马古特"》(*Papa Doc and the Tontons Macoutes*)。
　　③ David Adams. Book Gives Up-close Look at Graham Greene's Political Writing. Reuters(路透社),MIAMI:Fri Nov 23,2012. 9:3.

中了他("爸爸医生")的痛处"①。作为反击,老杜瓦利埃也立刻在海地封禁了这部小说。第二年(1967 年),好莱坞根据小说改编的电影出炉,由伊丽莎白·泰勒(Elizabeth Taylor)和理查·波顿(Richard Burton)主演,同样大获成功。老杜瓦利埃随即也在海地封禁了这部电影。迪德里希回忆说:"格林为电影写了剧本。他告诉我这是他射向爸爸医生的另一支箭。"②

有意思的是,老杜瓦利埃也通过文字向格林宣战。他在自己控制的海地报纸《马汀》(Le Matin)上评价《喜剧演员》说:"这本书写得不好。作为一个作家和记者的作品,这本书没有价值。"他甚至印刷了一批精美的小册子,取名《终极揭秘格雷厄姆·格林》(Graham Greene Demasque Finally Exposed),通过海地驻欧洲的大使馆广为散发。这本小册子称格林是"一个骗子、一个白痴、一个密探……精神错乱、性虐待、变态……"对格林极尽人格侮辱之能事。然而,最后老杜瓦利埃却不得不悄然停止发行,因为他发现结果与他的预期截然相反。自己的反击行为让全世界看到了他的担忧、恐惧和内在脆弱。这场一个国家元首与一个小说家的战斗直接证明了小说《喜剧演员》的价值,见证了一部国际政治小说的惊人影响力。正如格林自己所说:"我为我的海地朋友勇敢无畏地在山中与杜瓦利埃医生作战而骄傲,但是一个作家我也并不如他惯常所想的那般弱小无力,我也是一颗嗜血的银子弹。"③

二、超越"冷战"思维的喜剧性叙事

上述格林与政治独裁者老杜瓦利埃的"真枪实战",并不说明他的小说是一篇政治立场选边站的政治檄文,相反,《喜剧演员》这部具有国际政治斗争背景的小说,依然是遵循文艺规律进行苦心孤诣创作的文学作品,是他的一部"作为高尚艺术的冒险小说"④。小说的主要故事看似围绕三个不该来到海地的白人命运展开,笔调也始终保持某种"大众读本"喜欢的轻型格调,如故作轻松的幽默和随机应变的世故,但小说从

---

① Graham Greene. *Ways of Escape*. London:Bodley Head,1980,p. 229.

② David Adams. Book Gives Up-close Look at Graham Greene's Political Writing. Reuters(路透社),MIAMI:Fri Nov 23, 2012. 9:3.

③ Graham Greene. *Ways of Escape*. London:Bodley Head,1980,p. 232.

④ Elliot Malamet. Art in a Police Station:Detection, Fatherhood, and Textual Influence in Greene's The Honorary Consul. *Texas Studies in Literature and Language*,1992,Vol. 34,No. 1,Periodicals Archive Online p. 106.

骨子里却透露着对由海地困境带出的国际政治乱象的沉重忧虑和人文关切。由于格林青年时期加入过英国共产党的经历(仅 6 周时间①),以及他在小说中表现出来的对第三世界人民的同情和对革命的支持态度,有西方评论家一再提出格林已经在政治上选择了"反美"的一边。但格林自己曾清晰地表示他的小说会保持"观察者"的立场,因为"选择支持一方就意味着在感知人性的无限复杂性上会变得迟钝,会制约一个人对世界的理解,会限制一个人的自由"②。

《喜剧演员》之所以选择讲述三个白人的贸然"闯入"和对海地人民生活的"感同身受",应该说也是一种格林有意为之的观察和写作立场,也就是首先承认自己是一个"外人",是一个在错误时间以错误方式进入错误地点的"白人"。像"我"这样的白人对海地的情况是既有深度联系、又存在惊人的信息空白和认识盲区的。所以读者也需要在阅读小说的进程中,由外而内、由浅入深地逐渐认识海地旷日持久的国家安全困境,同时对这种"外来者"、"介入者"的观察视角始终保留一种怀疑和审视。

《喜剧演员》的中心故事叙述者"我"或英国商人布朗(Brown)本想将母亲留给他的一个海地豪华旅馆好好经营下去,天真的前美国总统候选人史密斯(Smith)及夫人本想到海地建一个帮助食不果腹的海地人民的"素食中心",自称"少校"、满口大话的英国人琼斯(Jones)则带着或与海地统治者"经商",或参加海地被统治者之"革命"的复杂冒险动机,三人一起搭乘一艘挂着希腊旗帜的荷兰货船到了海地首都太子港这片远离英美的"蛮荒之地"。结果这三人在那个国际新闻报道的"暴政+暴民"的海地,一转眼就都失去了原定的方向和所有的好运。琼斯最后在加入反政府武装后光荣"牺牲"在知之甚少的他乡,史密斯的计划一筹莫展只好转战他国,布朗在小说结尾已经沦落到在邻国多米尼加帮黑人老板做殡葬生意,而且负责的是专为暴毙在外的英法白人收尸的业务。

首先,小说通过三个白人对海地百废不举、民不聊生的"感同身受",对老杜瓦利埃独裁政权进行了无情的揭露与批判,尤其是揭示其统治下民众充满了恐惧、焦虑和凶兆的生活状态。在国际两大意识形态阵营全面"冷战"的背景下,老杜瓦利埃对国内的独裁统治获得"反共"和"亲美"阵营的暗中支持和公开默认,所以也公然采用了各种恐怖统治形式。如这个小国到处可见的唯一大广告和统一标语是:"我是海地的标志,统

---

① 陆谷孙:《译者后记》,载[英]格雷厄姆·格林:《生活曾经这样》,陆谷孙译,上海译文出版社 2012 年版,第 201 页。

② Marie-Françoise Allain. *The Other Man*:*Conversations with Graham Greene*. London:Bodley Head,1983,p. 126.

一而不可分。弗朗索瓦·杜瓦利埃。"(41)如首都太子港没完没了的宵禁和几乎永远不通的电话网,让人人都仿佛生活在不同的监狱之中。如这个国家的财政部部长、外交部部长、社会福利部部长、警察局局长、皇家卫队队长……没有一个不是在利用职权贪污受贿、倒卖财物、欺行霸市、为所欲为。如一个代表海地在国际射击比赛中获得金牌的运动员,突然由于总统的孩子在放学时遭遇了不知名者的未遂绑架,在没有任何证据和法律程序的情况下,他的住所就被唐唐·马古特团团围住后放火燃烧。机枪扫射着每一个试图逃出火海的家庭成员,消防队被阻止入内进行扑救。整个行动的目的据说是因为"神射手"不在家,唐唐·马古特们认为只有这样才能将他"引出来"与总统的警察卫队直接交手。(12)随着故事的进展,读者会不断读到被唐唐·马古特任意暴打和残杀的各种普通国民在悄悄地清点政府要员犯下的一桩桩血案和腐败事实,准备以同样的形式予以应有的"回报"。老杜瓦利埃和他的手下就是这样频繁使用对人民恫吓和针对反政府武装的对应性恫吓,使得整个国家早已经退回到无休止的复仇和夙愿的部落形态。

其次,《喜剧演员》用三类人群的生存方式与命运变化,再现了当年海地独裁政治危机时期的三股政治力量,以及它们之间惊险残酷而又多少是无奈愚蠢的生死博弈。这三种政治势力即老杜瓦利埃执政集团、国内反对派游击队和英美外来"干涉"力量。作者重点歌颂和赞叹的是海地国内反独裁政府的反抗力量,但也客观地展示出他们在英勇无畏、大胆反抗的同时,缺乏起码的军事训练和运作机制。小说真正讥讽的对象是英美政府势力的长期介入和强行干涉,认为海地政府与海外"干涉"势力间的冲突完全不是什么独裁与民主、邪恶与正义的较量,相反,这其实是被少数掌权者、既得利益者绑架了的、明争暗夺、狼狈为奸式的国家间关系。老杜瓦利埃的上台和倒行逆施,本身就是美国干涉和指使的结果,而无论是他镇压人民使用的武器还是消灭游击队使用的武器,全都是美国制造或者来自国外军火交易商。20 世纪 60 年代的"冷战"胶着时期,美国在世界各地发展盟友,为反共产主义阵营增添筹码。在拉美地区,美国显然不希望海地成为另一个古巴。而杜瓦利埃正是利用这点、刻意不"清洗"国内的共产主义势力,同时对美国表现出"积极的态度",为的是确保自身统治和增加对外谈判的筹码。"爸爸医生把哲学和宣传分得很清楚,他把向东方的窗户打开,直到美国人再给他武器为止。"(233)

如果把"光明与黑暗的殊死搏斗"视为广为人知的、既定的国际政治斗争概念或话语方式,那么《喜剧演员》这一格林小说的题目本身就是对这种宏大叙事和抽象概念的一种尖锐讽刺。在小说的一开始故事叙述者布朗就明确表示:"人生是一场喜剧,而不是我有备而来想面对的悲剧。……人们都受一个权大无比的、玩笑开过头的人的驱使，全向喜剧的最极点走去。"(25)而这个当年海地政治现实中真正权大无比、又不能负起责任的"人"，就是超级大国美国。就像小说中海地人马吉欧医生对史密斯说的："在西半球，在海地和其他地方，我们都生活在你那伟大繁荣的国家的阴影下。"(177)

最后，当大国之间因为意识形态而展开持久的"冷战"之时，在其权势争夺战影响下的小国混乱和失序方式就更显得荒腔走板和怪诞离奇。之所以说老杜瓦利埃执政时期海地三种政治势力间的博弈"惊险而又愚蠢"，绝非传统悲剧而是一出出现代"喜剧"，就是因为在这样的海地，无论是大人物还是小百姓，一个个都像是真假难辨的"喜剧演员"；最终决定众多普通人命运和悲剧结局的，并不是人们通常所说的"传统安全"问题，或者说敌我双方的"热战"或正面的军事、政治和经济冲突与决战，而是人们今天所说的"非传统安全"威胁和事件。换言之，是随时随地的偶然事件、重大政治困题的随意处理方式和不同个体的特定心情、意气与修养，造成了一个连接着另一个的、谁也难以预测和联想到的灾难性结局。

比如三个白人在荷兰货船上的时候，布朗就接到船长转达的来自英国政府的密令，需要监控一下可疑的琼斯"少校"。读者一下子并不清楚他是个来自资本主义世界的"经济诈骗犯"还是一个"亲共"的"政治可疑分子"。后者的理由就是他自称身上携带有给海地社会福利部部长菲立波医生的密信。在他们仨人到达海地的当晚，布朗立马遭遇的是菲立波医生因为酒后说话得罪了"爸爸医生"被追杀、逃到了自己的旅馆藏身。由于与"亲美"之大总统杜瓦利埃为敌，菲立波医生自然被归类到"冷战"的另一个阵营。于是，一方面是由于布朗害怕被牵连下逐客令让已受重伤、无法再逃的菲立波医生在旅馆泳池自杀；另一方面是身上携带给社会福利部部长密信的琼斯"少校"因为"身份可疑"，一下船就遭到了唐唐·马古特们的拘捕和审讯，从而也迫使"同胞"布朗和史密斯夫妇一上岸就开始被动和主动的"营救"或"捞人"行动。

于是下面的故事就花开两枝。一方面是看似理想、热诚、纯真，实则也无知到极点的"美国总统候选人"史密斯先生及夫人，不断地想在公开场合"挺身而出"、挑战全副武装的唐唐·马古特们，甚至总想摆出一副愿意"决一死战"的架势，让帮助老杜瓦利埃执政的大小官员们神经紧张，时不时地感到需要应对随时可能爆发的"里应外合"的暴乱。同时与史密斯夫妇相对照的，则是在这样危机四伏的社会情景中，造访海地的胆大外国商人和赌场老板们仍在追逐千载难逢的商机、享受刺激的异国观光和风月女子；主要叙述者布朗还因恐惧战乱和漂泊他乡的孤独感，与某南美国家驻海地的大使夫人保持着缠绵而又游戏式的大胆偷情。

　　另一方面则是入了他国之狱的英国奇人琼斯很快开始凭借"说大话"的口才,与唐唐·马古特的恐卡煞上尉一拍即合地开始了共同投资国家建设的"大交易"。在这个号称"帮助百废待兴国家重整旗鼓"的大交易中,琼斯既说自己的身份是公司董事、可以拉来投资城市基建的大量美元,又鼓吹自己是军事管理和训练上的行家,可以帮助明显一片混乱状态的唐唐·马古特们进行严格的军事训练。于是他不光自己脱了险、自称受到了总统的亲自接见,还因此自以为聪明地与恐卡煞上尉搞起了与美国商人的私下军火生意。没想到恐卡煞上尉一行到美国"取货"时即被美方拘留和扣查,"大骗子琼斯"立即从座上宾变成了追杀对象。见"商机败露"的琼斯赶紧逃命到布朗处求救。由于美国使馆尚未恢复正常,英国使馆早已被恐卡煞部下重兵看守,布朗情急之下,只好将他送到了某南美大使馆,也就是自己的情人家暂住。但很快,好不容易"重获安全"的琼斯竟然在大使家中如鱼得水,获得从人到狗的特别好感,于是布朗"借力使力把琼斯弄上山打游击,最终加剧了革命镇压,害死了琼斯,也让自己再回不去太子港,从而流落到多米尼加成了滑稽的殡葬业者"①。

　　其实小说中的"一号英雄"马吉欧医生也死于这场结合了必然与偶然元素的、意外事故般的"加剧了的革命",同时他作为"铁定的共产党员"被诱骗"出诊"和蓄意杀死,竟被"爸爸医生"专门用来"回报"即将新任的美国大使。小说中类似的时代"喜剧"比比皆是,如琼斯最后加入的反抗组织游击队,主要核心成员就是两位:一是菲立波医生的侄子、熟读法国文学的诗人小菲立波,一是原在布朗母亲旅馆做调酒师、整个臀部被唐唐·马古特打烂的拐子约瑟夫,再加上几个从来没有打过仗受过训的"民兵"共 12 人。而自称当过高级军官、去过缅甸、打过日本兵的琼斯,其实毫无作战经验,还有一双不能走长路的"平足"。于是,满腔"冒险"热情的琼斯虽然最终"死得光荣"、赢得游击队员爱戴也值得尊敬,但他参加的那种毫无准备、全无章法的暴力革命游击队,本来就像是一个谁也不信其真的"瞎编"剧情。在格林的切身体验和深入观察中,被大国关系深度影响的海地政治和社会已经是生者恐慌、死者如灰,抗争无效、夙愿难偿。这个世界已经变得太大、太真实,更像一场看不到结局的、没有主角的荒唐剧,我们都只能是观众、跑龙套的和喜剧演员。②

　　《喜剧演员》的三个白人形象性格鲜明、相互映衬、耐人寻味,需要仔细分析,但这

---

　　① 唐诺:《入戏的观众》,载[英]格雷厄姆·格林:《我自己的世界:梦之日记》,恺蒂译,译林出版社 2008 年版,第 126—127 页。

　　② 唐诺:《入戏的观众》,载[英]格雷厄姆·格林:《我自己的世界:梦之日记》,恺蒂译,译林出版社 2008 年版,第 139—140 页。

篇小说首先值得关注的重点内涵之一，就是严厉谴责和深刻解剖本土力量与外来干涉激烈对峙又相互缠绕的复杂局面。这种抨击与解释即使在今天读来，也仍是一副认识国家间冲突、矛盾和相互联系方式的清醒剂。英美势力长期以来对海地的干涉和介入到底有多深多远？小说借海地反抗斗争的老英雄马吉欧医生之口表达出来：

> 问题是不能由美国海军来解决。我们领教过、有经验了。如果他们真的来了，我说不定会和"爸爸医生"站到一起打他们。至少他是海地人。事情要由我们自己来做，我们是一个漂浮在佛罗里达几里外的不吉利的贫民窟，没有美国人会真正带着武器、金钱或顾问来帮我们。几年前我们就领教过他们所谓的"顾问"是什么意思了。当时此地有个反专制组织，与美国大使馆中的一名同情反政府力量的人士有联系，答应给予一切精神支持。但情报传到美国中央情报局，然后由中央情报局以直接线路传给"爸爸医生"。你可以想象这一群人有了什么样的下落。美国国务院不希望加勒比海有任何骚乱。（233—234）

虽然美国对自己的"后花园"和众多南美邻国，没有采用殖民统治的任何方式，但为了美国国家利益，美国既可以利用"自由、民主"的口号，也可以采取其他一切政治和经济竞争手段，关键是要让他国为自己利益服务。于是，对美国的"国家利益"而言，海地就是一个冷战工具、一个挣钱机器、一个可有可无的破地方。具有丰富阅历的马吉欧医生对这点很清楚，美国不仅为了防范共产主义意识形态的扩张、不断"慷慨解囊"向独裁者及其警察和军队直接提供美式武器，而且通过"经济援助"和跨国公司间的"合作开发"，来剥削海地这样的贫乱之国的血汗劳力：

> 跟你打赌，一赔十的赌，要不了几个月，关系一定恢复，美国大使会再回来。你忘了"医生"是反共的堡垒，此地不会有古巴，也不会有猪猡湾。当然还有别的理由，"爸爸医生"派在华府游说通过议案的人也兼任美国人在此投资面粉工厂的游说员（这些面粉工厂偷斤减两，把进口的过剩麦子研磨加料成灰色劣质的面粉——真是难以想象，只要稍稍动动脑筋，穷人中最穷的都能成为你发大财的源头）。另外还有私贩牛肉，穷人吃不起牛肉就如吃不起蛋糕一样，所以所有的牛肉都到美国人手里对海地人没什么影响。买牛肉的美国人也不在乎海地肉类进口有没有定标准，因为这些牛肉制成罐头后以美援款项购赠给未开发国家。这一笔交易如果中断不会影响美国肉品市场，受影响的是华府的那个出口一磅牛肉就抽一美分佣金的政客。（233）

正是打着"国家利益"和"人道主义"双重战旗的大国干涉，让海地的政治格局呈现久拖不决、光明永远无法消灭黑暗的悲惨"僵局"。马吉欧医生对布朗说："我们组织比较好，也比较谨重。但如果我们敢企图接管政权，美国海军一定登陆，'爸爸医生'仍然不会下台。在华府看来，我们的政局似乎相当安定，只是不适于观光。实际上观光客是相当讨厌的。他们看太多，动不动就写信给他们的参议员。"(329)马吉欧医生所说的这种讨厌的观光客，可以指无知而又冲动的史密斯夫妇，他们就动不动地写信给美国要员汇报自己看到的情况，而格林却冷眼看出：所谓为国家、为正义，大都是假的。无论是正方、反方还是旁观方，多数人都不过是在为自己。格林小说始终透露出的是"对现代人的政治生活和精神现状的敏锐感悟（astringent awareness）"①，持续挖掘的是"地域政治事件的全球性联系，以及不管何种意识形态都可能导致的政治权利之残暴"②。

三、通过人物"深描"剖析国际安全困境

故事的叙述者"我"或布朗如果不是因为继承了一个"豪华旅馆"或有一段剪不断的旧情，原本是不会对海地有半点兴趣和关心的。而拥有这份遗产的"我"母亲是一个神秘、神奇的人物。布朗在整理遗物中隐约知道她曾获得过海地人赠给的"地下反抗勋章"，所作所为得到过很多当地人的热爱，晚年生活中还有一个黑肤情人马修的陪伴。这个帮助她经营旅馆、暗中支持反抗组织的黑人青年马修还遭遇布朗可笑轻浮的嫉妒和排斥、在"人去楼空、物是人非"的处境中陷入抑郁和悲怆、最终因对国家和个人局势的绝望而选择了自杀。母亲和马修的关系也多少暗示了在海地拥有物质财产和精神影响的外国人，已经与海地严酷的政治纷争有着漫长而又错综的历史性复杂关系。布朗"母亲"当年为躲避德国纳粹来到海地落脚，是经过二战、吃尽苦头的上一辈白人（或混血）代表。虽然她当初主动参与海地"反外侮而抗暴"的初衷是否是纯粹的"国际主义精神"或"人道主义支援"已无处求证，但从结果来看，她与马吉欧医生一样是"古怪得几乎要从纸面跃出"的人物。比较起来，马吉欧医生更是一个天底下"少有

---

① Peter Wolfe. Greene Thoughts in a Green Shade. *Prairie Schooner*, 1996, Vol. 40, No. 2, pp. 178-181.

② Maria Couto. Juggling the Balance. *Economic and Political Weekly*, 1983, Vol. 18, No. 43, pp. 1835-1836.

的干干净净的好人"①,代表了格林心目中的"理想父亲",或者说用来反衬和鄙夷了当代英美国家自封的却不称职的"世界权威"角色。

与一旦登上政治舞台就变得专横跋扈的"爸爸医生"针锋相对,马吉欧医生和他一直暗中支持的游击队员,都是真正的爱国者和反抗战士。他们也是小说中代表海地正面道德力量的、有头脑有知识的民间领袖。布朗知道在任何危险面前,唯有马吉欧医生是敢于直面的人。而后来组织了游击队的诗人菲立波和"调酒大师"约瑟夫,虽然英勇无畏、敢想敢干,但确实缺乏起码的军事知识和组织经验。问题的严峻还在于:类似这样的本土精英一直在迅速地流失和消失。小说在开始不久写到菲立波医生被追杀时就写道:因此有若干人已逃离自己的家到委内瑞拉大使馆去求庇护,其中有一个是地方警察局局长,一个邮政局副局长和一个老师(没有人知道他们和前任福利部长的关系)。小说结尾时,诗人小菲立波已经失去一条胳膊,调酒师约瑟夫也已经牺牲。年迈的马吉欧医生还告诉过布朗:由于时局混乱,近十多年来,四分之三的海地医生一毕业,就忙着给自己弄出国的护照。在海地想找海地医生看病的话,你得去加纳。由于屡战屡败和连年恐吓,他当年的那些老伙伴们大都把自己锁在了家里,只有他还在坚持不懈、不轻言绝望。"不,我不绝望。我不轻言绝望。"(233)正是在极其可怕的白色恐怖环境中,读者才可以体会到国内反抗力量的主要领导者马吉欧医生为何是"一个高大的黑人",一个让格林"欣羡甚至尊敬的、有着坚定简单信仰并据此孜孜不倦工作的人"②。

关于自己的政治身份和信仰,马吉欧医生在留给布朗和这个世界的最后一封信中写道:

> 我写这封信给你是因为我爱你的母亲,而在我生命的最后几小时,我盼望和她的儿子说几句话。我的时间有限,我知道敲门声随时都会响起。电常常停,他们不可能按电铃。美国大使很快就要回来,撒麦迪王爷当然会有所行动以回报他。全世界不都是这样的?找几个共产党员开刀很容易,就像找犹太人和天主教徒一样。天知道"爸爸医生"会说我对哪种医学实验有用处?我只求你记得一个高大的黑人。(290)

正如他之前所说,拥有共产党员身份在这样的国家是不被允许的,但又是"被逼出

---

① 唐诺:《入戏的观众》,载[英]格雷厄姆·格林:《我自己的世界:梦之日记》,恺蒂译,译林出版社 2008 年版,第 138 页。

② 唐诺:《入戏的观众》,载[英]格雷厄姆·格林:《我自己的世界:梦之日记》,恺蒂译,译林出版社 2008 年版,第 138 页。

来"的。共产主义在当时的海地反政府力量中间,是一种坚定简单的信仰,是一种对未来的向往。从马吉欧医生的口中,我们不仅知道他对祖国海地困境的认识,也会听到他对整个世界格局的评判和理解:太多以高尚口号为名、以国家利益为实的"介入"和"掺和",在现实中就是一种罪恶行径和荒唐举动。海地的情况绝不是个案。布朗最后在他的回忆和反省中也写道:"我怀疑这地球能不能再像一百年前那样宁静地航行在太空里。那时是维多利亚时代,人们把骷髅放在壁橱里——可是对现代人来说,一具骷髅头算得了什么?不能说海地是正常世界的一个例外:海地是每日随意取样的一个小个案。"(130)美国式超级大国的惊人影响与其实美国自己也并不真正明白的复杂介入和干涉,就像是一种"致命的天真"和"不可原谅的无知",反过来,也让这个"世界霸主"轻而易举地成为老杜瓦利埃及手下在海地施行独裁统治的有效工具,成为一个残害如马吉欧医生和约瑟夫这样的普通海地民众的巨人帮凶。

耐人寻味的是,《喜剧演员》对传统"反派人物"也进行了仔细而又准确的"深描",这本身也是对"冷战"话语的解构,也就是对"妖魔化对手"的解构。这部小说并没有多少笔墨直接描写老杜瓦利埃本人,但却刻画了他的一个重要助手恐卡煞上尉。格林曾经说过:"小说家是当魔鬼的辩护律师,为那些处在国法之外的人争取同情和合适的理解。"[1]从得力助手恐卡煞上尉的凶神做派,完全可以想象老杜瓦利埃的"恶煞"心理和无情人性;但另一方面,恐卡煞上尉在小说中是一个活生生的个体,而不是他手下一大群统一戴着墨镜的机器人式的士兵,所以他会根据自身的安危评估、对平民和外国人"手下留情",他会出于对自身利益的渴望、对海地问题进行认真的分析和判断,他会很有个性地对布朗说:

> 我欣赏幽默。我喜欢笑话。笑话有政治价值,能给懦弱者和无能的人以解脱。……我个人对每个白人的评价甚低。我承认我也瞧不起一些像贬土一样的黑人。但是白人也有个别可以接受的——如果对国家有用处。……好比说法国人与我们有共同的文化。我崇拜戴高乐将军。总统曾经写信表示海地愿意加入欧洲共同市场。……我们懂得外交。我们不像美国人那么莽撞——还有英国人。……海地基本上属于任何的第三势力,我们是真正的反共堡垒。卡斯特罗没办法在这里立足。……当然自由世界付的价格往往更好一点。(145—146)

---

① 唐诺:《人戏的观众》,载[英]格雷厄姆·格林:《我自己的世界:梦之日记》,恺蒂译,译林出版社 2008 年版,第 134 页。

换言之,虽然《喜剧演员》真实再现了老杜瓦利埃独裁统治下的恐怖社会状况,但格林不仅关心海地的政治如何和为何黑暗,他更关心普通人在如此境地中会如何挣扎和应对。正如评论家格拉德·马汀(Gerald Martin)博士所言,格林描绘最赤裸的人类现代生活中的罪行,是"一种聆听和理解共通的人性之能力"的体现,"这种共通的人性同时也是地域权力政治在全世界范围内的现实存在"。① 当国际政治的失序争斗造成类似海地人民旷日持久的苦苦求生之时,就像小说《喜剧演员》的结尾,布朗不仅失去了他在海地的合法身份、他的旅馆财产和他的生活方式,而且他已经在邻国收到了第一桩英法白人暴毙的"殡葬生意"。换言之,如果海地的黑人们每天都生活在恐惧和混乱中,那么所有的白人、整个南美和整个世界,迟早都会听到那为所有人敲响的丧钟。

四、反抗与超越:普通人的献身精神

格雷厄姆·格林虽然在《喜剧演员》中严厉抨击超级大国夹杂"天真"和"自欺"的强势干涉行为,但另一方面他也清楚,已经被经济贸易和信息高速公路打通了的世界,很难阻止普通人在国家间的自由行走和自主选择。所以他也刻画了几个在极端的政治恐怖中,对海地实际情况无知而又心存某种不自觉之傲慢的白人的命运。虽然就个体而言,布朗、史密斯和琼斯三个主角谁都不是坏人,而是三类俗人,他们最普通不过的名字本身就说明他们可能是任何西方人。但他们一到海地,就立即与当地黑人处在了同一凶残霸道的政治环境中,经历难以置信的恐怖和慌乱、气愤和无奈、抗争和绝望,外来白人与本地人的命运在并列和挤压中彼此交织,不仅悲愤地揭示出一种典型"恶政"下的人类普遍生存状态,而且还悲喜交织地呈现了充斥其间的反抗与超越、普通人的顽强生命力和"对非利己主义信念的献身精神"。②

温文尔雅的史密斯先生是 1948 年美国总统候选人,一个理想主义者。他和太太带着对有色人种的强烈且无限的爱来到海地,感觉自身肩负着重大的使命,但其努力的目标却是极其荒唐的——他们居然想在一个极度贫困的国家建立一个由美国公民自愿投资的"素食中心"。格林对史密斯这一角色不吝讽刺的笔墨。他让读者想起《文

① Gerald Martin. End of Empire. *Third World Quarterly*, 1988, Vol. 10, No. 4, pp. 1640-1641.

② Peter Wolfe. Greene Thoughts in a Green Shade. *Prairie Schooner*, 1996, Vol. 40, No. 2, pp. 178-181.

静的美国人》中的亚登·派尔(Aden Pyle)。他们都全情投入于"西方的责任",相信自己拯救世界的力量,他们用美利坚合众国"高贵"的眼睛打量世界,试图修补每一处他国的破损,同时对眼前的现实真相在很长一段时间里视若无睹。不过与派尔式"绝对理想主义者"不同,派尔想献身的是国家政治,而史密斯夫妇却是温和而有爱心的个体,并且他们的爱是可以投射到个人的。在米蒂亚号的联欢会上,他们默默地安慰正在哭泣的高大黑人费迪南德先生。史密斯太太"一言不发地握住他的一只手,然后用另外一只手轻抚他粉红色的掌心"。史密斯先生可以甩开海地福利部长拉扯他的手,坚持"把一把一美元的钞票塞给那个无腿的乞丐"(166)(此处也显示了史密斯的天真,因为在治安官和唐唐·马古特身边的乞丐不可能真保住这些钱)。史密斯太太甚至用她仅会的法语单词喝住了正要威胁菲立波医生遗孀的唐唐·马古特和极可能杀害布朗的恐卡煞上尉。从这个比较的角度看,史密斯夫妇有宏大但天真的目标,但他们确实想帮助需要帮助的人,他们想献身的是人文主义信念。更重要的是,他们对于自己的追求目标确有一种随时准备献身的精神,一种对"殉道"的执着与坚持。最终他们离开海地去往下一个需要他们帮助的第三世界国家。如果说天真幼稚的派尔可能是大脑机械的意识形态奴仆,那么史密斯夫妇心中纯真的人文理想让他们多少超越了任何一种政治意识形态的局限,成为奉行公共外交和生活政治的"另类美国人"。从这一点来看,格林虽然仍对美国的国际政策不吝质疑和讽刺,却也不是简单的反美主义者。

琼斯是小说中最具喜剧元素的一个人物。他个子矮小、西装革履、说话就像"精心钻研过一本流行辞典,但现在已经过时了"(4)。作为相比之下更为称职的国际政治舞台上的"喜剧演员",琼斯具有随时随地逗人一笑的演员天赋或社交才艺。他有足够的把戏让妓女婷婷笑个不停;他能虚构一套精彩纷呈的生平故事给布朗的情妇玛莎全家带来欢乐。(226)竭力掩埋自己"前科"的琼斯还有一套他的处世哲学。"我把世人分成两种:名士(toffs)和痞子(tarts)。……名士都有固定的工作和稳定的收入。……痞子呢——可怜,我们只能流浪各地混口饭吃……尖着耳朵滴溜着眼,到处赔着小心。"(17—18)带着这套理论,琼斯一直活了下来。他像一个赌徒,先想凭先人一步的市场经验与海地腐败的政府官员做个"大买卖",诡计暴露后,他又当着玛莎的面吹嘘自己真正渴望的是进山带领那个无望的业余游击队。机敏的"痞子"琼斯事后不会不知道自己中了布朗的套儿,但是他的态度却让布朗和读者们都大吃一惊。"太多事情要感谢你",琼斯对布朗说道,"这是我的大好机会,对不对?当然,我害怕得要命,这一点我不否认。"(258)是什么让琼斯对此事的兴奋多于恐惧呢?布朗开始并不明白。在布朗的人生中,他曾经有不止一次的机会拥有使命、信仰和忠诚,但是他的庸俗让他背叛了这些、选择了现在的飘浮生活。与他一样过着"喜剧演员"生活、来自发达国家更底层的琼斯却从来没有过任何机会。他问布朗:"你可以感觉到你有一种使命,不是吗? 即便你不能实践它?"琼斯对于使命的渴望深深地埋藏在自己的心底。"我只想给自己一个机会",琼斯在静候游击队的墓地中向布朗坦白。他一直心怀对使命的单恋,远远地望着它,希望获得它的青睐,就像小孩子一样,"为了引起对方的注意而故意去做一些坏事"(270)。他是一个太出色的喜剧演员,把自己的爱慕之心隐藏得太深,以至于我们以为他只是个小丑。然而残酷的死亡让他脱掉了喜剧演员的外衣,死亡这一最极端的方式让他露出本来面目。"玩笑开过头了",琼斯自己说,"死亡是件很严肃的事情"。(266)在这部小说中,琼斯一直吹嘘自己有在很远的地方嗅到水源的本事,其实这是他听来的一个吹牛话题,但转化到他口中也变成了格林有意安置的一个隐喻。水源象征着琼斯向往的一个缥缈的使命,他确实是始终在远处无望地嗅着,直到走到了最远的尽头。就像批评家迪·克鲁兹(Doreen D'Cruz)在书评中所说,"直到那个极限的尽头,发现那里有他的使命,也有死亡"[①]。正因为对非个人目标的献身,使得琼斯从一个赌徒的低级喜剧形式提升到了悲剧的高度。他得到了"救赎"。虽然他的死亡也是喜剧式的——因为扁平足无法在山中行军——但这些已经不再重要。琼斯所有卑劣的过去和他不体面的死因与他"放弃冷漠投身使命"(surrender indifference to dedication)[②]的能力相比都显得无足轻重。

通过史密斯和琼斯,格林呈现和定义了道德美学意义上的"纯真"的两面:一个纯粹的善和一个由缺陷包裹的善。前者可以是讽刺和荒谬的,后者则可能是讽刺和悲剧的。也正如格林在小说中暗示的,史密斯先生凤毛麟角,琼斯却可能代表众生相。格林曾在《失落的童年》(The Lost Childhood)一书中谈起他创作中的道德观点:绝对的恶一旦盛行,完美的善便寸步难行,只有命运的钟摆确定会最终停在正义的一边。[③]格林笔下的世界一直是基调灰暗的、阴冷的"格林之原"(Greeneland)。在这个自私、灰暗的世界,"完美的善"太过赤裸招摇,其结果不是根本无法实践,就是被"恶"利用导致更大的恶果。所以,格林笔下的小人物用"难以避免的缺陷"将"善"包裹起来,有缺

---

① D'Cruz Doreen. Comedy and Moral Stasis in Greene's *The Comedians*. *Renascence*, 1987, Vol. 40, No. 1, Periodicals Archive Online p. 53.

② Peter Wolfe. Greene Thoughts in a Green Shade. *Prairie Schooner*, 1966, Vol. 40, No. 2, pp. 178-181.

③ 英文原文为:Perfect evil walking the world where perfect good can never walk again, and only the pendulum ensures that after all in the end justice is done.

陷的善表面上有点龌龊,却最终能够伸张正义。但它的代价也是巨大的,常常是一个人的生命。尽管如此,格林仍然通过布朗表示了对两种纯真同样的尊重。前者是因为"他的自信"和"纯正的动机";后者是因为他最终选择的行为。正如布朗在最后时刻才感觉到的,也许琼斯"真的和史密斯先生一样单纯,所以他们才会惺惺相惜"。(262)

布朗是小说三个主要人物中唯一一个没有温度的人,奇怪的人。在与布朗讨论了海地当下的严峻政局之后,马吉欧医生这样定义布朗:"你是个怪人。……你倾听我的话,好像把我当作一个讲古老神话的老人,那么冷漠。但你却又要住在这里不走。"(235)布朗对此的回答是:因为"我是一个没有根的人"(235)。的确,他从没有见过自己的父亲,连布朗这个名字他都不确定是不是真的。母亲在他少年时离去,他一个人留在蒙特卡洛的教会学校。他当过餐厅的伙计、报社的记者,有时仅够糊口,有时又很风光。他曾是一家小型出版社的顾问,战时还在外交部谋了个职位。布朗到海地之前的谋生方式看起来很像琼斯的把戏——他找人仿造名画卖给想投资赚钱的人。总之他为了谋生四处奔波,没有祖国,没有家人,没有固定的工作,哪里都不是他的家,哪里都没有属于他的安全感。布朗曾一心想把海地的旅馆经营好,他也确实做到了,虽然只是短暂的时光和一种安全的假象,"爸爸医生"老杜瓦利埃上台后,一切戛然而止。布朗曾尽力到费城推销自己的旅馆,失败后无奈又重回海地,因为对久经发达市场经济熏陶的英国人布朗来说,"即使在恐惧中咬着半块面包也比没有面包强太多了"(90)。对于必须务实服从经济规律的布朗来说,连与玛莎的爱情也总是透露出"面包"的味道,仿佛那是他每日所需、却并非只此不可。布朗在书中几次承认他在偷情中寻找成就感多于寻找幸福感。他们之间的恋情是一场绝望的尝试,尝试抓住一个充满恐惧世界中的稳定的东西,并将爱欲与给予对方的疼痛和控制欲糅杂在一起。最终,就像一出戏终要落幕一样,布朗和玛莎在离开海地之后无声地告别了,因为他们意识到"他们的爱情只属于太子港,只是那时的恐惧和无助的一个侧影"①。

从表面上看,布朗不是一个称职的喜剧演员。他钦佩史密斯先生,也会提醒对方投资的危险;他直觉自己与琼斯同病相怜,也曾冒生命危险帮助琼斯逃离追捕;他敬仰共产党人马吉欧医生的献身精神,并最终成为促成游击队行动的一员。他可以发现天真、欣赏善良、崇拜勇气,出于不好的动机而做好的和对的事。但仿佛是命运的安排,

① A. A. Devitis. Greene's *The Comedians*: Hollower Men. *Renascence*, 1966, Vol. 18, No. 3, pp. 129-136.

他始终与这个世界没有丝毫联系,他的字典里没有忠诚和信任。虽然他的同情心与马吉欧医生和游击队员一样,但是他没有献身的任何准备。马吉欧医生这样评价布朗:"我保有一个信仰,即使那只不过是一些经济法则中的真理。但你完全失落了你的信仰。"(236)

综观以上三个主要人物,史密斯和琼斯两人看似南辕北辙,但他们都对自己的信念具有献身精神。格林用一高一低、强烈对立却都完成"殉道"的两个人物,来凸显和对照布朗的庸俗和世故。琼斯和史密斯分别代表了纯真(innocence)的两面,他们在小说中被格林用作催化剂来表现布朗个人的人生失败感。也许,格林更深层的想法是"试图定义天真的本性以及与其相对的世故的本源"①。史密斯先生的一句话因此颇有深意:大多数的事物都会让人失望,除非你能更进一步往深处去看。吊诡的是,布朗就是领着读者观察和对海地"往深处去看"的人。换言之,虽然世故而又被动的布朗已经在连他都无法忍受的海地尽了力了,但格林希望读者能比他笔下的布朗看到更多、见识更广、想得更深。

正如美国学者卡托(Maria Couto)博士所强调的,世界范围内的旅行和记者的经历让格林成为"对塑造每个个体生活的政治现实有着清晰意识的人",让他的小说可以"超越阶级和文化的局限,在整个人类生存状态的高度去剖析人性的复杂"②。格林不仅在《喜剧演员》中把那种极度缺乏安全的近乎绝望的现实表现得淋漓尽致,而且同时走向了更深的问题内核,他向世人提出了这样的设问,即还有没有出路,可以让海地人民活得好一点、活得更有尊严,哪怕流泪流血、哪怕以悲剧收场? 当代英国小说家莫妮卡·阿里(Monica Ali)认为,格林在 21 世纪持续受到关注的重要原因之一就是:当代严肃小说常常教化人们去做到绝对的善,而格林的主人公总是"极其疲惫又有很大缺陷的"。他们的善才是当代生活中可能出现的真实的善。③ 格林在《喜剧演员》中不断展现生命力本身是如何让人们抗争着活下来的,而活下来的人们又通过对信念的献身而完成了对这个充斥着恐惧、欺骗、压迫的现实世界的反抗和超越。透过这些不完美

① A. A. Devitis. Greene's *The Comedians*: Hollower Men. *Renascence*,1966,Vol. 18,No. 3,pp. 129-136.

② Maria Couto. Juggling the Balance. *Economic and Political Weekly*,1983,Vol. 18,No. 43,pp. 1835-1836.

③ Monica Ali. Reading Graham Greene in the Twenty-First Century. In:Dermot Gilvary and Darren J. N. Middleton(eds.). *Dangerous Edges of Graham Greene*:*Journeys with Saints and Sinners*. New York:Continuum,2011,pp. 277-279.

的普通人，透过他们的天真、世故和无畏，格林让读者感受到了自己的命运与这些人物的密切关联，从而传达出一个放弃冷漠、投身于奉献的信念。这种信念，正是我们可以用来对抗现代社会碎片化生活的有力武器，也如格林自己所言，文学是一种"可能产生认同的渠道"，"即使不能创造更仁爱的国家，至少能够扩大仁爱的群体"。①

---

① Gary P. Storhoff. To Choose a Different Loyalty: Greene's Politics in *The Human Factor*. *Essays in Literature*, 1984, Vol. 11, No. 1, pp. 59-66.

批判与超越 *

——当代三种电影批评倾向剖析

◎刘　志

内容提要　中国当前流行的三种电影批评倾向：知识本位、观念至上和趣味主义都存在自身的问题，本文在批判和超越这三种倾向的前提下，提出电影批评的真正基础存在于电影本身的特性之中，只有植根于这种基础，并从欣赏作品的过程性中提炼审美体验和意义启示，才能真正揭示影片所潜藏的审美能量。

关键词　知识本位　观念至上　趣味主义　电影批评

一

回顾电影诞生以来的历程，每一次突破式的发展，无论是技术层面还是艺术层面的，固然取决于创作者的标新立异，但同样也离不开电影批评的推波助澜。时至今日，在中国作为一种职业的电影批评似乎已变得不再受人尊重，这固然因为电影知识的普及早已使普通受众日益成为自己的批评家，所谓专家式的电影批评，早已丧失了权威性。同样不可否认，当下专业的电影批评也存在自身的问题，如果抛去那些商业和流行因素带来的泡沫式批评，在我看来中国当下电影批评体现出三种有问题的趋向：知识本位、观念至上和趣味主义。本文所要探讨的问题是，在具有可批评性的电影中：一种真正的批评基础是什么？在深入这一问题之前，还是需要对当下有误导性的批评趋向作一清理。

---

　　*　刘志，山东艺术学院艺术文化学院副教授、硕士生导师、南京大学文学院博士后，研究方向为影视艺术与马克思主义美学。

　　首先来看以知识为导向的电影批评。不可否认,诚如诸多电影批评著述中不吝说教的,知识积累和知识素养是理解和阐释一部影片的基本前提。这类批评将电影本身的知识(电影技术、电影剧作、电影史、电影理论等)和电影之外的知识(制片、宣传、票房、演员、导演等)作为批评展示的对象。就一部影片的创作而言,它运用了何种拍摄技术、剧本原创还是改编、改编类型和风格如何、演员在戏中表演如何、导演如何调度场面、影片体现出何种流派、在电影史上有无突破,等等,这些问题当然是电影批评理应关注的,但电影批评一旦将这些内容定位为批评的目的,往往会忽视对电影本身的艺术性和思想性的考量。知识只是影片批评的工具,当大量知识的堆积成为目的时,除了炫耀了批评者的渊博之外,并不利于影片批评本身的成功。

　　当然除了这种专业电影知识的展示之外,还有另一类知识,即非电影专业知识在影片批评中的应用。这类批评往往是其他知识领域的批评,如历史学、社会学、教育学、文化学、人类学等领域的知识在电影批评中的运用。他们所做的,只不过是将电影作为一种审视自身专业领域问题的工具,严格意义上说,这类并不能称之为专业的电影批评文本,而且阅读这类文本,的确可以增进和丰富我们对电影的理解,如社会学家埃德加·莫兰从人类学的角度对电影的分析,保罗·伯格曼等通过电影来审视美国的法律文化,微观史学家娜塔莉·泽蒙·戴维斯对影片《马丁·盖尔归来》所运用历史知识的批评,这些批评的着眼点显然不是从电影的本性出发,而是将电影作为阐释某一知识领域现象和问题的手段。

　　概而言之,知识本位的批评,往往并非从电影本性入手,去分析电影相对于其他门类艺术或某一部影片相对于其他影片的独特价值。它们的症结不在于通过影片的批评获得知识的汲取,而在于将这种知识作为解读影片的目的本身进而大量展示。从认识论意义讲,电影可以用来展示任何领域的知识,这恰恰体现出电影介入世界的广度,但从作为一种艺术的电影本性来看,电影批评不能只作为知识展示的工具。毕竟,在审美意义上,知识不能作为体验的对象。早在几百年前,尼采就看透了知识的本质,作为认识成果的知识,永远不可能脱离认识者而存在,因为在认识领域,没有无主体的客体也没有无客体的主体,尼采认为"当我问认识本身有何价值时,我就必须站在一个更高的立场上,或至少是一种固定的立场上,以便把它用作一个标准"①。以知识为目的的批评标准看似客观,但这类知识的客观价值没有改进任何东西,它没有最后的普遍目标,它只是漫无目的地进行创造。诚如当下以创新名目不断革新的电影技术知识,

---

① ［德］尼采:《哲学与真理:1872—1876年笔记选》,田立年译,上海社会科学院出版社1993年版,第56页。

所以尼采宣称这类知识只不过"为人类展开了一条美妙的穷途末路"①。正如对于一部影片的批评,当你将电影的编剧、摄影、美工、剪辑、配音、表演都详尽无遗地做了知识性的展示,却无法离析出影片的整体艺术质量和思想价值。毕竟作为艺术的电影,其感染力正是来自于这种整体的审美效果。

当然,这里不是否认知识在电影批评中的价值,而是否定一种知识本位的批评倾向,这种唯知识论的趋向显然在当下电影批评中普遍存在。电影《春风化雨》里,John Keating 给学生所上的一堂别开生面的诗歌鉴赏课给出了一个批驳这种批评倾向的很好的例子,他对教材中所宣讲的对诗歌进行技术性分析的知识不屑一顾,认为这种知识把分析诗歌当成安装水管,"我们读诗写诗并不是因为它好玩,我们读诗写诗是因为我们是人类的一分子,而人类是充满激情的……惠特曼曾写道:'自我,生命,这些问题总在不停出现,毫无信仰的人群川流不息,城市充斥着愚昧,生活在其中有什么意义? 自我、生命。'答案是:因为你的存在,因为你的存在,因为伟大的戏剧再继续,因为你可以奉献一首诗"。这里只需将诗歌改为电影,无疑就是对以电影知识为本位的批评最好的回击。

如果尼采呼吁通过艺术的力量可以拯救人类信仰的呐喊对当代人早已丧失了感召力的话,而他断言"一切认识都是艺术的工具"②,对当下知识本位的电影批评则不无警醒意义。电影作为当下"审美范围最广,它所包容的艺术形式最多,并能理想地生产出最丰富的作品"③的艺术类型,理应具有更重要的认识价值和审美价值。要做到这一点,当然需要电影批评所贡献的力量。

二

论及电影批评,无论是自觉还是不自觉,批评者总会涉及某种观念,从常识意义上理解,所谓观念就是一个人宏观上和根本上看待事物的价值态度,一旦被系统表述,就成为理论。观念的形成往往具有根深蒂固的稳定性,但相比于智慧的开放性和超越性,观念最大的问题是它的封闭性。当然观念并非没有积极意义,首先,从观念出发,能看到事物具有普遍性意义的一面;其次,观念往往具有理论上的合理性,具有局部的

---

① [德]尼采:《哲学与真理:1872—1876 年笔记选》,田立年译,上海社会科学院出版社 1993 年版,第 66 页。
② [德]尼采:《哲学与真理:1872—1876 年笔记选》,田立年译,上海社会科学院出版社 1993 年版,第 188 页。
③ [法]埃德加·莫兰:《电影或想象的人》,马胜利译,广西师范大学出版社 2012 年版,第 171 页。

真理性。换言之,观念看似让人们超越了眼前具体的事物,实则被观念支配的人,往往看不到别人观念正确性的一面。20 世纪之所以被称之为现象学的世纪,就是因为现象学为人文学科提供了一种悬置各种人类历史地形成的各种根深蒂固的观念的有效方法。在这个意义上,有价值的思想无不与现象学具有亲和性,比如克里希那穆提表述的"观察者是过去,过去通过现在来塑造未来。未来依然是观察者,⋯⋯当我们讨论生活的时候,我们讨论的是过去的生活,因此过去与现在之间就产生了冲突,因为我是一名被条件限制为穆斯林或者其他身份的人,我无法遇见生活着的现在,生活着的现在要求我打破我的条件限制"①。说白了,这个遇到现在的人,就是首先要在现象学意义上悬置所有根深蒂固的观念的人,只有这样的人,才能够全身心地投入到此时此刻对生命存在意义的体验之中。对于电影批评而言,也需要首先清除掉自身观念上的有意无意的误导,只有如此,才能直面电影所提供的丰富的审美世界,才能洞察一部电影的艺术真谛。所谓洞察,只有在思维不受在时间中形成的各种理论观念束缚的前提下才有可能。

中国当下电影批评之中,观念优先和观念至上的批评实践不乏其例。有时批评主体会有意识地运用一些理论观念,如心理主义、女权主义、后殖民主义,等等,而这些理论也往往能够看到影片创作者无意识地体现出来的思想倾向。问题在于,这种批评往往掩盖了对一部影片整体上的审美把握和思想揭示。以下面两个对张艺谋影片的批评为例,曾有批评家在对其获奖影片做了镜头细节、人物命运和影片剧情分析之后,最后总结:"影片的视听结构,不仅在本土的文化认同与表述中,成功将历史苦难与阐释由男性主/奴逻辑移植于女性的施虐/被虐情境,而且将摄影机提供的缺席之观者的位置虚位以待于一个西方的视域,一个西方男性的目光。正是在对西方认同的认同中,性别与种族秩序的置换实现了其文化策略:当一个东方的艺术家在西方的文化之境前揽影自照时,他所窥见的,是一个'女人'的形象。"②从这一批评中不难读出作者对女性主义和后殖民主义批评理论的运用,然而除了影片或多或少体现出来的这些思想倾向,从艺术的角度来看,对其更为深入的理解显然被这些理论话语有意无意地遮蔽掉了,试比较同样是对张艺谋影片的分析,在批评《我的父亲母亲》时,作者认为:"《我的父亲母亲》是个简单动人的故事。尽管章子怡确实被拍得美轮美奂,但张艺谋的用心在很小的地方,在不该着力的地方用力过猛,斧凿的痕迹特别浓,电影显得平淡无味。

---

① [印]克里希那穆提:《生而为人》,陈雪松译,九州出版社 2011 年版,第 165—166 页。
② 郑树森:《文化批评与华语电影》,广西师范大学出版社 2003 年版,第 50 页。

一部影片有没有生命力,恐怕还不在光打得多么漂亮、运动镜头怎么复杂,如果它根本就没有表达出现实生活的质感,没有穿透现实表象的能力,缺乏对生命独到的体验,再光滑鲜亮也只能是'贫瘠的精美'。"①同时在分析导演创作特色时,批评者不无深刻地指出其之所以注重形式创新而非内容创新的原因与局限:要在内容上创新,传统非常强大,没有鲜活的生命体现显然无法做到,所以张艺谋不得不寻求新的招数,这就是改编别人的作品,这使得其创作的内容也被指责为"血管里流淌着别人的血液"②,而非自己体验所得。这些批评的深入和精辟显而易见,显然是在直面对作品本身的体验和理解的前提下,摆脱那些先入为主的理论观念影响分析得出的。

当然,对观念的依赖往往是作为知识分子的电影批评家的先天习性。因为知识分子自认为是"有必要超越眼前具体工作,深入到意义和价值这类更具普遍性的领域之中"③的一类人,用波普尔的话说,他们为了标新立异,可以对事实视而不见。那些自觉地用某一狭隘的观念武装起来的电影批评家,在中国当下并不鲜见。如在后殖民主义和民族主义观念支配下,一位批评家对张艺谋的电影做了如下拆解:20 世纪 90 年代以来由于张艺谋的电影往往依靠国际资本制作,为了迎合国际市场的消费走向,所以使其影像必然要展示令"第一世界"眼花缭乱、目瞪口呆的"第三世界"异域文化景观,这些文化景观无疑是深置于"全球性后殖民语境"中的"特性代码"。显然,这种对电影的拆解是建立在第一世界/第三世界,西方/东方,普适文化/本土文化等简单的二元对立观念之上,这种观念优先和观念至上的批评倾向,正如有学者批评的:"后殖民主义电影批评,自始至终都在拒绝与国际资本或世界文化进行'交流'和'对话',而宁愿扮演一个'民族文化斗士'的角色。"④

症结不单纯出在观念至上主义者深信一切理论观念都具有意识形态性,而一切艺术都是某种意识形态或隐或显的表达,即使同样是观念,也存在着张力、开放性和超越性程度的不同。虽然伊格尔顿曾狡黠地辩解:"敌视理论通常意味着对他人理论的反对和对自己理论的健忘。"⑤问题显然并非如此简单,所有理论观念之所以能够对人产生如此强大的影响力和支配力,除了利益的牵绊主动亲近之外,理论观念所具有的蛊惑力和雄辩力,容易让批评家将部分真理甚至谬误当成绝对真理,戴上一副难以摘去

① 陆绍阳:《中国当代电影史:1977 年以来》,北京大学出版社 2004 年版,第 80 页。
② 陆绍阳:《中国当代电影史:1977 年以来》,北京大学出版社 2004 年版,第 81 页。
③ [美]刘易斯·科塞:《理念人:一项社会学的考察》,郭方等译,中央编译出版社 2004 年版,第 2—3 页。
④ 李道新:《影视批评学》,北京大学出版社 2002 年版,第 283 页。
⑤ [英]特里·伊格尔顿:《20 世纪西方文学理论》,伍晓明译,陕西师范大学出版社 1987 年版,第 2 页。

的有色眼镜，以观念先行的态度来审视电影，此时不仅感觉缺席，批评家也丧失了独立思考的能力，"我们就是我们所创造的观念的俘虏"①，用王小波的话说，知识分子是建造关押自己思想牢笼的人。然而对于批评而言，问题的根本可归结为是否承认有一种超越任何理论和观念的批评基础存在？

三

在中国当下还流行着一种趣味主义的批评趋向：电影也和一切艺术一样，要有趣才能吸引人，当然有趣可以有很多理解，首先，要具备吸引人的新鲜形式，有趣与乏味相对，它考验的是电影创作者的智慧和创造性；其次，有趣还包含着有游戏精神的含义，这是因为电影不仅仅是思想的容器和精妙绝伦的技术运用，它还需要给人提供愉悦感，虽然提供感官盛宴的影像也可以愉悦耳目，但能否让人获得心灵愉悦才是区分电影优劣的标准。进一步分析，趋乐避苦是人之天性，而好玩和有趣的电影恰恰可以满足人的这种天性。对于最初诞生于以活动影像吸引观者发笑的电影艺术，与游戏本来就有着不解之缘。电影属于艺术，历史地看，正是因为艺术的游戏性因素才使其摆脱巫术、政治、宗教、伦理的束缚获得自律性，而后现代避重就轻追求平面化的审美取向，也为作为电影的游戏愉悦性因素的充分发酵提供了精神土壤。更不用说在人类所有表达创造力的方法之中，电影是最有效、最有影响力，"最可能点燃公众情绪的艺术形式"②。在巨大的商业利益诱惑下，追求轻松有趣、娱乐大众的电影制作成为压倒性的生产力量，娱乐没有错，好的娱乐电影恰恰体现出艺术游戏精神的一面，但错的是电影只有娱乐性，这也恰恰是当今电影批评无法回避的问题。

不仅以娱乐电影为批评的全部内容和目的，更确切地说票房就是硬道理，就是电影繁荣的指标、就是生产力，就是国家软实力。甚至于批评的标准也和大众的喜欢程度直接挂钩。有批评者指出："大众的欣赏趣味之所以不能取代艺术的批评标准，其实质在于我们不能仅以经验事实作为艺术批评的全部内容，如果这种方法本身是可以成立的话，那么世间的一切原则、定理、标准都将随着某种事实的出现而确立，又会因某种矛盾事实的出现而毁灭！"③事实上，严格的电影批评旨在针对可批评性的作品，这

---

① ［英］哈耶克：《通往奴役之路》，王明毅等译，中国社会科学出版社 1997 年版，第 11 页。
② ［美］理查德·加纳罗等：《艺术：让人成为人》，舒予译，北京大学出版社 2007 年版，第 309 页。
③ 贾磊磊：《电影语言学导论》，中国电影出版社 1996 年版，第 186 页。

是因为，娱乐电影很容易让人沉迷于低层次的感官刺激，这种刺激所获得的愉悦来得快去得也快，而且并非所有的刺激都能够带来享受，那些能带来享受的刺激往往和趣味有着直接的关系。毕竟刺激只是审美接受的最初阶段。好的作品，在刺激之后还有着更为深入的情感体验和思想启示。大量的娱乐电影往往还只是停留在第一个阶段。正是因为如此，西方早期浪漫主义批评才崇尚劣质作品的不可批评性。确立了艺术批评的基本观念，当然可批评性的作品也并不意味着就是卓越的作品。一部分有趣的作品之所以具有可批评性，则在于不仅仅其愉悦感官，而在于其在某种程度上具有某种思想内涵。

无论是悦耳悦目，还是悦心悦意，针对不同的接受者而言，也会有不同的差异性，这就是批评领域里趣味之"味"的问题。"味"作为中国美学范畴，其对艺术批评的重要性无须赘言，就电影的审美接受而言，电影参与生活的广阔性使其自然可以满足不同口味欣赏者的需要。然而就批评家而言，首先其作为一个普通的电影欣赏者，自然也有着自己独特的口味，"趣味无争辩"，这也往往成为为自己口味确立批评标准、褒贬作品，进而批判别人口味的依据。然而问题也恰恰出在这里，每个人的趣味形成与自身的性格、经历、家庭熏陶、教育环境等息息相关，这正如有喜欢吃川菜的，也有喜欢吃粤菜、湘菜、鲁菜、杭帮菜的，等等，所以你不能以你的口味赞誉所选菜品，而批评别人的口味，任何批评家都有自己的口味，肯定自己的口味选择而否定别人，这就是典型的"趣味主义"。电影的种类繁多，有什么理由以专家批评的口味来否定别人欣赏的作品呢？当然在肯定欣赏口味差异性和合理一面前提下，也要看到虽然口味有差异，但你不能否认同是一个菜系的菜色，一个三流厨师做出来的和一个一流厨师做出来的菜质的差异，这好比：同样是控诉二战大屠杀，《南京！南京！》和《铁蹄下的村庄》的差距；同样是莎翁经典作品改编，《夜宴》和《乱》的差距；同是反映战争灾难，《金陵十三钗》和《圣诞快乐》的差距；同样是成长电影，《和你在一起》和《月光提琴手》的差距。

所以批评的趣味差异并不是否定批评存在相对客观标准存在的依据，关键在于拥有趣味的批评家其欣赏和批评的标准是封闭还是开放。前者只认定自己的趣味是对的，属于封闭的趣味主义者，看不到别人趣味所欣赏的影片也有优秀之作。后者才属于真正的批评家所具有的素养，即虽然有自己的趣味偏好，但并不排斥他者的趣味，能够对所有类型和风格的作品持开放态度，只有拥有更为宽广的审美接受口味，才能领略到电影所提供的审美世界的丰富性，也才拥有更加深入客观地批评影片的前提。

趣味主义的电影批评趋向，往往从一己的批评趣味出发，过滤掉一些实则更为优秀的电影作品。比如，一个以 20 世纪 80 年代以来中国乡土艺术电影的美学风格为选题的研究论文,作者选了《乡情》(胡炳榴)、《乡音》(胡炳榴)、《边城》(凌子风)、《湘女萧萧》(谢飞)、《香魂女》(谢飞)、《那山那人那狗》(霍建起)、《我的父亲母亲》(张艺谋)、《草房子》(徐耿)、《诺玛的十七岁》(章家瑞)、《暖春》(乌兰塔娜)、《暖》(霍建起)、《花腰新娘》(章家瑞)、《天上的恋人》(蒋钦民)、《山楂树之恋》(张艺谋),从所选作品的审美风格不难看出,作者显然抱着一种当下流行的"小清新"的趣味主义倾向,恰恰是这种倾向,使其并没有将电影史上更有分量的《黄土地》《红高粱》《鬼子来了》等乡土电影纳入批评范围。而且拥有趣味主义的批评者,往往意识不到自己趋向的封闭性和排他性,这恰恰是批评家的盲点。

四

在剖析了知识本位、观念至上和趣味主义三种批评倾向之后,再回到什么是真正的电影批评的基础。探讨这一问题有两种思想资源可资借鉴:即本雅明的毁灭性批评和符号学的表意思想。

将批评当成是一种严肃事业来对待的本雅明,曾用一个比喻对批评家的职责做了形象的描绘:艺术作品好比熊熊燃烧的柴火堆,评论家如同化学家,而批评家则好比炼丹士,化学家分析仅以柴火和灰烬为对象,而对炼丹士来讲,只有火焰本身是待解之谜——生命力之谜。"批评家追问的是真理,真理的充满活力的火焰在曾存在的事物那沉重的柴火上和曾经历的一切那轻飘飘的灰烬上继续燃烧。"[①]尽管崇尚"诗的政治"的本雅明,后期更多地将这种真理的力量与革命联系起来,他希望通过对作品形式的毁灭性批评从而获得革命的能量。尤其是对于电影这种"身体和形象在技术上相互渗透"[②]、能点燃大众激情的艺术形式,本雅明更是寄予厚望。对他的这一批评思想需要一种阐释性的转化。首先应明确的是,电影批评不是只针对"柴火和灰烬"的知识性评论;其次批评的目的在于释放潜存于作品中的"真理的力量"。当然对丰富多彩的影像而言,这种"真理的力量"不能只局限于本雅明所理解的超现实主义的革命能量。它涉及所有现实和想象世界的感性感染力和思想震撼力。

电影是以"被显示的世界"而非"被言说的世界"来呈现感性经验的多样性的。电影通过摄影机的创造性拍摄和剪切,创造了一种类似儿童思维的电影思维,这种电影

---

① [德]瓦尔特·本雅明:《经验与贫乏》,王炳军译,百花文艺出版社 1999 年版,第 144 页。
② [德]瓦尔特·本雅明:《本雅明文选》,陈永国译,中国社会科学出版社 1999 年版,第 201 页。

思维看似原始,但也正是其特长,体现在电影"表意的全部力量、创造性符号的全部力量和它的全部展现力就在于如下事实:即作为代用语的符号仍然保持着自己的可感性,符号并未与物质和经验的现实完全决裂而把我们引入概念和形象领域;相反,它是一条纽带,它是一座桥。创造符号的原始素材本质上是生动的和富于质感的"①。而这恰恰是已经被文明化、拥有了根深蒂固的抽象思维能力的人类所欠缺的。在起源学意义上,早期人类与动物都具有知觉外部世界的能力,而动物只能局限于所知觉到的外部对象,人却能把这种知觉隐喻于图式,进而把存留于头脑中的知觉形象转化为概念。无疑,在某种程度上,电影恰恰拥有了整合人类早已分裂的这两种能力的特征。早期电影语言的研究者更多地看到了电影的这种表意方式与原始思维之间的相似性。人类学家更是得出了"电影中的世界与早期人类感知的社会颇为接近"②的见解。

也正是在这个意义上,我们看到了电影批评的基础,即实际上是对遮蔽于图像载体中的感性魔力和意义世界重新去蔽。而这个去蔽的过程与释放人的内心生活的全部情感能量和揭示其灵魂的丰富性有着直接的关联。埃德加·莫兰早已令人信服地论证过,参与电影的制作过程具有人类学的意义,这种意义体现在,需要制作者将自己的现实感知和幻象结合在一起,其结合点就是一种心理视觉,将这种心理视觉完美地呈现于银幕,正是电影创作的过程。换而言之,"电影艺术对现实视觉和神奇幻觉都加以模仿,并由此激发了这两种视觉"③。正是由于电影这种模仿的全面性和深入性,使其成为当今参与世界最为广泛和最有影响力的艺术形式。

如果说批评的前提是感知力的敏锐、想象力的广延和理解力的深入,批评的基础则正是植根于影像本身的广度和深度,而批评的介入点则是对心理视点的把握。作为欣赏者的批评家,介入影片最初视点和普通欣赏者没有区别,首先是影像本身视点的感知,这种感知具有发散性,在影像所提供的内容中获得感染要素和信息要素。其次是对叙事视点的介入,这种介入随着影片叙事时空的转换和想象力联系诸关系的展开,以及欣赏者情感介入的力度,最终获得深刻的情感共鸣和启示意义。在这一过程中,感知影像、情感体验、理解力发展都伴随着心理视点和叙事视点的游弋和互动而融为一体。这是整个审美接受的过程,然而到此作为批评家的接受者的工作并没有完成,他还只是通过欣赏影片满足了自己的审美需要,他还必须将自己欣赏影片的过程

① [匈]伊夫特·皮洛:《世俗神话:电影的野性思维》,崔君衍译,中国电影出版社 2003 年版,第 40 页。
② [法]埃德加·莫兰:《电影或想象的人》,马胜利译,广西师范大学出版社 2012 年版,第 156 页。
③ [法]埃德加·莫兰:《电影或想象的人》,马胜利译,广西师范大学出版社 2012 年版,第 129 页。

和获得启迪的内容告知他人,而且这种告知不能只孤零零地提供启示的意义本身,还必须将自己获得这种启示意义的审美过程和感受过程通过自己的言说提供给他人,让他人也感同身受地获得同样的审美体验和意义启示。如果说围绕心理视点沉浸于影像感知是入乎其中的话,那么提炼自身的审美感受和启示意义则是出乎其外,两者的结合才是电影批评的要义所在。

由于电影作为人对世界的一种参与方式,它集中囊括了生命所有的感情因素和智性因素,而作为艺术的电影,这些因素又是通过梦幻般的想象和电影思维的方式作用于人的,而且相比于其他艺术形式电影有着自己的独特性,"电影艺术超出诗歌、绘画和雕塑之处在于,它借助和通过实际测定的客体世界进行运作,并以叙述的方式展示一连串事件……电影缺乏观念。正因为如此,尽管电影艺术还不能表达人类精神的所有潜在性,但它却能够从人类精神的潜在性中汲取无穷的活力"①。按照维特根斯坦的观念,想象一种语言就是想象一种生活方式,那么作为一种语言的电影,显然也可以成为一种引领我们参与世界创造生活的方式,想象什么样的电影,也就是以什么样的方式参与世界,电影批评正是在这个意义上就不再仅仅属于狭义的艺术评论,而成为一种通过揭示电影中隐藏的梦幻般的影像审美力量,以便将其纳入现实,参与塑造自我和塑造生活的实践性行为。

20世纪初,面对刚诞生不久的电影艺术,感到陌生和震惊的德语作家卡夫卡无法接受这种新鲜事物,甚至认为这种快速运动的画面强迫人连续地看,会使人"看"的眼睛千篇一律,从而限制人的想象力。然而一百多年过去了,当年卡夫卡无法接受的活动画面,如今早已成为一种成熟的艺术形式,电影史上大量优秀的作品也呈现了他内心关于"真实生活只是诗人之梦的映象。现代诗人的琴弦是无限长的胶片"②这一艺术理想,如今,中国当代批评家的职责就是去完美地揭示这一"梦的映象"的意义。

---

① [法]埃德加·莫兰:《电影或想象的人》,马胜利译,广西师范大学出版社2012年版,第200页。
② [美]爱德华·茂莱:《电影化的想象:作家和电影》,邵牧君译,中国电影出版社1989年版,第112页。

你我眼中的身体*

——关于舞蹈的现象学思考

◎邵吟筼

内容提要 随着审美现代性的崛起，身体的审美自主性逐渐受到关注，而舞蹈正是身体的审美自主性的主要呈现方式。舞蹈的意义，孤立地看是抽象的、缺乏实体存在性的；而从现象学角度考察，其意义则是通过动作产生的"力场"的显现与实体、物象有了直接的关联，并且与概念和直觉也发生了关联。与文字语言表情达意的原理相类似，作为身体语言的舞蹈艺术是由以"动作"/"舞姿"为基本元素的各种姿态来陈述、表义的。这些舞姿具有自我表现的意识，表演中的任何动作都具有实际姿势和虚构姿势两个层面的含义，身体作为舞蹈动作中的"实体"通过"呈现"阐明自身进而深入审美空间。

关键词 舞蹈 意义 现象学 身体语言

舞蹈展现舞动的人，舞者个人的出场相应地使个人对于世界的理解过程和身体的实际智慧得到一种可能性的呈现，而并非只是"肉体"（尽管肉体存在是最基本的层次）。正如亚里士多德所说，"舞蹈的主题是人的精神的诸多状态"[①]。所有艺术当试图将艺术家从艺术品中分离出来时都难免会遇到不小的困难，其中面对舞蹈时，这种分离会直接威胁到舞蹈艺术作为艺术的真正核心。对于舞者来说，"我并不是在使用我的身体，我就是我的身体。我呈现在我的舞蹈之中。"一个舞者正表演舞蹈，作为这

* 温州市科技局软科学课题，项目编号 R20110108；温州大学教师教育专项课题，项目编号 2010jsjy16。

邵吟筼，温州大学教师教育学院副教授、硕士生导师，研究方向为美学与舞蹈艺术等。

① 在古希腊哲学家亚里士多德《诗学》的开篇中，有关再现（模仿）形式的系列列举中有关于舞蹈的一句话，认为舞蹈是通过身体的程式化运动再现人物的动作、情感和精神状态。

个舞蹈的表演者与一个正在表演舞蹈的人及这个人的全部活动之间的区分显然是极容易的。但是,将舞蹈孤立出来的尝试却一定会失败,因为舞蹈之所以能成为舞蹈,是因为它是一个人的身体所特有的动作,这个人一直呈现于舞蹈之中。这是一种接近于现象学的认识论,并不将经验与视听系统本身的起源相联系,而是与融会于经验世界中的感知着的人相联系。舞者通过一定体积和重量、柔顺和抵抗的实在的身体运动,释放一整套能量体系构成了舞蹈。富有表现力的动作是表现其意志的信号,虚构的姿势是表示意义的符号①。在此,物理感受和心理感觉是前提,意向感悟和先验感受是核心,理性判断是边界。

当我们融入一场舞蹈表演的情景时,我们自身、我们所看到的演员以身体为媒介在特定区域中进行的表演,还有我们感受到的音乐情景,组成了艺术家为我们营造的虚幻世界。我们所看到的形象是艺术家哲学的幻想所强化的形象,艺术家需要通过将这种幻想与"非现实"的动作与环境结合起来,以营造出一种全新的情景。观者通过这样的融入式的观赏在感受到"身体之美"的同时将产生无限的思索和反省:这个形象为何会存在、为何以这种方式存在、它的动因是什么……而演员在表演过程中通过与观众的角色对立,从而使演员对自身的存在有了一种更深的理解,使观众与演员对现实与幻境进行一次反观。

一、观看到的身体

在舞蹈中,观看到的身体包含了六个层面。首先是"肉体",舞蹈中动作的物质材料,通过四肢、关节、肌肉在机体活动允许的范围内进行运动;其次是有机的身体,作为一个由神经系统控制的机体运动;接着是作为一种用姿态来表现的人,是一种有意识、有知觉的存在物进行的表达,不仅充满活力而且具有意义;再者是一个具有特定年龄和性别的具体的人,这样一个具体的人与观众、与舞动中的同伴处于一种本质的关系中;而后是具有社会性的身体,着装打扮、动作形态,与所有的身体一样,具有一种被赋予的社会实存;最后是在某一特定场合具有象征意义的身体,这种特定的场合会赋予参与者一种额外的象征意义(剧场的、仪式的)。至此,舞蹈的意义得以呈现。这些层次根植于肉体存在这个最根本的层次之上,被感知与接受。

在观赏中,我们在舞者身体构成的视觉可见形态中,在舞者和谐的平衡姿态中感

---

① [美]苏珊·朗格:《情感与形式》,刘大基等译,中国社会科学出版社 1986 年版,第 200 页。

到愉悦；在舞者绷直的腿部线条和柔和弯曲的手臂及流畅的身体韵律中感到愉悦；更在舞者对力度的娴熟控制下，时而激烈、时而舒缓的动作表演中，在舞者动作的轻重缓急中感到愉悦。舞蹈对于观众不是概念，而是知觉。人体的姿势和位置移动（在舞蹈中体现为舞台的空间调度）都会在知觉中引起各种联想。它与日常生活原型之间是一种间接的关系。它摆脱了日常生活和具体事件，寻求抽象性，寻求间接的联想——这些联想不是面对人的实践，而是与这一实践的结果构成某种相应的关系（包括抽象的观念和概念，概括了的印象）。舞蹈动作与非舞蹈动作（例如哑剧、戏剧的表演性动作）的区别不仅在于表现力。观看非舞蹈类表演动作，我们可以确切地了解表演者正在塑造的性格、体验到的感情，乃至他们正在做的端茶或穿衣服等特定动作，我们可以从其本来的意义上判断他的每一个动作。但我们很难指出每一个舞蹈动作的具体含义，它也不能翻译成具体概念的语言。作为一个整体，舞蹈是具有表现特性的，但这一特性并不能具体地分摊给组成它的每一部分。因为舞蹈的动作是为超出表现力之外的一定意图而设计的。正如格拉德·曼雷·霍布金斯对于诗歌的描述，是一种为了让人们倾听它本身而设计的言语，它自身的价值甚至超过了其含义的价值。舞蹈是为观众或潜在的观众而设计的动态效应，与诗歌相似，它自身的价值亦是超出了其含义的价值。如，在形容古典芭蕾经典舞姿阿拉贝斯克时，福金便是用了如下的一些形容词来表述：这是非常清楚的姿势，往高空、往远处飞翔的渴望……是整个身心的运动[①]。

分解在欣赏过程中让观众产生愉悦的因素，首先是节奏。正如格罗塞所言，舞蹈的特质是动作节奏的调整[②]。观众首先感受到的是自己被舞蹈节奏所占有，仿佛是自身实际的投足而舞。因为每个人心中都有某种活跃的东西，使他能够通过身体动作的媒介外化自己，外化那种使他内心激动的东西。在生活与舞蹈形式之间，有某种貌似相互对立、实则相互连接的关系——节奏[③]，是隐藏于舞蹈的原动力背后的原始力和节奏力。正如亚里士多德在《诗学》中提到的：

> 舞蹈者的模仿只用节奏，他们借姿态的节奏来模仿各种'性格'、感受和行为。以节奏为内核要素的动作充分发挥媒介的作用，并扩张媒介，得以将几乎任何题材都作为表演的内容而加以表现。从而显现出在时间上的延伸

---

① 转引自朱立人主编：《现代西方美学文选》（舞蹈美学卷），春风文艺出版社/辽宁教育出版社1990年版，第164页。

② ［德］格罗塞：《艺术的起源》，蔡慕晖译，商务印书馆2010年版，第156页。

③ 节奏的生理本源是运动的节奏，特别是走、跑、跳的节奏，以及伴随着走、跑、跳相应的心律和呼吸。（转引自刘骁纯：《从动物快感到人的美感》，山东文艺出版社1986年版，第207页。）

性、连续性的动态感及审美空间上的自由感。①

其次,观众感受到的是各种力的相互作用。苏珊·朗格曾提出,"舞蹈演员创造的(即我们观看到的)是一种活跃的力的形象,一种动态的形象"②。在她看来,舞蹈中会涉及肌肉能力、肌肉控制力、平衡力、重力等与人体有关的物质,这种力首先产生于各种姿态,在姿势的力量中舞蹈最终得到展现,并在其中得到解决。因此,从直观的角度而言,姿势比文字更富有表现力,是一种自发的动作,更多展现的是人的情感或情绪,从而创造一种自我表现艺术形象。舞蹈演员创造的这个力的形象、这个力的世界是通过一系列姿势的连续展现而显示出来的,是一个可感知的实体,是通过我们的眼睛和耳朵作用于我们全身的形象。时间、空间、力在这种现实中相互联系③。这种观看到的由舞蹈产生的力效异同于物理学的力,是意志和自由的媒介与主观体验。它体现了生命意识、生命感受力,包括接受印象的能力,适应环境、应付变化的能力,是我们最为直接的自我意识④。

观看到的力的另外一种呈现是舞者在舞蹈调度中的空间展现。运动是舞蹈的主导因素,舞蹈存在于时间,同时也存在于空间。不是在现实的空间中,而是在自为的空间中运动。一场舞蹈的空间是通过在舞台上展现出来的活动力显示出来的,当演员们穿过舞台时,力的扩张就变成了真实的类似物理力的扩张⑤。现代舞理论家、教育家鲁道夫·拉班在他的"人体动律学"⑥中把人体动作分为十二个方向,这些方向来自于一个想象的二十面体,并带有不同的线条和层面,构筑出一个最接近舞者动作的球体。舞者通过空间、方向、时间、用力关系的改变,从而产生动作的表情性和戏剧性及各种可能性。他还归纳出八种动作元素,即砍、冲、压、扭、滑动、点打、闪烁、飘浮,产生具有不同力效的动作。不论是独舞、双人舞抑或是群舞,舞者之间的空间站位及流动正是在这种自为的空间下进行的。在舞蹈中,表演者的造型和他们在舞台上的调度都带有图案性质。几乎每一个舞步、每一个舞姿、每一次旋转、每一次跳跃都是图像性的。创造者放弃了日常的空间布局,在舞蹈中充分采用了图案的多样性,并将它发展为最重

---

① [古希腊]亚里斯多德:《诗学》,罗念生译,人民文学出版社 2002 年版,第 4 页。
② [美]苏珊·朗格:《艺术问题》,滕守尧译,南京出版社 2006 年版,第 7 页。
③ [美]苏珊·朗格:《艺术问题》,滕守尧译,南京出版社 2006 年版,第 12 页。
④ [美]苏珊·朗格:《情感与形式》,刘大基等译,中国社会科学出版社 1986 年版,第 201 页。
⑤ [美]鲁道夫·阿恩海姆:《艺术与视知觉》,滕守尧、朱疆源译,四川人民出版社 2006 年版,第 517 页。
⑥ 西方舞界把"人体动律学"与爱因斯坦的"相对论"并论,认为"相对论"发现了大宇宙的规律,而"人体动律学"发现了小宇宙的运动规律。

要的表现手段之一。舞者表现出的收缩、放松、聚拢、发散、直面而来、背驰而去等等这些效果以理想的、摆脱了静态的形式呈现出来,它的空间布局是有自身规律性的。

不论是哪种形态,舞蹈都是以身体为起点。人的身体是人的灵魂最好的图画[①]。因为观看到的肉体是生命的载体,它可以超越理性控制展现出人的内在真实。其动作源于内在的冲动,它是人的内在生命的外部显现,不以人的意志为转移。当舞蹈演员出现在舞台上时,他为我们呈现的"实体"是我们生活于其中的根本要素——人体动作。这些动作很明显是一种表达,一种受内心许可又受其指挥的外部显现,不可避免地带着舞蹈演员的感情内涵。

对于舞蹈,没有内心经验的表现是没有价值的。因为如果没有与生活体验的确定关系,舞蹈中的任何人体动作都是不可能的,即便是随意或漫不经心的动作。艺术作为精神产物,最终指向于对生命的关怀。观看到的身体源于艺术家的创造,它对应着创造者的运动轨迹,渗透着艺术家对于世界的理解及他的审美倾向。每一件舞蹈作品的呈现都是一次伟大的创造。当灵感来临,艺术家如果没有掌握意象的意志,将不稳定的素材转变为一种可塑的物质,并给予它最后的形式,那么终将因意象的苍白无力和模糊不清而不能塑造它的实质和主题。以身体为中心的思想家们把身体的基础和直接性不是确定在身体的外在形式上,而是确定在身体的活的经验上,即身体对自身的身体运动感觉上[②]。身体执行内心指令的努力构成了我们知道的生命动作的整体。作为一种非言语性的语言,动作是通过身体的不同状态、不同表情(包括面部的表情)、不同姿势和身体在运动中所呈现出来的对于空间、时间、重力的回应,以及由这些回应构成的语言学与非语言学范畴的、结构与非结构体系的、连续的与非连续的交流与表现,最终呈现出关于生命千差万别的情调与色彩,传达出生命内在的冲动和人类始于原初的种种倾向性及源于自然的可能性。因此,观看到的身体使我们通过解读舞蹈作品中的"身体",得以了解创造作品的"身体",进而理解社会之"身体"的生命本质。

二、表演中的身体

舞蹈表演是通过身体显示人类精神、力量以及其他各种特性的活动。个体的表达包括两种根本不同的活动,一种是他给予的表达,另一种是他流露出来的表达。前者

---

① [奥]维特根斯坦著:《维特根斯坦全集》(第8卷),涂纪亮译,河北教育出版社2003年版,第176—178页。

② [美]理查德·舒斯特曼:《生活即审美》,彭锋译,北京大学出版社2007年版,第198页。

包括各种符号或它们的替代物,传递出来的是一种一目了然的、仅仅只是用来传达附在这些符号上的人所周知的信息。后者包括了被他人视为行动者的某种征兆的范围广泛的活动,它预示着表现出来的行动是由某些原因导致的,这些原因与以这种方式传达出来的信息是不同的。

通常情况下,表演者被认为是易受干扰的印象制造者,潜心于富于人性的表演中,被看成角色,即一种形象。运动是最容易引起视觉强烈注意的现象①。表演中的身体让我们知觉到舞蹈中极速、静止、跳跃、旋转等力的行为,表现为观众能够看到的演员明显的位移。然而,推动一个舞动身体的前行后退、跳跃、旋转的物理力不是一种真实实存。舞者通过运用对肌肉拉伸、绷紧等的控制感觉,垂直方向的稳定性,前倾后仰的平衡感,飞跃空中的重力感来创造自己的姿态形象,从而使一种可见的位移作用于观者神经系统之后产生生理活动的心理对应物。

表演中的身体通过各种身体感创造出一种"动力性质",与观众所看到的形象达成一致,这种"动力性质"是观众与舞者之间的联结点。表演中的姿态既是视觉现象也是肌肉现象,既能被看到也能被感觉到。当表演者抬起胳膊时,观众体验到了来自于肌肉的拉伸感,这种存在视觉源于表演者身体的张力。一个视觉对象其实就是一种刺激——一种作用于有机体的动作,当这种动作作用于神经系统时就会继续引起神经系统的动作②。表演者通过各种各样的姿势和面部表情向观众传情达意,而观众因为感受过相似的肌肉、关节体验,类似的姿势造型和所包含的情感内涵,得以理解表演者的意图。轻快跳跃的舞者对愉悦之人来说之所以如此轻松,是因为他的身体沉浸在一种愉悦的氛围中,阻力(尤其是重力作用)从现象上看退居其后。轻快飞舞的身体暂时摆脱原本必须凭自身的主动性与之相抗衡的状态,不再与一种控制着身体的现实的力(由重力主导的环境)打交道,这种摆脱重力的氛围包裹、浸透着表演者身体的体验场,通过自身的融入,表演者将这样的一种感觉分派给了观者。

苏珊·朗格将所有生物的行为动作概括为姿势的集合,并将所有使用自然姿势的生物都指向生命力的中心。表演者的动作姿势是舞蹈幻象赖以创造、组织的一种基本抽象③。对于表演者来说,这些富有表现力的动作是一种动的感受,而后是情感和意图的表达。相对于旁观者而言,首先是生命运动被看见和了解,其次是表示其意志的

---

① [美]鲁道夫·阿恩海姆:《艺术与视知觉》,滕守尧、朱疆源译,四川人民出版社 2006 年版,第 508 页。
② [美]鲁道夫·阿恩海姆:《艺术与视知觉》,滕守尧、朱疆源译,四川人民出版社 2006 年版,第 510 页。
③ [美]苏珊·朗格:《情感与形式》,刘大基等译,中国社会科学出版社 1986 年版,第 199 页。

信号,两者交相呼应。所以,表演者的姿势往往既是个人的又是普遍共有的,既是主观的又是客观的,既受意志支配又是领悟到的。因为作为一种生命的运动、作为人的躯体,舞蹈演员对于自己身体内外所发生的一切都具有感性经验;作为一个社会的人,舞者具有自己特有的感情及愿望。虽然当他成为一种艺术的媒介,他作为个体的特征会相对弱化,观众看到的只是通过他表演中的表象和行为展示出来的形象。然而一个人表演的感觉与他的自我总会有些相符,这些作为角色的自我通常被看作是存在于躯体之中。通过舞蹈特有的身体语言,舞台上的个体和角色中的个体共同塑造了一个合乎作品的意象,具有某种可信的意象。

言语的目的在于交流,尽管有假设,但本质上它仍然是表现性的。文字语言能够清楚、恰当地表达某种概念,身体语言则在表示情感和情绪方面更具有表现力。它用表现一种意图的实在动作来塑造一种自我表现的形象,并由此引发一种虚幻的情感,将所有动作转化成了舞姿。虚拟情感的概念通过舞者的身体符号表示了出来。自此"他给予的表达"得到了实现。正如鲁道夫·冯·拉班所言,动作的情调或表情有双重来源。身体或手臂高举打开与身体缩成一团倒在地上的不同表情是容易被理解的。但是姿态不能表达指定的情调,因为舞蹈演员可以用极为不同的方式进入任何姿态之中。比如他时而可用一种柔和的漂浮动作,时而也可用一种有力的冲击动作去达到同一高伸展的姿态。很明显,动作的情调会每次不同。①

每一个表演者用自己的想象力创造性地把握整个舞蹈。在舞蹈构图中,表演者的身体主导着观赏的次序,我们的知觉顺序会受到舞蹈本身排列原则的制约②。阿恩海姆曾经提出,视觉形象不是对感性材料的机械复制,而是一种对现实的创造性的把握,在其中包含着丰富的创造力、想象力和敏锐性。对舞蹈的整体性认识,是建立在哲学整体性认识的方法论基础上的。萨特认为,整体性原则是系统思维方法的一条基本原则,世界上任何一个有机整体系统,不仅内部各组成要素之间是相互联系的,而且系统与外部环境之间也是有机联系的。从创造者到表演者,其间还包含了一种类似于山谷中的回声一般的意义传递。虽然内容与形式没变,但经过表演者再创造出来的形象仿佛是由另一领域到达我们这里,这种情形在不同演员表演的同一角色中显而易见。表演者虽然看不到表演中自己形式的本身,但他(她)能够知觉到自己的身体线条,通过有

---

① [德]鲁道夫·冯·拉班:《现代教育舞蹈》,转引自朱立人主编:《现代西方美学文选》(舞蹈美学卷),春风文艺出版社/辽宁教育出版社 1990 年版,第 139 页。

② [美]鲁道夫·阿恩海姆:《艺术与视知觉》,滕守尧、朱疆源译,四川人民出版社 2006 年版,第 514 页。

节奏的机体运动使身在其中的舞蹈的世界如空气般在身体四周笼罩。舞者通过身体向我们最终传递的是来自经舞者身体透视的创作者情感和意图。类似气氛、气候在人不自觉而无偏见的印象中显示的那样，它不可分割地在空间中延伸。而观众对情感的感觉就如同本己身体对气候、对光线的感觉。在这种身体的冲动中，发生着情感的情绪震颤，它可以是局部性的，也可以是整体性的。在情感的情绪震颤状态中，主体性与身体性联系在一起，通过这种内心震颤，身体转化为一种生活，既奇异变幻又井然有序。表演中的身体历经的既是发自本能冲动的，又确是经过了独特设计和计划的灵肉合一的身体表达。

三、观看中的身体

只有通过哲学思考、理智的沉思才能获得真理，是黑格尔主义者自持的观点。德国哲学家费德勒在 19 世纪晚期，指出来自艺术的直觉体验并非低于概念和哲学思考的精神活动，反对这种将观看看成是人类认识真理的低层次方式的观点，认为观看作为另一种类型的精神活动，同样能够通过视觉的形式接近真理。

费德勒的视觉艺术理论强调了观看和观看方式是具有一种独立自足的精神和心理过程的属性。看不是一种机械活动，我们不需要通晓视网膜成像原理及人体解剖知识就可以与观看之物汇合并通达事物。我们观看到的并不只是事物在视网膜上的映像，而是以它为原型经过我们的知觉系统"修正"整合之后的结果。正如梅洛庞蒂将"看"定格为有灵性的身体活动，视觉受制于代表"我能"的身体的运动投射。不是心灵在看，心灵在洞察，而是眼睛在看，身体在看。[①] 不是纯粹意识活动对意识活动对象的意向性建构，而是活动的身体对被看的身体的有距离的接纳。鲁道夫·阿恩海姆指出，知觉是一种把握结构的创造性活动，是对客观呈现的主动选择和组合，也就是"知觉整合"。即知觉活动对刺激材料的概括、梳理和调整的过程。在舞蹈中，创作主体有意无意地以"自身的视点"（观看意向）来观看对象，依自己的审美意向为知觉剪裁对象的尺度，表现为对象结构与意向结构的同一，而与意向方式无关的呈现则被淡化，乃至被忽略。在绘画领域，瓦莱里提出"画家提供他的身体"来描述绘画领域的观看，梅洛庞蒂依此补充道："人们也不明白一个心灵何以能够画画。正是通过把他的身体借给世界，画家才把世界转变成了画。"[②]以此来明了在观看中身体的意味。在此意义上，

---

① ［法］莫里斯·梅洛庞蒂：《眼与心》，杨大春译，商务印书馆 2007 年版，第 15 页。
② ［法］莫里斯·梅洛庞蒂：《眼与心》，杨大春译，商务印书馆 2007 年版，第 35 页。

舞蹈家不仅将身体提供给世界，同时作为材质，它又是世界的一部分。观众透过舞蹈观看到的是一个经过舞者"视界"折射的世界。

动作是最活跃的表现和感知的媒介，舞蹈演员使用动作去表现他的思想，而观众同样需要使用动作来对舞蹈的意图做出反应，并理解其所要传达的意思。因此，在把握舞蹈之前，我们必须对使动作成为感知手段的心理因素、实际与想象生活中的作用以及在所有艺术经验中所起的作用加以综合。任何事物不被转换成经验的形式便无法得到理解。我们可能会因为某种事物来自于权威而在理论上去接受它，但事实上所有事物只有在被我们变成行动之后，才真正是属于我们的。于是，关键就在于我们如何将艺术品变成行动，进而使之属于我们。

观众将自己带入一个舞蹈场景的同时，会让某种艺术的神秘东西向他倾泻而下，犹如植物沐浴阳光一般，在接受之后，只有对阳光有所回应，才能够体验到更多的反应。艺术接受同样犹如进食，当一顿丰盛的美食放在我们面前，我们会高兴地向它走去，因生理的需求及之前体验美食的经验使我们知道这将是一次愉快的经历，我们会从中选择自己最喜爱的食物。然而，在品尝之前美食对于我们是无意义的，即便是稍纵即逝的品尝快乐也不能带来满足，因为仅仅刺激一下食欲是不够的。对舞蹈的欣赏亦是一个相同的过程，很多时候会停步于仅仅"品尝"它的阶段——即欣赏它的动作、舞台调度、节奏、舞美等外在形式，然而这种程序与方法尽管普遍，却都仅仅是欣赏的开始阶段，品尝只有到我们实际"吃"下了它才算是完成。直到食物经过消化，它的营养被吸收到体内，参与血液、骨骼、肌肉的运作为止，我们才真正享受到这种体验并从中受益。对美食的整个体验过程包括了选择、品尝、消化和吸收。正如我们不能将自己简单地隶属于一份美食，也没有什么已知的方法可以自动地将它作为一种实体全部注入体内。

在观看过程中，我们唯有遵循自己的"饮食"吸收方式才能享用精神的美食，这是一个有意识的活动。舞蹈作品必须经过观者的"咀嚼"和"吞咽"，以便与必要的机制相接触。观者对舞蹈艺术的经验是发生在审美对象被转化成个体可吸收的物质之后，这种可吸收的物质就是生活经验的物质，它的基本形式便是动作。观者对于整个舞蹈的反应都依赖于个体过去的经验和现在的期盼。对于具体的一个作品，观者被吸引，是因为作品从个体复杂背景中抽出了一种条理清晰的经验，并赋予了现在以意义，在现在与过去发生联系的一刹那交相辉映，从而使经验更进了一步。当观者对作品毫不为之感动，是因为审美个体的背景与需求的本质不相干，或个体的审美消化器官消化不了眼前的情景。在舞蹈审美领域，生活经验是动作意图的另一种称谓。

　　不同的观看意向引导我们获得不同的知觉形象，对事物的观看首先要受到主体特定意向性的制约。苏联电影导演、电影理论家库里肖夫通过研究演员表演的实验得出，一个"在观看"的主体和一些"被观看"的人物（即观看者和被观看者）之间的各种任意性关系，能够将某些预先设定的含义引入观众的思维。换言之，观众在看到被观察的事实之时，会根据社会和文化既有逻辑，将应该表达的观点和感觉赋予"被观看者"①。在观看舞蹈过程中，审美主体以一定的艺术观念、审美趣味及观看意向为内在标准来感知对象，当客观对象以相应的形式向我们的视觉呈现时，通常情况下观者只倾向于关注符合我们意向的东西，这种机制的积极性在于它使观者在分析、解释或定性作用下对舞者的活动进行知觉，使我们更清晰我们所要的。格式塔心理学认为感知者的心理、生理结构与客观对象的物理结构是同一的。个体对于来自于外界的感知不是简单的机械复制，观看中的个体不是简单地把握刺激的视网膜成像，而是对刺激进行积极的组织和加工，最终形成和把握知觉对象的结构，而这一结构是我们意向所认同的结构。在这个过程中引发的是有关感知与自我认知的更多广泛的问题。

　　身体形成了我们感知这个世界的最初视角，形成了我们与这个世界融合的模式，是我们身份认同的重要而根本的维度。我们对于呈现在面前的动作将不再仅仅是观众，而且成了参与者。虽然在外表上仍旧安然就座，但我们却在用自己的整个肌肉组织，通过想象来舞蹈着②。因此，观看是一种赋予现实以意义的主观行为，个人是按照自己的心理图式来塑造世界的。格式塔学派的研究证明，观看是外部客观事物本身的性质与观看主体之间的一种相互作用。在人的各种心理能力中，心灵的作用是无所不在的，因为人的心理能力是作为一个整体活动着的，知觉中包含着思维，推理中包含着直觉，观察中则包含着创造。

　　意义的生成是通过主体的意向赋予来实现的，使客体对象产生出一种似乎不在场的指向，并且将这种指向显现给主体。这种通过感性直觉在视听觉感受之后得到的一种无法定性和定量的东西，使得欣赏者驻足长留，甚至持续地凝神沉思，直至意义显现。舞蹈意义的显现是形而上的，但又是现实存在于舞蹈本身的，它们之间在最初有差异，但在最后一定是同一的。一种在场的姿势实体和一种不在场的意义指向，同时回到尽可能纯粹和本源的原点——人的生命。"我就是身体，身体就是我！"

---

　　①　［法］让·米特里：《电影符号学质疑：语言与电影》，方尔平译，吉林出版集团 2012 年版，第 21 页。
　　②　［美］约翰·马丁：《生命的律动——舞蹈概论》，欧建平译，文化艺术出版社 1994 年版，第 33 页。

发现道德激情 *

——论《文静的美国人》中的时代意识

◎房 岑

内容提要 英国小说家格雷厄姆·格林的国际政治小说《文静的美国人》通过挖掘主人公政治行为内部的社会根源和人性动机,揭示出二战后西方主流价值观从权力崇拜到物质主义的转变和对东方世界的影响。小说确立了现代社会两种典型的生活哲学,在对其进行双重肯定和双重批判之后,从信仰与怀疑的维度提出了人类精神世界中二者相互依存、限制和促进的可能性。由以上集体意识和个体精神生发,格林深入探讨了现代社会伦理美学中的两难困境,认为人类向着将"正义与仁慈"相统一的方向所进行的、放弃自私的努力并不可笑也不会无功,其实质触及人类原始道德激情的现代形式,为人类在当下伦理绝境中的突围提供了有意义的探索和参考。

关键词 《文静的美国人》 道德激情 时代意识 正义

英国小说家格雷厄姆·格林(Graham Greene,1904—1991)的国际政治小说《文静的美国人》被评论家认为是"第一本、甚至最好的一本"越战小说[1],在世界范围内享有盛誉。这不仅因为小说惊人地预言了美国在越南将自己拖入泥潭的命运,还因为其中的派尔形象是美国的理想主义最恰当的代表。2002年版电影《文静的美国人》的导演菲利普·诺维斯(Philip Noyce)甚至认为发动了阿富汗战争的"乔治·布什根本就

---

* 房岑,浙江工业大学国际学院讲师,研究方向为文艺美学与外国文学。

① James Wilson. *Vietnam in Prose and Film*. Jefferson:MaFarland,1982,p. 9.

是亚登·派尔!"①小说出版至今已逾半个世纪,中外学者已从反美主义、反战、新闻正义性、跨文化批评等诸多角度进行了文本解读和深入研究。本文中,笔者将着眼于格林如何描绘三位主人公福勒、派尔、凤儿之间矛盾的、难以下最终定义的人性善恶,分析小说如何成功将权力政治话语——解构,努力挖掘格林在因各种原因被卷入政治的小人物身上所描绘出的复杂人性。借由细致入微地描写政治与人性不可避免的交汇和纠缠,格林揭示出我们这个时代的特性,预示了人类社会暗淡无光的前景。但格林并不是彻头彻尾的悲观主义者,在一片黑暗之中,格林总还是让读者看到几处发光的小亮点,那是作家心中所信仰的、人性本真之善,一种原始的、严肃而深沉的道德激情。

一、集体无意识:从权力崇拜到物质主义

小说标题中那个文静的美国人派尔名为经济代表团的官员,实则为美国政府服务,在越南扶植第三势力泰将军,间接造成了大量越南平民的伤亡。他所代表的、带着美好意愿在全世界"为所欲为"的美国对外政治形象至今仍然鲜活,从朝鲜半岛到阿富汗,从加沙地带、叙利亚再到乌克兰。美国评论家戴维茨博士曾指出,格林通过派尔成功地揭示出一个事实真相:"没有经过现实经验审查的理想主义,在这个崇拜权力的世界中,是一种危险的武器"。② 时至今日,这种被权力政治利用的武器仍然极具杀伤力。它表面上看是理想主义与权力政治的结盟,但最根本的,是人们在时代中对权力政治的迷信所带来的集体无意识。人类的 20 世纪充斥着战争、暴力、大屠杀,人们在碎片化的生活中失落了道德感的基础,权力成为寄托人们身份认同的存在。可以说,派尔的理想主义,首先来自于他对自己的国家作为一个巨大权力体的认可和崇拜。只有基于这种权力崇拜,派尔才会去信仰:为自己提供身份认同的美国作为世界强国具有"西方的责任"。换言之,派尔的理想主义,是以区分国家权力体的强弱为基础的。

权力崇拜使在国内是一个好学生、好儿子的、文静的派尔在越南成为一个冷血无情的"杀手"。他的现实道德感在东西方对垒的权力意识下被遮蔽了。派尔一心想着他的国家赋予他的伟大使命,丝毫没有意识到自己的行为可能对越南人带来的毁灭性影响,也如井底之蛙一般无从认清国际政局中的事实真相。格林通过一步步地揭露以

---

① Monica Ali. Reading Graham Greene in the Twenty-First Century. In: Dermot Gilvary and Darren J. N. Middleton(eds.). *Dangerous Edges of Graham Greene: Journeys with Saints and Sinners*. New York: Continuum, 2011. pp. 277-279.

② A. A. DeVitis. *Graham Greene*, *Revised Edition*. Boston: Twayne, 1986, p. 112.

法军飞行员为代表的法军的厌战、老于世故的英国人福勒眼中越南人对民族独立与和平的需要,质疑了这个被权力崇拜教育出的好学生派尔所信奉的所谓"民主正义"。美国前国防部长罗伯特·S.麦可纳马拉曾在他1995年出版的《没有休止的争论:寻找越战悲剧的答案》一书中这样评价美国对越南的外交政策:

> 对于美国在印度支那地区的利益,越南从来都算不上重要威胁;它也从未打算被中国利用去推倒印度支那地区的"多米诺骨牌"。然而,美国的领导人却在美苏冷战所主导的更大的战略背景中看待自己在越南的利益……美国着迷于在世界冷战格局中的角逐,这使得华盛顿的领导人看不到越南人民的民族主义以及他们向往统一的强烈愿望所起到的具有决定意义的重要作用。①

这种大国思维显然不是派尔心中的"民主正义"。权力体在博弈过程中关注的只有利益,而非派尔所理解的"责任"。事实上,大国权力体的逻辑同样适用于派尔理解中的敌人——共产主义意识形态下的苏联。曾在20世纪60年代担任美国驻西贡外交官的威廉·迪科在《胡志明的一生》中揭秘了苏联与越共的真实关系:越南对苏联来说并没有太大的战略意义,斯大林也不信任胡志明,觉得他更像是一位民族主义者而不是真正的共产主义者。俄罗斯历史学家伊利娅·V.盖杜克也在1996年出版的《苏联与越南战争》一书中引用苏联档案说明在1954年《日内瓦协议》将越南暂时一分为二时,苏联其实并不同意胡志明统一越南的想法,之所以在1964年8月的东京湾事件之后全力援助北越只是为了与美国抗衡,维持国际力量的平衡。

由此看出,派尔所理解的"大国的义务"和"西方的责任"在现实中只是政治博弈的一个说辞。对以权力崇拜为统治基础的政治和经济大鳄来说,在对外政策的制定上显然不是以道德正义为出发点的。然而,纯洁的派尔却轻信了政治的宣传并附庸了权力的力量。"他年轻,无知,愚蠢……对大局一无所知。"权力政治"给他钱,给他约克·哈定写的关于东方的书,又对他说,'放手干吧。为民主主义把东方争取过来。……'使他上了大当。"②权力崇拜误导了派尔的理想主义精神,将文静的他武装成为一个对自己造成的伤害只会苦恼不会反思的机器人。这个缺乏现实经验、没有独立思考的热血年轻人派尔,他的行为就像被设定好的计算机程序,"大国的义务"同"大国的权利"被

① [美]莫里斯·艾泽曼:《美国中眼中的越南战争》,孙宝寅译,当代中国出版社2006年版,前言第4页。

② [英]格雷厄姆·格林:《文静的美国人》,主万译,上海译文出版社2008年版,第34页。之后的引文只在正文标示页码。

设置在同一个按键上。对于派尔们来说,"西方的责任"为他们在东方的所作所为提供了合法性。格林在小说中通过福勒与派尔的争辩反复质疑:大国霸权作为立法者的合法性又从何而来?就像派尔运用金钱、美国婚姻为筹码争取凤儿一样,派尔的政治实践也在金钱和暴力中越来越成为一种目的高于一切的强制力。可以说,权力崇拜滋生了派尔的理想主义,理想主义又武装了权力崇拜将其付诸政治实践,并不断加深、加强对执行者人性的覆盖。

然而,派尔激情澎湃的权力崇拜却既无法激起英国人福勒的兴趣,也无法让他喜欢的越南女孩凤儿动容。福勒来自于一个老殖民地国家,曾经的"日不落"帝国在二战后迅速崛起的美国面前败下阵来。小说中福勒劝说派尔放弃在越南扶植第三势力的想法时说道:"我们是老殖民主义国家的人民,派尔,可是我们从现实中学到了一点儿东西,我们学会了不乱玩火"(211)。历史经验佐证了英国的没落,作者格林借福勒之口暗示了美国与英国相同的命运——作为霸权的威力终将萎缩。

在越南人凤儿姐妹眼中,对派尔来说意味着至高权力的美国,更多地代表着建立在金钱和物质上的好生活。与西方大国的跨国婚姻对凤儿和她的家人来说意味着西方人的身份,而西方则意味着富有和舒适的生活。美国成为所有这一切的代名词。也就是说,具有意识形态指向的权力崇拜在东方的越南平民中间,更多地转化成为西方的物质主义和消费主义。

格林以凤儿暗喻越南。她代表了这个东方国家的坚强、隐忍及追求物质上的满足。格林暗示,曾经影响东方的旧世界殖民地规则,如今正在向以美国的经济和外交利益为代表的新世界秩序转变。这同时也意味着资本主义的物质至上和消费文化的影响具有全球性,权力崇拜的意识形态指向转化成为物质和消费投影。法国当代思想家埃德加·莫兰在《人本政治导言》中曾谈道:"资产阶级生活富裕水平的消费变成了一种旨在填满文明空虚的神经症的贪食。……它也同样实现于东方,……工薪劳动者喜欢消费胜于对企业的领导,喜欢享乐胜于责任性,喜欢其私人生活的充分发展胜于其公民生活的充分发展。"莫兰认为,这种消费主义是"西方新的社会契约":个人被"融合到巨大的社会组织中,作为交换他要求后者帮助他消费他的生命"①。在小说中,格林正是通过疏离的老殖民地公民福勒、崇拜权力的理想主义者派尔,以及信奉物质和消费主义的凤儿姐妹之间的对照揭示出了这一点。所谓"西方责任"和新世界霸权并没有如天真的派尔们预期的那样在政治上影响东方,而是以另一种态势在世界范围内

---

① [法]埃德加·莫兰:《人本政治导言》,陈一壮译,商务印书馆 2010 年版,第 82 页。

滋长。格林由此暗示,权力崇拜的意识形态含义会逐渐被消解,而金钱和消费的欲望却将在人类追求安全和幸福的共同前提下为霸权主义提供新的注解。

事实上,格林对美国物质崇拜和消费至上的大众文化一直持质疑态度,早在 20 世纪 30 年代为报纸杂志撰写影评时就多次批评好莱坞"速食主义"的文化生产和传播。这表现出格林的英国保守主义倾向。但从另一方面看,对物质主义和消费主义的批判也佐证了格林在《文静的美国人》中凸显的"反美主义"并非基于意识形态的差异,而是一种文化批判,一种超越国家政治之上的对"霸权腐蚀人权"的批判。

同时,格林也对以凤儿为代表的越南平民付出了他的同情。在派尔与福勒一共被困在岗楼里的那个夜晚,作为小说中最具政治隐喻意义的段落,派尔与福勒的辩论体现了作者格林对于"西方责任"的人权视角和审查态度。"你和你同类的人想打一场战争,要人家帮忙,可这些人压根儿不感兴趣。……他们要有足够的米吃。他们不要去当炮灰。他们希望有那么一天也跟别人一样平等。他们不要我们这些待在他们四周的白皮肤的人来告诉他们,什么是他们所需要的。"(123)借福勒之口,格林表达了对越南人民的人权和政治权的肯定和尊重。格林暗示,东方所需的并非一定是西方的民主或者苏联的共产主义,二者都作为方法(approach)而不具有最终意义。东方需要的是和西方一样的物质丰富、安全、和平,以自己的方式达到这一目标对他们同样重要。"西方的责任"已经使旧殖民者一败涂地,而美国的"新殖民主义"也势必将自己拖入泥潭。

二、个人精神悖论:虔诚信徒与怀疑论者

福勒与派尔无疑是小说《文静的美国人》中最闪光的两个角色。潘一禾教授曾在《一场有价值的政治与外交争论》一文中这样评价福勒和派尔:二者是"一种通过相互对照让彼此都更清晰的关系","一方面他俩谁也说服不了谁,另一方面彼此都有可能拯救对方和防范对方的大错"[①]。福勒与派尔代表了两种处世哲学,一种是中立的、冷漠的,不希望牵扯进去的;一种是"选边的"、热忱的、相信要卷入进去的。格林赋予两个角色的最大魅力在于他们的处世哲学代表了现代社会最典型的两类人:虔诚信徒和怀疑论者。

---

① 潘一禾:《一场有价值的政治与外交争论——论格·格林〈文静的美国人〉》,《杭州师范学院学报(社会科学版)》,2008 年第 1 期。

　　讽刺的是,中立的福勒最终"牵扯进去"了,而这一改变是通过帮助诱杀派尔来完成的;同样的,热忱的派尔最终变成了一具冰冷的尸体,因为自己的"选边"和"卷入"而被不是越南人也不是法国人的"第三势力"福勒给彻底清除了。福勒和派尔的最终结局似乎完成了角色的互换。由此看来,虔诚之人和怀疑论者缺一不可,相互映照,彼此增强又彼此消减。他们因为对方与自己不同而相互喜欢:福勒喜欢派尔对理想的忠诚和热情;派尔敬佩福勒的中立和公正。爱情上的冲突并没有造成二者最本质上的分道扬镳,派尔依旧与福勒来往,福勒也没有因此靠向共产党人去报道派尔在玩的可能用来制造炸弹的"塑料"。然而,当派尔的信仰转化为现实的政治行为时,它变成了一股危险的毁灭力量:扶植了没有理想只有利益的"土匪"泰将军,造成了无数无辜生命的伤亡。面对眼前的尸体和派尔的无所谓,福勒不能再说服自己按照以往的处世哲学继续保持沉默。格林通过派尔的理想与现实的冲突和福勒的最终行为,揭示出这样一个事实:希望置身事外的绝对的怀疑论者在现实中无法一直"洁身自好",人们迟早都会"给牵扯进去"。而这种"牵扯",在没有事实作为依据的理想主义的引导下,势必走向毁灭。

　　由此看来,格林的政治观受到了卢卡奇的影响。"人们生活中的每一件事都是政治",卢卡奇在《欧洲现实主义研究》中写道,"不管人们意识到它还是没有意识到,或者甚至试图逃离它"[1]。格林自己也说过:"我这个人很少对什么百分之百的肯定。但政治确实存在于我们呼吸的空气中"。[2] 福勒所秉承的信条——"让他们去打斗,让他们去爱,让他们去残杀吧,我可不牵连在内"(52)——显然是不可能实现的。就像法国特鲁恩中尉所说,"你们全会卷进去的。总有那么一天。……总有一天会发生什么事的。你会偏袒一边的。"(203)从这一点上看,格林对福勒抱有的这种生活哲学是持批判态度的。

　　萨特曾在《存在主义即人道主义》一书中强调,存在主义不是无作为论,而是恰恰相反,"因为它宣称除掉行动外,没有真实"。那么,福勒是如何从"疏离的"变成"存在的"呢? 促使福勒的处世哲学发生转变的诱因正是派尔,是他的天真和虔诚为福勒打开了审视世界的另一扇窗户,让福勒意识到他的置身事外是自私的、冷漠的,也是不可能完全实现的。通过与派尔的处世哲学和政治行为的碰撞,福勒一直以来所面临的存

---

① Ceorg Lukacs. *Studies in European Realism*. New York: Grosset and Dunlap, 1964, p. 9.

② Marie-Françoise Allain. *The Other Man: Conversations with Graham Greene*. London: Bodley Head, 1983, p. 87.

在主义式的抉择之痛、那个将他与行动隔开的一道屏障,转变成为"行动本身的一个条件"①。

与此同时,派尔的天真与虔诚同样存疑。"天真总是默默地要求保护,其实保护我们自己,以防吃天真的苦,那么我们就更聪明了:天真就像一个被遗弃的哑巴麻风病人那样,他在世界上流浪,并没有意思想要害人。"(41)福勒用来形容派尔的一席话形象地解读了天真的破坏力。派尔带着他美好的意愿在世间行走:希望通过与凤儿结婚、带她逃离战乱的越南来保护"美好的东西",却不问凤儿是否愿意离开家乡;他视福勒为朋友,却信誓旦旦地用金钱和婚姻挑战福勒和凤儿的爱情,并一直因为自己的坦诚而心安理得;他将书本上的"西方的责任"作为政治行动的依据,不问行动对象的意愿,也无视自己造成的伤亡,将西方的、书本上的民主强加给东方,并一意孤行。天真作为派尔人性的出发点让他轻而易举地找到了信仰,并保证自己的绝对"忠诚"。他忠诚的态度让福勒喜欢;他忠诚的对象却带来了毁灭性的影响——无论是对越南还是对派尔自己。格林笔下的派尔形象不仅是对 20 世纪后半期美国对外政策的有力讽刺,更是作为人性的天真与权力政治联姻的恶果而发出的警示。更深层的,在意识形态之上,格林避免了将派尔塑造成为一个单纯的需要批判的有信仰之人,而是一个可以被认为是文静的、讨人喜欢的好男人、好朋友,一个福勒希望对他说抱歉的人。因此,他的天真和对信仰的忠诚才会在被理解的同时更值得商榷和反思。

派尔与现实严重脱节的理想主义被格林反复批判,但格林并没有因此全盘否定派尔对信仰忠诚的态度本身。福勒对派尔的喜欢与反感交织的复杂感情可以说明格林对信仰立体多面的认识。在与老于世故的怀疑论者福勒的对照中,派尔的虔诚作为一种态度具有它的价值。它不仅刺激和助推了福勒的"卷入",也促成了福勒对"自身冷漠"的反思。福勒所忽视的"个人行为对全人类富有责任"恰恰是派尔具有信仰这一事实的意义所在。正如萨特所说:人"必须始终在自身之外寻求一个解放(自己)或者体现某种特殊(理想)的目标,人才能体现自己真正是人"②。福勒失落信仰所导致的冷漠是需要批判的,但由此产生的对绝对判断和绝对信仰的存疑却是需要的;派尔脱离现实的理想主义会带来毁灭性影响,但他寻找信仰并付出忠诚的态度却是现代社会所缺失的。在此基础上,派尔的悲剧结局与福勒并不心安的"事事如意"构成了格林将天真与世故相对照、相联系后的显像。正如潘一禾教授所言,二者都无法说服对方,却都

---

① [法]让-保罗·萨特:《存在主义是一种人道主义》,周煦良等译,上海译文出版社 2008 年版,第 148 页。
② [法]让-保罗·萨特:《存在主义是一种人道主义》,周煦良等译,上海译文出版社 2008 年版,第 148 页。

可以防范对方的大错。如果福勒有一丝信仰,他会意识到自己有责任去审查派尔行为的正义性,因此会对杭先生的警告做出反应,甚至可能阻止广场爆炸案发生;如果派尔对信仰存有一丝怀疑,他就可以在困惑时从现实中而不是从书本上寻找答案。寻找的过程会帮助派尔睁开双眼,正视眼前的痛苦,从而付出自己的同情和理解。

汉娜·阿伦特在诠释现代政治的问题与困境时曾提出过"平庸的恶"的理论。福勒最终的行为让自己成为如派尔一样"卷入"的人,却因其拯救无辜生命的价值而避免了自己成为人群中"平庸的恶"人。这是格林赋予"放弃冷漠选择关心和投入"的意义。但这种承诺并不是如派尔一般不加思考的绝对信仰,更不是对任何政治意识形态的依附,而是对人类正义和美好的信心。正如美国教授鲍德里奇所说,格林对宗教和政治都不感到满意,是因为二者都要求人们绝对相信自己提供的"终极解决方案"①。通过福勒和派尔的争辩和对照,格林试图说明这种终结解决方案是不存在的。派尔因为太过于天真而"不能容他活下去",福勒因为冷漠到"选边"的转变而"事事如意"、却再也无法获得自己想要的"心安"。这就是信仰与怀疑相悖却相互依存的现实。格林借对福勒和派尔两个人物各自的肯定和批判,提出了信仰的重要性和怀疑论的存在意义。

当代法国哲学家吕克·费希也在《什么是好生活》一书中谈到,哲学具有一种"不以任何超越现实生活的范畴的存在为前提"的救赎作用,而信仰"可以是一种自由的行为,一种深思熟虑之后对召唤心甘情愿的响应"②。福勒正是在深思熟虑后才听从了心中那不可消除的被炸后的越南母子形象的召唤,做出了最后的选择。格林借由福勒和派尔的对照所阐释的这种哲学思想具有新人类学的意义:他启发人们去信仰正义的存在,同时不断审查自己的信仰。即使在半个世纪后的今天,小说《文静的美国人》中的福勒和派尔仍然是评论界持续研究的对象。二者的独特魅力在于格林对两人的言行进行双重解构之后,又在人性温暖的维度上对二者进行了探索式的建构。读者们看到二者并不是站在对立冲突的两端,而是处于观照博弈的动态天平之上。格林追问着他们所代表的两种哲学共融的可能性:可否让理想主义开启一盏明灯带怀疑论者走出混沌、冷漠的泥沼?可否让怀疑论者的思辨消解理想主义者的一身戾气?

---

① Cates Baldridge. *Graham Greene's Fictions*:*The Virtues of Extremity*. Columbia,MO:University of Missouri Press,2000,p. 171.

② [法]吕克·费希:《什么是好生活》,黄迪娜等译,吉林出版集团2010年版,第5页。

三、时代迷思：正义与仁慈

格林曾在《失落的童年》一文中这样概括自己的道德观："一旦绝对的恶横冲直撞，完美的善将寸步难行；只有钟摆确定会停在正义的一边"①。"评论界多对前半句广为引用，作为批评格林悲观主义的证词"，却往往忽视了他对"人类之善最终得胜"富有信心的后半句。在格林看来，现实中，"绝对的恶"总是在计谋和执行力上胜过一等。小说《文静的美国人》中，天真纯洁的派尔永远带着美好的动机，他文质彬彬、有修养，看着妓女也会心有不忍，觉得她们都是"美好的东西"，需要被拯救。带着"完美的善"的动机，派尔在实践自己抽象的正义时却带来了"绝对的恶"，不仅造成了无辜越南人的伤亡，也让自己跌入了坟墓。同时，造成他悲剧结局的，是福勒背叛朋友的"恶"。但也因为福勒的"恶"——背叛了派尔、赢回了凤儿——避免了更多越南平民的伤亡，成就了"正义的善"。在派尔的故事中，"完美的善"变成了酵母，它在现实中可能催发的杀戮和悲剧被揭示出来。格林告诉那些像派尔一样抱有"完美的善"的人们：他们对于"善"有限的理解在这个被"恶"的经验所腐化了的世界中是远远不够的。

"世间一切都彼此交融——善融于恶，宽宏融于正义，宗教融于政治……"这句格林经常引用的哈代的话正代表了格林对"善与恶"相交融的理解。无论是《权力与荣誉》中的威士忌神父、《问题的核心》中的斯考比、《恋情的终结》中的萨拉，主人公们都在各种社会的、宗教的、政治的、个人情感的元素中被撕扯和折磨。以斯考比为例，他因为仁慈救了寡妇又出于同情而爱上她；因为失去了唯一的孩子他对妻子心存愧疚，为了负担她的旅费又不得不受贿于叙利亚商人。他出于"善"的动机却让他最终既背叛了家庭、又背叛了社会道德。更为讽刺的是，斯考比无法在世俗的审判中面对妻子、情人以及社会的责难，作为一个虔诚的天主教徒，他最后的选择是背叛教义，以自杀作结。我们不禁要问：斯考比出于各种"完美的善"的动机而生成的行为却为何都以背叛正义的"恶"收场呢？在格林看来，这正是那个"核心的问题"。

《文静的美国人》中福勒对派尔的评价恰好可与斯考比的悲剧作类比：带着"完美的善"的动机的派尔"就像一个被遗弃的哑巴麻风病人那样，他在世界上流浪，并没有意思想要害人。"(41)他们出于"完美的善"的理想主义是无意于加害他人的自我救赎（斯考比和派尔都是虔诚的教徒），这在正统的天主教义中无可厚非。但受到认为"个

---

① Graham Greene. The Lost Childhood. In: *Collected Essays*, London: Bodley Head, 1969, p. 17.

人的行为对他人和世界富有责任"的萨特存在主义哲学影响,格林却认为个人的救赎与他人的救赎、世界的救赎应该是联系在一起的;个人的虔诚与涉及他人的社会与政治是不可能分开的。相对应的,"善"也以出于个人情感的"仁慈"(charity)和社会生活中追求公平和幸福的"正义"(justice)两种形态出现。格林小说中的主人公们都处在"仁慈"与"正义"发生碰撞的对立结点上。"正义与仁慈"的矛盾在格林的笔下催生了人类思想和行为的种种不合逻辑和前后矛盾,人与人之间的关系因此带有难以分辨的矛盾对立、复杂性和多变性。这正是格林小说所挖掘出的人类"问题的核心"。

在《文静的美国人》中,我们看到"正义与仁慈"的矛盾在政治中显得尤为突出,派尔与福勒的争论尤其体现了这一点。福勒出于"避免让更多的无辜越南人死于爆炸"的正义而杀死了派尔,但是他的动机中也掺杂着个人情感的妒忌。最终他背叛了派尔并赢回凤儿,完成了对越南人的正义,却失落了对派尔和凤儿的仁慈。因此,在派尔死后自己"事事如意"的情况下,福勒对派尔和凤儿都抱有歉意。派尔为了理想中的正义而战,就像福勒所说,"你的动机是好的,他们总是好的"。但是抽象的正义却冷静到遮蔽了派尔用仁慈的心感知其他人类个体的通道,让派尔对他可能造成的和已经造成的罪恶都不以为然。福勒说:"但愿你有时候也有几个不好的动机。那么你也许就会对人稍许多理解一点儿。"(178)二者之间的冲突和矛盾继承了格林之前就已经关注的命题:不管是威士忌神父、斯考比、还是萨拉,他们的正义和仁慈总是处于一个复杂的矛盾结点上。正如小说中福勒所意识到的:"痛苦不是随着数目而增加的:一个人的身体可以包容全世界所会感到的痛苦。"(247)通过他们,格林揭示出人类存在的一处绝境:人可以是正义的或者是仁慈的,但可悲的是,似乎不能两全,也无法分出轻重。

但是我们希望两全。只有"正义"与"仁慈"的两全才是我们最希望的政治思想和最渴望的道德准则。虽然格林在小说中揭露出的现实是两者的分道扬镳,但他从没有放弃对"两全"的信心。现代社会中,各种社会的、意识形态的、个人情感的元素彼此碰撞、挤压、对抗,同时也彼此影响、彼此交融,因此在这个无序的世界中存在"两全"的可能。正如评论家麦克康尼所说,格林"严肃的、不可妥协的观点是:正义(justice)与仁慈(charity),如果它们不能统一,就没有任何意义"①。格林的道德观由此构成了对强调个体救赎的天主教和宣扬正义的任何政治意识形态的双重反叛。格林曾说他怀疑自己是个天主教堂里的新教徒,对"三位一体"不感兴趣、常常质疑所谓道德原罪,喜欢

---

① Frank D. McConnell. Graham Greene. *The Wilson Quarterly*, 1931, Vol. 5, No. 1, pp. 168-186.

表现教徒的道德堕落之感[1]；他也一再表示自己不会附庸任何政治意识形态，因为"选边"就意味着在感知人类道德情感的复杂性上变得迟钝。无论是斯考比、威士忌神父，还是福勒、派尔，格林小说的主人公们常被放在宗教和政治的极端状况下，他们的选择总是来自于相互融合的复杂动机。格林以此揭示出：事实上没有离开现世的宗教，也没有不具化为政治的道德生活。无论是宗教的、政治的、还是国家的、民族的，格林都将这些意识形态"融于个人的内在精神世界和个体行为"[2]。因此，他笔下的间谍和警察角色常常看起来很"宗教化"，如《恐怖部》和《第三个人》；他的神父和圣徒常常很"政治化"，如《权力与荣誉》、《一个自行发病完成的病例》、《名誉领事》。同时，格林对生活中个人和群体的思考和行为具有多层面的、怀疑主义的、复杂的感知，让他可以解构无论是宗教的还是政治的任何正统意识形态。正是在此基础上，格林的小说得以超越政治理论和神学，呈现给读者人们对"正义和仁慈两全"的清醒认识和融合努力，并表现出为何现代社会的无序性和碎片化让这种实现如此困难。

国际政治小说《文静的美国人》作为越战小说的开山之作，不仅在战争、民族、东西方霸权、个人友情、爱情等语境下讨论了"正义"与"仁慈"的博弈与交融，也通过派尔与福勒之间没有结局的争辩提出了一个开放式的命题："正义"与"仁慈"相统一的可能性。虽然这看起来像是格林的乌托邦，却开启了在矛盾结点中人们认识自身的大门。"正义"与"仁慈"的对抗和融合让判断"善"的基点总是处于运动中。显然，"派尔们"单一指向的、固定的"完美之善"在现实世界中是行不通的，它会被"绝对的恶"利用，会败下阵来。而"福勒们"个人情感和行为的复杂性则可能为"正义与仁慈的两全"提供可能。因此，格林在小说中表现的不是苍白的绝望，也不是意识形态上的反美主义或者对社会革命的拥护，而是一种观念：社会的无序、个人的自私和人与人的相关性都可以成为真正的道德观的填充方式，成为统一"正义"与"仁慈"的催化剂。在此基础上，政治和宗教如果可以被正确理解，它们就不会是交替上场，而是持续的、互为补充地构成对人类"问题的核心"的解答。

格林对天主教和无论何种政治意识形态的双重反叛，让他成为一个彻头彻尾的反权威主义者。就像他被正统宗教人士攻击一样，格林因为《文静的美国人》中对美国物质主义和霸权主义的批判而终身被美国禁止入境，之后的小说《人性的因素》中的共产

---

[1]　Maria Coutto. Juggling the Balance. *Economic and Political Weekly*，1983，Vol. 18，No. 43，pp. 1835-1836.

[2]　John F. Desmond. A Review Essay. *Religion ＆ Literature*，1991，Vol. 23，No. 2，pp. 115-122.

党员形象也让苏联对他没有好感。这说明，格林对共产主义的态度和对美国一样，就像评论家瑞伊在《格雷厄姆·格林——一种存在主义的方法》一书中所说，反映出"一种对威胁个人自由的共产主义的厌恶"，同时反对"美国所代表的、当代的、个体在其中没有容身之处的个人主义文化"①。格林同时被正统的宗教人士、美国、坚定的社会主义者攻击，是因为他们都承诺自己提供"正义与仁慈的两全"的终极解决方案，而格林犀利地揭示出他们显然都不令人满意的事实。

作为一个小说家，格林始终拒绝为正统的权威服务，坚持对经历中的现实和复杂保持全部的忠诚。因此，正如卡托博士所言，格林小说虽"没有提供解决方案，却加深了我们对生命的权力与荣誉的感悟"②。格林对"问题的核心"的刻画，对"善"的运动着的认识，都在这个感觉和激情常常被意识形态和自我中心主义所淹没的时代具有独特的价值和意义，成为在21世纪仍然奏效的、不可缺少的呼吁道德感和发出道德激情的声音。

---

① Gangeshwar Rai. *Graham Greene：An Existential Approach*，Atlantic Highlands，N. J.：Humanities Press，1983，p. 76.

② Maria Coutto. Juggling the Balance. *Economic and Political Weekly*，1983，Vol. 18，No. 43，pp. 1835-1836.

文化正义
与
道统传播

文化化育的精神境界与诗意能量*

◎应小敏

内容提要　文化是一个国家的精神旗帜，文化复兴是中华民族全面复兴的标志。当代中国迫切需要解决“软实力”的提升如何跟上“硬实力”的发展等问题，以构建新的社会平衡并培育更加良性的发展机制与文化生态。先进文化同时是人们获得理想信念、生存意义、终极关怀的精神家园，它可以制衡市场逻辑、消费主义对人的异化与扭曲。世界因文化而温暖，“吃饱饭”以后的“有尊严的生活”等涉及生命质量提高的丰富性与品质性需要，越来越需要“文化正义”的刚性干预以及人文文化的柔性滋养。

关键词　文化化育　精神境界　诗意能量　中国梦

党的十八届三中全会通过的《中共中央关于全面深化改革若干重大问题的决定》(以下简称《决定》)指出：全面深化改革的总目标是完善和发展中国特色社会主义制度，推进国家治理体系和治理能力现代化。全会要求，到 2020 年，在重要领域和关键环节改革上取得决定性成果，形成系统完备、科学规范、运行有效的制度体系，使各方面制度更加成熟更加定型[①]。全面深化改革，关键要有新的谋划、新的举措。要有强烈的问题意识，以重大问题为导向，抓住重大问题、关键问题进一步研究思考，找出答案，着力推动解决我国发展面临的一系列突出矛盾和问题。《决定》明确提出了“制度正义”的时间表和路线图，倡导切实提高文化开放水平、以开放促改革、用健全的制度

---

*　国家社会科学基金重大招标项目，批准号 12&ZD22；教育部人文社会科学研究项目，项目编号 10YJC710074。

应小敏，黑龙江大学文学院博士后、浙江传媒学院文学院副教授、美国布朗大学访问学者，研究方向为跨媒介批评与影视文化。

①　新华社：《中共中央关于全面深化改革若干重大问题的决定》，新华网，2013 年 11 月 15 日，http://news.xinhuanet.com/2013-11/15/c_118164235.htm。

保护人的全面发展。

常言道:"文化兴则国兴,文化强则国强"。文化是一个国家的精神旗帜,文化复兴是中华民族全面复兴的标志。一个国家、一个民族只有精神文化和经济、政治、社会等各方面同步发展,才能真正实现繁荣昌盛。十八届三中全会《决定》中曾 59 次提到文化,习近平总书记 2013 年 11 月 26 日在山东考察时更是强调:一个国家、一个民族的强盛,总是以文化兴盛为支撑的,中华民族伟大复兴需要以中华文化发展繁荣为条件;国无德不兴,人无德不立;只要中华民族一代接着一代追求美好崇高的道德境界,我们的民族就永远充满希望①。当代中国迫切需要解决"软实力"的提升如何跟上"硬实力"的发展等问题,以构建新的社会平衡并培育更加良性的发展机制与文化生态。这其中的关键是如何建立与时代相符合的"思想市场"②以及如何更好地坚守"制度正义",在新型生态文明奠定的"美丽中国"的基础上更好地展现"文化中国"的"魅力"与优雅。

一、文化振兴是民族崛起的支撑

毫无疑问,中国近三十年的超常"生长",事关民族复兴主体的东西基本具备了,"中华民族站起来了"可以说更加名副其实;然而,快速的超常"生长"的同时,好多"营养"都没跟上也是正常现象,尤其是那些涉及民族"内分泌"平衡的文化的"营养"明显不足,涉及"每个中国人站起来"的社会氛围与个体素质尚待完善。当代中国生产的商品可以出口到世界任何一个角落,但是,我们当前却生产和出口不出任何影响世界的"价值观"与"活法";中国如何产生思想,进而产生能够感染世界的思想,应该成为未来"改革开放"清单中的主项之一。"凡事预则立,不预则废"(《礼记·中庸》)的古训确实

---

① 《习近平在山东考察》,人民网 2013 年 11 月 29 日,http://cpc.people.com.cn/n/2013/1129/c64094-23694123.html。

② "思想市场"这个概念,最早见于美国著名经济学家、1991 年诺贝尔经济学奖得主罗纳德·科斯(Ronald H. Coase,1910—2013)在 1974 年发表的一篇名为《商品市场和思想市场》的论文。该文认为:思想市场和商品市场没有什么不同。科斯就此挑战了美国主流社会一个悖论:思想市场是高尚人士从事的活动,应该有足够的自由,商品活动等而下之,里面充满了卑劣的利益诉求,所以恰当的给予管制是应该的甚至是必要的。科斯挑战的论据:第一,思想市场由很多个人想法推动,很多人发表的言论不管是怎么声明为了全人类和全社会,实际上是表达他个人的想法,跟一个商品者要表达的东西没有什么不同,在道德上没有高下之分;第二,这两个市场里既有需要管制的内容,也有需要减少管制的可能;到底是什么领域要加强管制、什么领域要减少管制,要依成本而定。在晚年著作《变革中国》里,对"思想市场"也有详细论证。

是当下中国转型发展所必备的危机意识和战略警醒,犹如"恶补""硬实力"的经济一样,我们亟须充实中华文化的实力和提升中华文明的水准,才能使中华民族屹立于世界民族之林并实现和平崛起的世纪目标。

一个民族的崛起或复兴,常常以民族文化的复兴和民族精神的崛起为先导。一个民族的衰落或覆灭,则往往以民族文化的颓废和民族精神的萎靡为先兆。中华民族的伟大复兴,要在现代化的艰难进程中实现,现代化则要靠民族精神的坚实支撑和强力推动。如果说金钱、利益可以洗刷和消解人伦道德,诱使民德"变薄",那么,"慎终追远则民德归厚矣"。对传统文明不能没有敬畏之心,对现代文明不能没有敬仰之意,在多维文化空间中穿行,构建具有时代特色的"魅力中国";从更宏阔的文化视野中,思考中华民族的振兴问题,实现完整的"中国梦"而非单一的经济上的强盛。

文化不是生活的装饰,而是生命的必要。文化的价值除了用市场的尺度衡量出的那一小部分之外,它在文明养成、社会进步、人的自由全面的发展与解放方面占有举足轻重的分量。毫无疑问,市场经济的核心目标是争取最大的经济效用或最大的经济价值。市场经济的迅速发展,在促进人们增强竞争意识、效率意识、民主法制意识和开拓创新精神的同时,对人们的理想信念、生存意义、终极关怀等也产生了很大的冲击。先进文化恰恰是人们获得理想信念、生存意义、终极关怀的精神家园,它可以制衡市场逻辑、消费主义对人的异化与扭曲。如果说市场经济的最高原则是利润最大化,那么文化最关心的则是人类的普遍价值;如果说与市场原则相适应的制度、法律只是最低限度地保证人们不犯规,那么,文化的根本任务则是提升人的精神境界,引导人们追求更高尚的生活意义,使人不仅在物质生活上,而且在知识、道德、审美诸方面得到全面的发展①。

当代中国有足以让世界关注的经济奇迹,尚缺乏足以让世界关注的思想和艺术,这意味着我们还没有登上思维和创意的巅峰;而一个没有登上思维和创意巅峰的国家,只能是一个缺乏文明魅力、缺少文化吸引力的国家。文化创新的严重不足,已成为当代中国在轰轰烈烈的现代化实践下无法掩饰的软肋,我们必须在今后 30 年的发展中解决文化化育与文明提升等涉及民族软实力改善的问题。甚至还可以极端一点儿看问题:未来中国的发展,关键不在于 GDP,而在于能不能推出一套不同的价值理念,能不能建立一种为所有人都提供充分机会、让每个人都施展才华、实现自我价值的社会制度,进而对人类文明与世界和谐做出自己的贡献。整合全社会的精神资源,促进

① 蒯大中:《文化发展与城市综合竞争力》,《社会科学》2002 年第 3 期。

人心凝聚,团结广大民众,最终推动一个强有力的、具有最大程度文化认同与价值维护的中华民族的真正形成①。如果说民族复兴的根本是文化的复兴和文明的养成,那么,我们必须对中国文化传统有更深刻的自我认识,对文化的多样性及"和而不同"的文化观有更强烈的心理认同,对全球性的文化博弈及"文明的冲突"②有充分的心理准备,对现代文明规范及交往规则有更明智的包容。

二、文化温暖是诗意栖居的能量

世界因文化而温暖,关键是如何定位和怎样去运用。中国的传统文化是哲学式的超验思维,所以中国的经典文学艺术多是浪漫的和传奇的;即便是急等救命的医学,也带有玄幻、冥想的气质,中国人的祖先以哲学家的想象力与概括力提出了一整套严密的针灸理论以及精确的经络穴位图,却无法向"外人"说清什么是经络、什么是穴位。正是这种整体性的、超验性的思维特色,使中国人长于"知人知命",更遑论远超西洋星相学、未来学的"纬书"了。同时,中华文化传统中也不缺乏"经世致用"、"细针密缕"的实用主义与技术主义的一面,它使我们更容易与现代文明对接。在社会变平的全球化征途中,发展潮流必然要求各种文化直面交融,而不是彼此筑起篱笆、刻意阻隔,或者借此兵戎相向。文化多元主义的原则是很吸引人的:不同文化之间确实存在差异,而且我们必须尊重别人保持文化差异的意愿。但是,问题症结不在"尊重"文化差异,而在"认识"真实的文化差异③,并深入进去体验与理解。套用美国文化人类学家格尔兹(Clifford James Geertz,1926—2006)的"深描"(thick description)方法来解释,即进入异文化的符号体系的意思并不是简单的模仿,人类学家也不可能成为真正的本地人,其所寻求的还是理解,能理解当地的惯用语、思维习惯,等等,而更深层的则是理解当

---

① 余治平:《黄金时代的精神收获——改革开放 30 年的哲学纪念》,《上海交通大学学报》(哲学社会科学版)2008 年第 6 期。

② 美国政治思想家塞缪尔·菲利普斯·亨廷顿(Samuel Phillips Huntington,1927—2008)的《文明的冲突与世界秩序的重建》(The Clash of Civilizations and the Remaking of World Order,中译本由周琪等译,新华出版社 2002 年版)一书 1996 年出版以来在世界各国引起了广泛关注,"在正在来临的时代,文明的冲突是对世界和平的最大威胁,而建立在多文明基础上的国际秩序是防止世界大战的最可靠保障。"书中提出的"文明冲突论"认为:未来世界的国际冲突的根源将主要是文化的而不是意识形态的和经济的,全球政治的主要冲突将在不同文明的国家和集团之间进行。而伊斯兰文明和中国的儒教文明这两种最难被西方文明同化的文明将对西方文明发出挑战或威胁。

③ 龙应台:《文化伪差异——中国人真是异类吗?》,凤凰网,2008 年 10 月 12 日,http://culture.ifeng.com/guoxue/200810/1012_4087_826877.shtml。

地的文化模型,最起码在周遭的本地人因为一个含蓄的色情段子哄堂大笑的时候,不会觉得自己的在场成为尴尬的一部分①。古希腊历史学家修西得底斯(Thucydides,前460—前395)有句名言:"幸福的秘诀是得到自由,而自由的秘诀是勇气。"目前,人们还只能从过去的历史中寻找文化影响的印迹,至于文化在全球化的世界发展格局中,到底能够起到什么样的作用,到底该如何均衡各种文化的影响,并没有一把现成的"钥匙"可供解读。有一点似乎不应有疑问,那便是对文化的重要作用必须予以"正视"②。不管这种影响到底有多大,勇敢地"正视"它总比畏缩地"回避"要好,"正视"至少意味着我们"有勇气"迈出探寻真理的第一步,也就意味着我们有因文化而获得自由与幸福的可能。

传统文明时代的中国文士崇尚"艺术化的人生",而西方现代哲学也曾极度推崇以"艺术的存在方式"对抗现代性的悖论。正如德国现代哲学家尼采(Friedrich Wilhelm Nietzsche,1844—1900)所言:"艺术是生命的最高使命和生命本来的形而上学活动。"③由此可见,让生活成为艺术、把人的生命活动当作审美活动,甚至以美学取代伦理学、以美育取代宗教,这一思想取向与社会实践在东西方都有源远流长的传统。近代以降,从尼采的"酒神精神"到福柯(Michel Foucault,1926—1984)的"生存美学",从瓦尔特·佩特(Walter Horatio Pater,1839—1894)"以艺术的精神对待生活"的口号到威廉·莫里斯(William Morris,1834—1896)"让每一个工人都成为艺术家"的社会理想,从周作人(1885—1967)的"生活之艺术"到朱光潜(1897—1986)的"人生的艺术化",从"波西米亚人"到"波波族",从19世纪的"纨绔子"、"游荡者"到20世纪日常生活的审美化,我们面对了一个让·波德里亚(Jean Baudrillard,1929—2007)称之为"审美泛化"的世界④。毋庸置疑,伟大的艺术带有诗意的全部深刻内涵,人往往可以通过伟大的艺术作品来领悟存在的秘密。而人生的真正意义便在于领悟存在的真谛并诗意地栖居在大地上,这便是一种诗意的生存。在海德格尔(Martin Heidegger,1889—1976)富有启发性的"哲学向诗的转化"⑤视野里,"诗"是真理的显现方式,"诗"是关乎

① [美]克利夫特·格尔兹:《文化的解释》,韩莉译,译林出版社1999年版,第18页。
② 禾刀:《寻找文化在社会发展中的作用》,《西安晚报》2010年5月23日第14版。
③ [德]尼采:《悲剧的诞生:尼采美学文选》,周国平译,生活·读书·新知三联书店1986年版,第2页。
④ 周小仪:《消费文化与生存美学——试论美感作为资本世界的剩余快感》,《国外文学》2006年第2期。
⑤ 哲学向诗的转化,源于19世纪后期开始弥漫开来的对理性主义的怀疑和反省,在其背后是更为宽泛的哲学、科学和其他学科的发展。柏格森的直觉理论,弗洛伊德的无意识心理学,尼采的意志哲学,海德格尔的存在主义哲学以及达尔文的进化论、爱因斯坦的物理学革命等都对当时的思想和艺术产生了冲击。

人类生存意义的创造活动,诗意的就是人性中最本真的东西,它不是狭义上的诗情画意,或一种浪漫的、理想化的生活方式,而是摆脱了一切思维和有限性的枷锁的思想和生存的最高之境。诗可以"兴、观、群、怨",文学艺术从一开始就与社会人生紧密相连,通过特有的方式昭示人生种种境遇,揭示心灵情感的变化,参与对人生的思考。孔子(前551—前479)主张"兴于《诗》,立于礼,成于乐"①。现代社会的人们用"诗"或"诗学"来对抗形而上学,抵消现代性的反噬力,反对科技理性,寻找精神家园。现代人已然觉悟到:最本质的东西不能靠主体在认识论层面上的认知活动来把握,也不能以理性的计算之思来衡量,而必须靠觉悟、靠领悟之情。"存在"只能以一种类似诗性的、整体的、非概念性的、模糊的思维方式才能被领悟。然而,目前的实际情况是,实利主义蒙蔽了人们的眼睛,迷失了人的本性,使他们只看见眼前的蝇头小利,而丢掉了人生中最为重要的东西②。

　　一个国家要实现真正的崛起,制度与信仰均不可或缺且同等重要,也就是说,在群体性的制度安排与政治谋划之外,民众个体还必须拥有坚实的信仰与饱满的精神。反之,当政治制度和精神信仰全部破产,这个国家也就必然没落 。当然,现时代的精神信仰未必是宗教,从更具积极和普及进步意义的角度说,它是本民族文明与世界先进文明产生"化学反应"后的普适性价值观。当代中国确实存在着经济的亢奋与实绩掩盖了精神的贫乏与扭曲,整个社会的文化与精神出现了巨大的断层。同时,政府大力推进的主流文化并未显示出文化自身的包容性与化育性,这导致社会价值、文化价值判断以及自我评价越来越走向物质化的单一标准,个体没有了丰富多彩的多元化选择,整个社会都"向钱看齐",物质主义与消费主义作为"新的意识形态"在中国大陆空前强大并深刻塑造着社会各阶层、影响着社会各领域。对于现代化进程中出现的诸多文化存续的正义问题——包括制度性、行业性、伦理性甚至审美性的,尤其是民众中出现的道德滑坡和精神萎靡,如何才能尽早扭转这种文化生态的严重失衡与精神质量的持续下滑,是一个亟待解决的现实难题。

　　品位、道德、智慧是文化积累的总和,对于一个国家或者一个人来说概莫能外。正如德国思想家恩格斯(Friedrich Von Engels,1820—1895)所说:"文化上的每一个进步,都是迈向自由的一步。"③实现中华民族伟大复兴的"中国梦",就是要实现国家富

---

① 孔子:《论语·泰伯》,哈尔滨出版社 2007 年版,第 16 页。
② 徐碧辉:《美育:一种生命和情感教育》,《哲学研究》1996 年第 8 期。
③ [德]恩格斯:《马克思恩格斯文集》(第 9 卷),人民出版社 2009 年版,第 120 页。

强、民族振兴、人民幸福；它也是和平、发展、合作、共赢的梦。整合全社会的精神资源，凝聚人心并团结民众，推动一个强有力的、具有最大程度文化认同与文明共识的中华民族的真正形成，这才是"中国梦"的文化内涵和文化复兴的价值所在。总之，"吃饱饭"以后的"有尊严的生活"等涉及生命质量提高的丰富性与品质性需要，越来越需要"文化正义"的刚性干预以及人文文化的柔性滋养。因此，如何更好地释放文化"正能量"，将成为今后一段时期内国人须认真对待的严肃课题。

文化生态与审美品质的正义之维[*]

——从《文化正义》说开去

◎高玉明

内容提要 文化是一个国家的精神旗帜,民族复兴的根本是文化的"和而不同"与文明的养成;品位、道德、智慧,是文化积累的总和。犹如"恶补""硬实力"的经济一样,我们当前亟须充实中华文化的实力和提升中华文明的水准,才能使中华民族屹立于世界民族之林并实现和平崛起的世纪目标。在民族复兴的关键时段,事关文化"生存与发展"的问题都聚集在"正义"旗帜下,与世界范围内文明的"生态转向"与"现代性反思"交汇,文化正义的匡扶成为时代要求。文化只有在"练好内功"的前提下,才有可能真正实现"讲好中国故事"、"传播好中国声音"的文化"走出去"的国际传播目标。

关键词 文化生态 审美品质 《文化正义》 魅力中国

谚语云:"国民之魂,文以化之;国家之神,文以铸之。"一个国家、一个民族只有精神文化和经济、政治、社会等各方面同步发展,才能真正实现繁荣昌盛。随着文化在国家历史和世界历史中的比重正在日益加大,在很大程度上可以说,我们生活的这个时代正在成为一个"文化的时代"。在当前这个初露端倪的"文化的时代"里,中国迫切需要解决的一个问题是——"软实力"的提升如何跟上"硬实力"的发展。

正如德国思想家恩格斯(Friedrich Von Engels,1820—1895)所说:"文化上的每一个进步,都是迈向自由的一步。"① 综合来看,如果文化软实力不行,则说明这个国家理想缺失、文化贫瘠、国民素质低下、人心涣散,对内很难统一思想、凝聚人心、弘扬正

---

* 国家社会科学基金重大招标项目,批准号12&ZD22。

高玉明,华东政法大学人事处副处长,研究方向为文化传播学、社会主义法制教育。

① [德]马克思、恩格斯:《马克思恩格斯文集》(第9卷),人民出版社2009年版,第120页。

气、振奋精神。实现中华民族伟大复兴的"中国梦",就是要实现国家富强、民族振兴、人民幸福;它也是和平、发展、合作、共赢的梦,与包括美国梦在内的世界各国人民的美好梦想相通①。传统典籍《礼记·中庸》载有"凡事预则立,不预则废"的古训,它确实是当下中国转型发展过程中所必备的危机意识和战略警醒。犹如"恶补""硬实力"的经济等一样,我们当前亟须通过制度正义、体制调整与实践创新等充实中华文化的实力和提升中华文明的水准,才能使中华民族屹立于世界民族之林并实现和平崛起的21世纪目标。

一、文化正义的现实场域与深层结构

处于"大转型"中的中国,似乎一切均有可能,似乎一切都在变,然而仔细审视和端详之后,却发现繁复变化的表象背后"一切又都是那么面熟",特别是那些摆不到桌面上的、人人熟知的社会"潜规则"与"深层结构",还有那些"嗅得到"却"看不着"的"气氛"以及为人行事的"感觉",这些都涉及文化与品格,无论政治决策、经济蓝图、法律制度、社会民生还是文艺批评。稍有常识的人皆知,在当今中国,法律规定、真实制度和潜规则这三者之间存在着微妙、复杂的差异与张力。中国社会里各行各业都有自己的潜规则,当潜规则与法律有抵触时,潜规则往往超越了法律,这就好比法律规定人民可以集会、结社、投票,但潜规则下这些都做不好。总而言之,"吃饱饭"以后的"有尊严的生活"等涉及生命质量提高的丰富性与品质性需要,越来越需要"文化正义"的刚性干预以及人文文化的柔性滋养。

一个国家要实现真正的崛起,制度与信仰均不可或缺且同等重要,也就是说,在群体性的制度安排与政治谋划之外,民众个体还必须拥有坚实的信仰与饱满的精神。反之,当政治制度和精神信仰全部破产,这个国家也就必然会没落。正是基于以上思想忧患和现实关照,傅守祥教授的学术专著《文化正义:消费时代的文化生态与审美伦理研究》②充分展现了当代中国学人的思想勇气和学术良知。该书立意"在大框架里研究细节问题,在焦点转换中透视现实难题",借文化人类学的现实命题,综合生态学、文化哲学、政治哲学、社会理论与文艺美学的多维视域和研究成果,瞩目特定文化群落内

---

① 林伟:《习近平奥巴马会晤"对接"中国梦与美国梦》,人民网,2013 年 6 月 9 日,http://opinion.people.com.cn/n/2013/0609/c1003-21799605.html。
② 傅守祥:《文化正义:消费时代的文化生态与审美伦理研究》,上海人民出版社 2013 年版(后面行文中简称《文化正义》)。

部的博弈关系与发展平衡;透过日常生活中的诸多文艺现象和文化事件,关心族群文化的精神品质和文明程度;力图从跨学科角度演证当代中国的文化复兴立根应在精神品质的切实提高、文化生态平衡与优化寄望于制度文明的大力更新以及社会正义的多层面落实等。论著《文化正义》细分为六章,具体论及文化生存的生态环境与综合因素(尤其是体制与资本的影响)、现代文化群落的集散地"城市"以及"生态经济"的实例之一文化产业、文化生态内部经典文化与大众文化的时代交替、审美范式的主调更换与时弊、消费时代的文艺实践及其审美偏颇(涉及张艺谋电影、冯小刚贺岁片、赵本山春晚小品、网络恶搞等民众瞩目的文艺现象)、魅力中国的人文期待等①。

无数事实已经证明:经济不是社会发展的唯一目标,文化的发展必须以人为本。文化是价值,创意是生活,品质是保障。在"品质为王"的时代,文化和创意最终都是为了人。论著《文化正义》提出,事关当代中国文化生存与发展的"文化正义"起码包含两个层面的含义:第一个层面是指比较宏观性的文化资源的公平分配、文化战略的方向选择、文化发展的制度决策以及国家发展的优先次序等;第二个层面是指比较微观性的文化批判和评价的某种美学和艺术标准,用以督促文化内涵的丰厚和艺术品质的提升。前者侧重文化领域的"分配正义"、"制度正义"、"决策正义"与"程序正义",隶属政治哲学的范畴;后者侧重文化艺术品的美学价值或曰"审美正义",隶属美学的范畴②。那些善于将政治哲学和美学结合起来的传统的马克思主义文化批评家,对这些文化层面的正义问题都曾持续关注过,遗憾的是我们这些"中国门徒"太健忘或者选择性健忘了,当代中国应该继承和发扬这种马克思主义传统,以利于我们更好地坚守和捍卫"文化生存的制度正义、文化发展的程序正义和文化生成的审美正义"。同时,我们要积极借鉴人类政治文明有益成果、积极吸收借鉴国外优秀文化成果③,在民族复兴的道路上做到"既要面包更要尊严"④。

思想市场所传递的既不是最终的真理,也不是绝对的权威。面对复杂的中国环境与文化变迁,傅守祥教授多年来一直思索知识分子/学者能尽到的切实的职分,以及作

① 傅守祥:《文化正义:消费时代的文化生态与审美伦理研究》,上海人民出版社2013年版,第15页。

② 当然,"文化正义"除了以上涉及社会层面的外源性因素之外,还包括涉及个体层面的内源性因素,譬如说某人具备了想象他者与去除偏见的能力、具备了同情他人与公正判断的能力,我们就可以说他本人具备了坚守"文化正义"的能力,其个体的"文化生存"品质很高。

③ 胡锦涛:《坚定不移沿着中国特色社会主义道路前进 为全面建成小康社会而奋斗》,《人民日报·海外版》2012年11月9日第2版。

④ 傅守祥:《文化正义:消费时代的文化生态与审美伦理研究》,上海人民出版社2013年版,第33—34页。

为普通社会个体能坚守的良知底线。源于近 20 年对中国政府倡导并推进的"文化发展战略"与"文化体制改革"的关注,傅守祥教授在五年前的专著《审美化生存:消费时代大众文化的审美想象与哲学批判》基础上拓宽研究领地,尝试从解剖民众熟悉的文艺现象和文化体验入手,对照国家发展规划与民族愿景导向的一些纲领性文件,结合研判文化生存、接续、衍生与更新的整体环境与内在机制,32 万字的论著《文化正义》就是这种持续性整体思考的思想结晶。

文化需要文化人的不懈努力,更需要政治人的正确参与。文化无法与政治绝缘,文化发展亟须制度文明的保障与推动;让政府的力量为文化建设打工,让政治为文化繁荣服务,那么,文化中国的复兴与魅力中国的重现也就为时不远了。我们应坚持保护传承与发展创新并重、文化事业建设与文化产业发展并举、历史传统与时代精神融合、文化发展繁荣与经济转型跨越互促,通过开展广泛而深入的文化交流,体悟中华民族优秀文化传统,在弘扬优秀传统的同时努力吸纳创新,增强人们的文化自觉和文化自信。总之,整合全社会的精神资源,凝聚人心并团结民众,推动一个强有力的、具有最大程度文化认同与文明共识的中华民族的真正形成,这才是"中国梦"的文化内涵和文化复兴的价值所在。当今中国已经与世界更加紧密地联系在一起,世界需要更好地了解中国,中国也需要更好地了解世界。中国只有在"练好内功"、"把自己的事情办好"的前提下,才有可能真正实现习近平主席提出的"讲好中国故事"、"传播好中国声音"①的文化"走出去"的国际传播目标。

二、社会"大转型"中的文化生态失衡

文化是一个国家的精神旗帜,民族复兴的根本是文化的"和而不同"与文明的养成;品位、道德、智慧,是文化积累的总和。在市场竞争与行政集权相结合的"后革命体制"下,伴随消费主义的冲击,市场经济环境中的当代中国的文化主流形态发生更替、审美基调出现大幅调整,这场与社会"大转型"联动的文化大变迁,引发了文化生态的严重失衡以及审美伦理的深度失范,文化"正能量"的释放成为难题,其中当代文化的精神品质的剧降和审美品格的异化特别突出。

论著《文化正义》指出,考察当代中国的文化生态,应该特别关注在市场经济条件下、消费主义日渐强势的中国当代文化系统内部的相互作用与关系,既包括社会大系

---

① 习近平:《讲好中国故事 传播好中国声音》,《新华日报》2013 年 10 月 26 日第 1 版。

统内的政治、经济、社会、军事因素等对文化变迁与文化品质的影响,也包括"作为观念的文化"的内部微循环、微生态对精神质量、审美品质的影响,尤其是人文性的经典文化的原型性和硬度、消费性的大众文化的个性化与品质、主导性的官方文化的宽容度与弹性、原生态的民间文化的多样性与抗争等。文化生态好坏与否的主要衡量指标是文化的多样性与丰富性、文化的地方性与个体经验性以及文化内部的平衡、活力与衍生。当然,文化生态的暂时性失衡有时是正常现象,譬如文化主潮的时代兴替、文化品质的局部下降、审美品格的调整性失调等,但是要坚决防止文化生态的持续恶化、文化正义的长期缺失以及世道人心的时代迷失。当前,我们应该进一步发掘经典文化包蕴的生命智慧,及时纠正大众文化的过度扩张与超级霸权,警惕大众文化与日常生活审美化交融而形成的"审美化生活"的隐秘危害及其排他性、遮蔽性[①],更要警惕政府在"文化振兴"口号下制造新的文化失衡,防止其引导文化生态走向进一步的恶化。

与文化的多层语义相对应,文化生态起码包括宏观、中观、微观三个层面的内容,其中既包含文化实践的政治良序,又包含文艺批评的审美标准,主要体现为捍卫文化生存的制度正义、文化发展的程序正义和文化生成的审美正义等,而城市文化的文脉接续与文艺生产的喜剧精神的坚守是至关重要的。其实,无论是文化人类学关注的"文化生态"论题,还是文化哲学关注的"文化生成"论题,他们都是以宏大的视野、落点于具体的文化现象和文化事件,通过调查与分析"文化形态"的完备程度、文化影响的辐射效果、文化传统的族群接续等以及诸种文化形态的交往性博弈,透视性地关注文化的内在品质、创生活力和精神导向。相对于文化人类学的旁观式研究范式,文化哲学更倾向于参与式研究、更侧重于研究文化生成过程中的制度性建设与外源性干预,尤其关注意识形态对文化发展的扭曲、金钱资本对文化品质的侵蚀、高新科技对文化生成的参与等。在中华民族复兴的关键时段,事关文化"生存与发展"的具体问题大都聚集在"正义"旗帜下,与世界范围内文明的"生态转向"与"现代性反思"交汇,文化正义的时代匡扶成为文化"品质性发展"的内在要求[②]。

论著《文化正义》认为,从马克思主义文化哲学维度审视,经济理性的过度扩张、文化正义的时代缺失以及娱乐至死的泛滥、技术主义的偏执、物质主义的异化、活命哲学的涌动等导致了中国当代文化的失重,加剧了文化道统的危难。这种文化危机在美学上的症候是日常生活审美化而审美思考虚位,上升为美学主调的喜剧美学沦落为平面

---

① 傅守祥:《文化正义:消费时代的文化生态与审美伦理研究》,上海人民出版社 2013 年版,第 13—14 页。
② 傅守祥:《文化正义:消费时代的文化生态与审美伦理研究》,上海人民出版社 2013 年版,第 10 页。

化的快感美学,文艺实践中的审美正义和美学品质得不到应有的保障。文化生态的正义问题,从外相上看关涉文化种类保护、文化族群博弈及其相关的体制转型等,但从内里看关涉的焦点仍旧是文化的精神品质与化育活力①。

尽管中国当前的文化建设不尽如人意,论著《文化正义》却充满信心地指出,在中共十八大以及十八届三中全会精神的引领下,生态文明的时代转型、以人为本的科学发展和以更大政治勇气与智慧不失时机地深化改革,将从制度层面系统推动社会公平与文化正义的进一步落实,促进文化生态的改善与再平衡,有利于人文生态的良性化以及大众文化的人文化。同时,媒介素养的提升、审美修养的提高、以文艺实践的低限与底线伦理的共识为基础的审美伦理的探索、以意义世界的生成与超越有限的自由为目标的美学重构,将有助于文化内涵的丰富与精神品质的锻造,有助于"魅力中国"的形成和展现。

---

① 傅守祥:《文化正义:消费时代的文化生态与审美伦理研究》,上海人民出版社 2013 年版,第 5 页。

论当代中国财神信仰与文化正义重构[*]

◎韩 雷

内容提要 传统财神信仰传承到当代，其载体或媒介已发生很大的变化，财神文化的内涵和功能也发生了微妙的位移。通过各种媒介中的财神信仰，可以深度透视社会体制或民众生活史的变迁。由于网络本身的特点，财神信仰传播空前被提速，财神信仰的文化内核有可能被置换，社会文化之正义可能遭遇某种危机。当代中国财神信仰或许关涉中国社会转型的大问题。

关键词 财神信仰 文化正义 社会转型 道德实用主义

中国传统的主管财源的神明分为两大类：一是道教赐封，二是民间信仰。道教赐封为天官上神，民间信仰为天官天仙。道教赐封并不称为财神，而是在所赐官职上加封神明。财神是中国民间普遍供奉的一种主管财富的祀神。佛教里也有财神：北方多闻天王和善财童子。当代为了迎合大家的心理，还出现了网络财神和电子财神等。当前，中国民众供奉的财神主要有七位，分别是：端木赐（子贡，儒商之祖）、范蠡（浙商）、管仲（徽商）、白圭（晋商）、关公（关帝阁）、比干（文财神）、赵公明。本文通过重新审视当代中国的财神信仰，以探讨财神信仰与中国文化正义乃至中国社会转型等内在关联的复杂问题。

一、电影与网络等媒介中的财神信仰

2010年上映的电影《财神到》系由阮世生编导的一部喜剧，由谭咏麟、张震、张雨

* 教育部人文社科项目，编号11YJA840002；浙江省哲学社会科学规划课题，编号10CGSH06YB。
韩雷，温州大学人文学院副教授、硕士生导师，研究方向为文化民俗学与美学。

绮等一线明星联袂主演。影片讲述的是这样一个故事：财神总管训导众财神，凡间近年多灾多难，正所谓"人间有难，天上有爱"，财神们除了送钱，还要把爱心散播凡间。因那年是非常时期，财神总管也决定亲自上阵，带同"如、意、吉、祥"下凡派钱。众财神们向人间进发，种种搞笑之情节就此铺展开来。但这部电影所讲述的故事背后其实包含了中国传统财神信仰本身所未强调甚至缺失的某种人间大爱，大爱的背后其实是某种文化正义支撑的结果，至少通过这部电影我们看到了，香港电影已从周润发甚至更早的江湖黑道电影或警匪片，过渡到了如今的某种对规则或正义的坚守，以至表达了某种超越江湖义气的人类之爱。我之所以强调这一点，是想表达某种理念的华丽转身实在跟人的变化有关。说到底，江湖黑道电影或警匪片都跟金钱有关，而在这些电影中我们总能看到财神的影子，故事中江湖恩怨的对决、血腥或暴力就在财神面前现场直播；这样的"直播"使民间的财神信仰或多或少地沾上了某种不正义底色。而《财神到》电影之所以口碑越来越好，可能就跟其含蕴的人间大爱有关。也就是说，财神所到之处带来的不仅仅是金钱，还有来自充满正义之人间的大爱，因为电影中财神所带来的金钱也仅仅是象征性的一元钱而已。

深入透视香港电影的发展历程，我们甚或可以捕捉到某种人性或对传统信仰的潜在位移，这样的位移可能展示了香港在现代化的过程中所受之痛，即在无规则的阈限阶段，人人自危，只能依赖江湖义气糊口或过上上等人的生活。此时的财神信仰更多的是一种强化江湖团体的凝结剂，为糊口之财而奋斗不止。但这样的目标往往遭遇到大英帝国的法律等正规制度的约束，所以其江湖义气往往就带些悲剧色彩，显示出诀别传统生活观念的痛苦和无奈。在我看来，这时的财神信仰更多体现了其固有的特点，只不过这种信仰传达了某种不正义的东西，通过不正义获得正义，即少数人获得的正义，跟更大的群体无关。

所谓正义，包括文化上的正义（如电影或其他艺术形式所呈现的正义），实在与人情无法割舍，正义往往被人情或潜规则所扭曲，也就是说传统中国社会很少拥有罗尔斯意义上的制度正义，最多是一种少数人组成的某个群体的暂时正义，更不是一个民族或国家共同遵守或认同的文化正义。

最早的财神信仰是源于贫穷的民众生活无着落，希望财神帮助其活下来，亦即财神是谋生之具，而并非使之好上加好，乃至发大财成为暴发户。但今天的财神信仰已经愈来愈远离这些，信财神就是为了发更大的财，更不择手段，甚至抛弃江湖之义气，更谈不上对文化正义的坚守了。如果说香港电影最初传达了中国传统社会某种本质性的特点，但少数全体的"义"——虽然不是现代意义的文化正义——毕竟胜于没有任何义气的不择手段。即使如此,这样的贪婪和不择手段,也远远背离了财神赵公明、关羽或陶朱公的精神内涵。实际上,这三位财神所包蕴的文化内涵还是有所差异的,笔者将在下文加以辨析。

美国学者托马斯·弗里德曼在《世界是平的——21世纪简史》一书里就很有预见性地指出:"能够让个人自由参与全球竞争的不是马力,也不是硬件,而是软件和网络。这些应用软件和全球光纤网络的结合拉近了我们的距离,使我们变成了彼此的邻居。"①中国的财神信仰也借此东风,在网络世界里弥漫,财神出国再也不是什么奢望了。春节迎请财神是中国的传统风俗习惯。2009年春节,在世界上最大赌城——美国的拉斯维加斯,一家超豪华赌场百乐宫的大厅深处也请来了一尊塑像——中国的财神。另外,在国外一些华人聚居的地方也有中国财神塑像。诚然,中国财神出现在国外,这与中国日渐增加的经济实力与影响力是密不可分的,也与出国留学、经商、旅游的国人日渐增强有关。百乐宫特意建造了这尊财神塑像,既满足了中国游客对传统习俗的需求,也拉近了与中国人的感情,增加了对中国游客的吸引力。从财神这样的风光出游,我们不难看出,中国传统财神信仰也给西方国家带来了财运,只不过这种财运是中国游客带来的,用强化文化认同的方式吸引中国游客。

在线财神②也相继在国内网站隆重登场。随着网络贸易的兴起,网店的大量涌现,在线财神受到青睐。网店没有实体门面,自然不适合供奉传统的财神塑像,在线财神正好满足了这样的需要。虽然现在财神也出国了,但在国外,有中国财神的地方还是少,祭祀崇拜不方便,要拜财神怎么办? 祭拜在线财神也是一个不错的选择。在线财神不仅方便了国外游子,国内很多身在异乡的打工一族,由于在老家请财神不能时时供奉,而在暂居地供奉财神也不是那么方便,在线财神也成为他们不错的选择。

中国民众所供奉的财神本身也已被当代科技升级换代了,电子财神,就是在传统财神基础上的改进。所谓电子财神,就是运用现代科技手段对财神像进行改进,采用电烛、彩灯、电灯笼替代传统的香、烛,并配有音频设备,可以自主颂佛经,发出"恭喜发财"等声音效果。传统财神已经借助当代先进科技而全方位地与时俱进了。

---

① 〔美〕托马斯·弗里德曼:《世界是平的——21世纪简史》,何帆等译,湖南科学技术出版社2013年版,第9页。

② 网络恭请财神步骤如下:首先,在评论里留下"恭请财神"四个字;其次,复制到你的相册里,或发表,写上"恭喜发财";最后,完成以上步骤,恭请成功。该网站广告词是:"网上贡财神,可以保佑你财源广进,心想事成。事业顺心,招财进宝,发大财。网上人气旺,点击率高。信则灵。只有从本站请的财神有效,转发或别人复制均无效。"跟帖者都是"恭请财神",且很多。详见 http://wbr12.blog.163.com/b.og/static/10139875200722722385851/。

2013 年 12 月 19 日,江苏常州市达新北万达广场空降财神爷①。这位"财神爷"大步流星,器宇轩昂,真有几分财神范儿!仔细观察后我们发现,这位"财神爷"不时地向周围路过的行人分发传单,在他周围还有活动人员热心地为有疑问的行人做解答。有假扮的"财神爷"来派发传单,其广告效果是不会差的。我们在网上还能看到网友撰写的《礼财神偈》,如"此心虔诚礼财神,祷愿财富临福门。心怀天下穷和苦,甘作济世扶贫人"等。

自 2011 年 1 月 1 日始,东方卫视《第一财经》主办,五路财神之首赵公明祖庙、中华财神官方站配合的迎新春"财神到"大型迎春活动正式启动,历时一个月,至农历大年初五民间风俗"迎财神"达到高潮。该活动在全国十省市同时展开,同时以东方卫视为主的十多家重点城市电视台参与其中,以文化专题片、幸运家庭参与、财富梦想宣传、财神有礼直播,以及初四晚上的"财神大联欢"等方式开展,奉献给广大观众一场丰富的文化饕餮大餐。一个社会在人们普遍贫寒或贫富差距拉大的时候,财神爷的位置就会很高,这个时候没有钱的人希望能得钱,创业的人希望生意成功,已经初步成功的人也希望财神爷能给个稳定的保障。财神信仰在某种程度上能弥合社会因缺乏有力的认同而形成的文化缝隙。令人担心的是,这样的财神信仰可能缺少一种超越的精神维度,财神信仰的复杂面相可能被部分遮蔽。

二、财神信仰:非制度正义层面的道德实用主义

电影《甜蜜蜜》中曾志伟饰演的豹哥很讲江湖义气,当香港警方想让他做污点证人时,他拒绝出卖朋友,在一个雨夜与张曼玉饰演的同居者李翘悄悄离开香港,先是逃到台湾,最后又躲到美国纽约。豹哥与李翘在纽约找到住房安定下来后,要做的第一件事就是请一位财神。当然这是豹哥首先提出来的,赚钱养家从来都是男性的伟大事业,男性为了保住这一点成就感,需要借助财神的帮助。在此我想对这样的信仰文化内涵作个定性,这实在是一种道德实用主义,对家庭负责的道德实用主义,但还未上升到制度层面。

道德实用主义在我看来融贯在中国的传统习俗中,比如育儿习俗在国民性的培养上诚然至关重要,但让人感到其总缺少一种制度上的关怀。例如,以前中国孩子常常听到的歌谣,如《小小孩》、《花喜鹊》等,是成年人在逗弄幼儿时说的,其内容多为娶媳

---

① http://cz.house.sina.com.cn/news/2013-12-19/16243817882.shtml。

妇、过日子。虽有些夸张,却反映了中国人普遍的一种人生观,即人的一生无非是挣钱、娶妻、居家过日子。幼儿从小就在无形当中接受了这种教育。这与西方童谣、故事鼓励孩子冒险、寻找财富、救公主、杀怪兽、当英雄等内容差别很大。因此我们说,童谣对儿童世界观和人生观的形成具有重要的意义。西方的育儿习俗可能培养出来的孩子更独立,更愿意冒险,更看重法律、规则、权利等问题,而中国文化中的育儿习俗培养出来的孩子更看重家庭,看重人际关系,讲究自律、自我修养,这些都跟育儿习俗有着密切的关系。各种习俗都是我们探讨文化价值观的重要材料。同样,有关财神信仰的材料,包括不同版本的财神,都是我们探究社会文化的重要材料。

　　民间有文武财神之分,武财神是赵公明,称为赵公元帅,因为他曾统领招宝、纳珍、招财、利市四神仙,故能迎祥纳福;文财神是范蠡,民间敬称为"陶朱公",是既富又仁的财神爷。文财神"陶朱公"曾助越灭吴,谋略深算,后弃官经商,十九年中就"三致千金"、"纹银满仓",但又舍财济贫积善积德。另外常州人称财神为"路头",也有两种说法:一是说纪念抗倭义士何五路,将英烈神化,是民间信仰的重要特点,寄托了老百姓对其造福一方的感恩之情,以期路路通而生财,国强而民富。另一种说法是指东西南北中五方"行神",即主司交通的"行神",将"行神"演化为财神,正应了商家的祈盼,希望水路通财路,路路发财。"生意兴隆通四海,财源茂盛达三江"指的就是"行神"来财,即"水通财"。初五供奉财神的同时还要"落神子",就是在除夕将祖宗神像挂于堂中设供,初五中午拜祭后卷藏起来,谓"落神子"。

　　年初五这天既是开门迎财、也是各店家一年中开门迎客做生意之日,更是老板与伙计留走的重要时刻。正常情况下老板中午要请全体店家吃"路头酒",更要吃"家祭菜"、"如意菜"——用黄豆芽加百页丝、油豆腐、豆渣饼等烧的菜以取吉兆。如果老板将早晨供奉的鸡大腿给伙计吃,即暗示饭毕将卷铺盖辞退走人,因为鸡"腿"即"退"也。俗话说得好:"老板的财神日,伙计的晦气日。"吃到鸡腿就必须另找饭碗了。在农村同样也在田间敬财神,俗称"请路头",与城里的"烧路头"相比就简单得多了。

　　关于"烧路头",还有另一种给人赔罪的解释。假如民间发生了纠纷或某人冤枉了人家,必须请"大先生"(地方上有名望的人)来调停。"吃讲茶"完毕后,败诉的一方就要被罚给枉屈的人家"烧路头",以示挽回影响,消除灾晦,避免矛盾激化,使两家重归于好。

　　在中国民间信仰的众多财神中,有一类只能算作是准财神,意为未得财神封号,但由于此神能为人们带来一定的财运,承担了一部分财神的职责,于是人们就将其作为财神看待。刘海蟾就是其中最具代表的一位准财神。

　　刘海蟾原名刘海,五代时人,祖籍燕山(今北京),曾为辽朝进士,后为丞相辅佐燕主刘宗光。此人素习"黄老之学"。《历代神仙通鉴》中有云：一日，有自称正阳子(吕洞宾)的道士来见，刘海以礼相待，道士为其演习"清静无为之示，金液还丹之要"，索鸡蛋十枚，金钱十枚，以一钱间隔一蛋，高高叠起成塔状。刘海惊道："太险!"道士答道："居荣禄，履忧患，丞相之危更甚于此!"刘海顿悟，后解去相印，改名刘玄英，道号"海蟾子"，拜吕洞宾为师，得道成仙，云游于终南山、太华山之间。元世祖忽必烈封其为"海蟾明悟弘道真君"，武宗皇帝加封其"海蟾明悟弘道纯佑帝君"。

以此看来，刘海是个悟后弃富的道士，本与财神无缘，其成为财神也许是源于他的道号——海蟾子。蟾，即蟾蜍，因此物相貌丑陋，分泌物有剧毒，对人体有害，被列为五毒(蝎、蛇、蜈蚣、壁虎、蟾蜍)之一。又因蟾蜍的分泌物蟾酥有强心、镇痛、止血等作用，也受人们崇拜。《太平御览》引《玄中记》云："蟾蜍头生角，得而食之，寿千岁，又能食山精。"当时人们把蟾蜍当成了避五病、镇凶邪、助长生、主富贵的吉祥物，是有灵气的神物。刘海是以"蟾"为道号而闻名，又以"刘海戏金蟾"的传说被抬上了财神的宝座。

刘海戏金蟾出现在大量的民间年画和剪纸中，历代画家也有不少这一题材的佳作传世。在这些作品中，刘海皆是手舞足蹈、喜笑颜开的顽童形象，其头发蓬松，额前垂发，手舞钱串，一只三足大金蟾叼着钱串的另一端，做跳跃状，充满了喜庆、吉祥的财气。刘海所戏金蟾并非一般蟾蜍，而是三足大金蟾，举世罕见。金蟾被看作一种灵物，古人认为得之可以致富。这是刘海被塑造成财神的主要根据。据说，刘海用计收服了修行多年的金蟾，得道成仙。刘海戏金蟾，金蟾吐金钱。他走到哪里，就把钱撒到哪里，救济了不少穷人，人们尊敬他、感激他，称他为"活神仙"。为此，还修建了刘海庙，把他的故事编成戏剧，到处吟唱。

除了迎财神之外，祭祀财神也是必不可少的。每到春节，中国各地均祭祀财神，祭祀方法各异。北方地区春节时，家家请回财神，供奉财神像，焚香上供品。正月初二清晨祭焚财神像。祭祀时边行礼边诵祝词："香红灯明，尊神驾临，体察苦难，赐富百姓。穷魔远离，财运亨通，日积月累，金满门庭。"清代俗曲则云："新正初二，大祭财神，点上香烛把酒斟，供上了公鸡猪头活鲤鱼，一家老幼行礼毕，鞭炮一响惊天地。"祭祀场面非常隆重。南方敬祭财神供品内容特别讲究，供品共分三桌：第一桌为果品，有广橘，示生意广阔；第二桌为糕点，多用年糕，意为年年高，糕上插有冬青枝，意为松柏常青；第三桌为正席，有猪头、全鸡、全鸭、全鱼，等等，有招财进宝、鱼跃的吉意。祭祀时，主人点燃香烛，众人顶礼膜拜。人人满怀发财的希望，祈愿在新的一年里发财致富。在全国各地，都有祭祀财神的踪迹，财神在人们心目中的地位，便由此可见。

祭拜财神在中国人看来是如此重要，显然跟现代人类学家许烺光和当代学人曹锦清所观察到的是一致的,中国传统文化中老百姓或普通民众没有或很少有机会彰显自己的社会地位或身份,只能靠自己建造的房子。而能建造一座体面的住房当然要靠金钱,财源能滚滚而来,要拜财神之赐了。是故,李慰祖在《四大门》一书中的观察尤其意味深长,京郊的农民为了发财,没有供奉民间的通用财神赵公明或关公,而是四大门中的白门即刺猬;当地民众认为纸绘的财神像毫无用处,要修财神楼以供之[①]。京郊民众所供财神白门是靠把别人家的财物偷运过来,以使供奉它的人家获益或发财,当然被偷运财物的人家可能得罪了财神。不过,由此看出,这样的财神信仰实在没有任何正义可言,损人而利己,是非制度化层面的道德实用主义,与当代社会主流价值观背道而驰。

三、当代财神信仰与中国社会的转型

传统中国是一个人情味太浓的社会,日裔美籍学者弗朗西斯·福山在其出版的专著《政治秩序的起源》中,认为中国社会目前依然未摆脱部落社会的特点,跟非人情化管理的现代社会还有距离。宗族组织在很多情形中纯属富人特权。中国政治的现代化没有经济现代化的陪伴,即资本主义市场经济。它也没有社会现代化的陪伴,亲戚关系没有转换为现代个人主义,反而与非人格化管理共存,一直持续到今天。

亲戚关系体系崩溃,被更自愿、更个人形式的团体所取代,这就是社会现代化。但这种情况在中国历史上的秦朝统一后没有发生,原因有二:首先,资本主义市场经济没有出现,促进新社会团体和新身份的广泛分工也无从说起。其次,破坏中国亲戚关系的努力是独裁国家自上而下的计划。相比之下,破坏西方亲戚关系的是基督教,既在理论层次上,又通过教会对家事和遗产的影响力来进行。西方社会现代化的生根发芽,比现代国家或资本主义市场经济的兴起,足足早了数个世纪。自上而下的社会工程经常不能达到目标。中国的父系宗族和以此为基础的家族政府,其相关制度虽遭受痛击,但百足之虫,死而不僵[②]。

中国的宗教往往屈服于宗族或家族的祖先崇拜。"中国是创造现代国家的第一个世界文明。但这个国家不受法治限制,也不受负责制机构的限制,中国制度中唯一的

---

① 李慰祖:《四大门》,周星补编,北京大学出版社 2011 年版,第 14—15 页。
② [美]弗朗西斯·福山:《政治秩序的起源:从前人类时代到法国大革命》,毛俊杰译,广西师范大学出版社 2012 年版,第 124 页。

责任只是道德上的。没有法治和负责制的强大国家,无疑是一个专制国家,越是现代和制度化,它的专制就越是有效。"①中国设立了专业祭祀,主持向国王和皇帝赋予合法性的礼仪,但其国家宗教从没超越祖先崇拜的层次。祭祀主持对皇帝祖先的崇拜,但没有自己的司法权。这一点与西方迥然不同。弗朗西斯·福山所总结的政治的生物基础②是:人类从未在无社会状态中;人类天生喜欢制定和遵循规范或规则;人类遵循规则的本能,往往基于情感,而非理性(人类倾向于将固有价值注入规则,这有助于说明社会的保守和顽固。规则的产生是为了因应特殊情形;之后,情形本身有了变化;久而久之,规则变得过时,甚至严重失调,但社会仍然拽住不放。因此,各社会都有竭力保留现存制度的普遍倾向);人类天生具有暴力倾向;人类天生追求的不只是物质,还有文化或精神的认同。近代民主政体的兴起,若避而不谈其内核的平等认可,也是无法理解的。当代中国财神信仰所牵涉的文化正义绝不仅仅是制度化层面上的道德实用主义,还与中国文化正义的重构有关;换言之,中国传统文化中的道德实用主义要转型到文化正义,在已有的基础上重构与现代法治社会接轨的文化正义。文化正义绝对不能停留在道德实用主义的层面。因此,当代财神信仰又关涉中国社会的转型。

中国社会转型的文化基础也存在于财神信仰文化之中。讨好财神以获得更多的财富实属人之常情,但其中所蕴含的规则是可以链接当代的,主要体现在中国的财神文化之中。

农历正月初五"接财神"的习俗,盛行于明清和民国,迄今犹流传民间,唯"财神"即所谓赵公元帅,据说早在殷商时代已修道成仙。姜子牙辅佐周武王伐纣,他跑下终南山管闲事,站在商纣一边对抗义师,不幸阵亡,一道游魂被敕封为专管迎福纳祥的真神,麾下有招宝天尊、纳珍天尊、招财使者、利市仙官四员小神供其使唤调遣。沾光于这套招财进宝的班底,赵公元帅便成了盼望发财者崇仰祀奉的对象。或谓其性懒而散淡,一年中仅在正月初五那天走下龙虎玄坛一次,而且是随意,不定去往哪一家,所以大家都在此日赶早鸣放鞭炮,焚香献牲,抢在前头迎接他。不过也有人打听到这位尊神的生日是农历七月二十二日,因此并不去轧初五的闹猛,而是改在"财神诞日"悄悄备办盛祭,指望他从后门溜进来享用。我们现在常能看到一些商家食肆在铺面店堂里置有或大或小的"财神龛",平日电子香烛火高低明灭,忽于此日悄悄地摆上了四菜一

① [美]弗朗西斯·福山:《政治秩序的起源:从前人类时代到法国大革命》,毛俊杰译,广西师范大学出版社2012年版,第145页。
② [美]弗朗西斯·福山:《政治秩序的起源:从前人类时代到法国大革命》,毛俊杰译,广西师范大学出版社2012年版,第431—432页。

汤,便是已经掌握信息的明证了。

　　财神只有一个,加上四员下属也只凑成了一个巴掌之数,想发财的人却有那么多,供不应求是明显的,于是便有人主动出头,平衡供需矛盾,由此导致出一幅新的风俗画——"送财神"每逢初五之日,贫民乞丐三五结伙,戴起面具,扮成财神班底,号称"送财神",也叫"跳财神"。主人例须当场送上钱币酬谢,否则便在你家门口或店铺前闹个不停,徒惹围观者哂笑,倒不如破费一点,快把这班"活财神"送走完事。穷光蛋扮活财神,抢财神变送财神,这出充满讽刺意味的街头闹剧,倒也稀里糊涂地为迎财神习俗增添了不少额外的情趣。近年来结伙跳跃的"送财神"景象已经不见,取而代之的是单独行动——不声不响走到门前,拿张背面有不干胶的红纸财神像往门板上一贴,随即伸手讨钱,正见得时进俗易、推陈出新。

　　据说,财神爷是有钱人家供奉的,没钱的人供奉是不会显灵的。民间流传有"财神菩萨休妻"的故事:从前,财神庙财神身边总有一位端庄美丽的财神娘娘陪伴。后来这位善良的女菩萨突然不知去向,原来她被财神爷给休掉了。财神爷为什么要休妻呢?这要从一个乞丐说起。有个讨饭的叫花子穷得无路可走,讨饭路过一座古庙。进庙后,他什么菩萨都不拜,单摸到财神爷像前,倒头便拜,口里祈求财神爷赐财。赵公元帅见是一个叫花子,心想连香烛都舍不得点,还来求财? 天下那么多穷叫花子,我能接济得过来吗? 可乞丐心中想的正相反,他认为财神总会救济穷人的,富人不愁吃穿,求财何用? 便不住地拜。这时,财神娘娘动了恻隐之心,想推醒打瞌睡的财神夫君,劝他发善心给这叫花子一点施舍。可财神爷不理睬,打了两个哈欠又闭上了眼睛。虽然是财神娘娘,可财权在夫君手上,夫君不点头,怎么好将钱赈给叫花子呢? 娘娘无奈只得取下自己的耳环,扔给了叫花子。乞丐突然感到神龛上掷下一物,一见是一副金耳环,知道是财神所赐,急忙磕头,连呼"叩谢财神菩萨"。财神爷睁眼一看,发觉娘娘竟将自己当年送她的定情物送给了穷叫花子,气得大发雷霆,将财神娘娘赶下了佛龛。自此以后,数百年来就再也没有一个穷人是拜了财神而发财的。

　　另外,财神的供养和一般的神像供养不同,除去每天三炷香的香火供养外,农历每月十五,应该用"御守盐"调和清水为神像、神龛清洗。"御守盐"为东密佛教特有的祈福、结印、开光用的盐,本身具有很强的灵性,可以沟通天地神灵,所以定期用御守盐清洗神像、神龛是很必要的。农历每月十八日,或者特别大喜来临前需要祈愿求福时,应该在"御守宣"上写下愿望,之后放在香炉上焚化。"御守宣"是一种符咒纸,在符咒纸上写愿望焚化,可以很好地和神灵沟通,这样经常和神交流才能更好地得福。中国传统民间观念认为财神是掌管天下财富的神祇;倘若得到他的保佑眷顾,便肯定可以财源广进,家肥屋阔。因此很多人为求心安理得,往往会摆放财神的像在家里,求取好兆头。

这样的传说和习俗文化确实传达了一个常识性的真理,真正的穷人很少能得到财神的眷顾,倒是有钱人常常获得护佑。财神的不正义恰恰反映了中国民众的某种清醒。若这种清醒转化成文化的自觉,中国社会之正义的重构就有了某种可能;如此就为中国社会的转型提供了必备的条件。

总之,中国当代财神信仰因媒介的发达而被传播得更快了,渗透到民众生活世界的角角落落;缺少文化正义的财神文化沦落到只有金钱崇拜却没有文化的尴尬境地。有钱者和没钱者在追求财富的过程中都不择手段,成功者陷入娱乐至死的消费文化的泥淖中,未成功者正在苦苦挣扎,翘首期盼财神的青睐。追求财富没什么不好,但追求财富不是唯一的目的,如何追求财富,追求财富之后怎么办,才是我们当代中国人应该警醒的问题。一个没有文化正义的国度,一个仅仅认同金钱的国家,哪怕财富再多,其在当今世界也没有真正的竞争力。

中国特色社会主义和谐文化建构中的西藏文化 *

◎项江涛

内容提要 在改革开放与中国特色社会主义现代化建设中,当今中国多元一体的文化格局呈现出复杂性、跨越性、紧迫性、整体性等文化特征和认同特征。被赋予深刻内涵的传统"和谐"思想与改革创新的时代精神则为我们确立了现代化建设的文化建构坐标。对改革开放与传统文化的思考,必须跳出传统与现代的二元对立。本文以西藏文化建设为例阐述了中国特色社会主义和谐文化建构的重大意义和西藏文化面向改革开放、面向中国特色社会主义和谐社会的建构具体路径,论证了中国特色社会主义和谐文化建构是历史的必然选择,是中华民族优秀传统价值观与改革创新的时代精神的完美结合。

关键词 中国特色 社会主义文化 改革开放 西藏文化 和谐文化建构

弘扬与建构和谐社会是实现民族团结、维护社会安定与发展的重要举措之一。中华民族文化是包容了多个民族文化于一体的多样性统一,各民族在几千年历史的交流、融合中沉淀凝聚了中华民族共同的文化共性,结晶了共同的民族精神,对中华民族几千年的文化融合,各民族的共同和睦相处,以及中华民族文化的传承和社会的稳定与发展都产生了巨大深远的影响。在全球化文化激荡的今天,改革开放,追求、构建中国特色社会主义是历史的必然选择,是中华民族优秀传统价值观与改革创新的时代精神的完美结合,也是 21 世纪我们面临的迫切任务。

---

　　* 国家社会科学基金重大招标项目,批准号 12&ZD22;教育部人文社会科学研究项目,项目编号 10YJC710074。

　　项江涛,《中国社会科学》杂志社编辑、艺术学博士后,研究方向为文化社会学与民族艺术。

一、中国特色社会主义和谐文化建构的复杂性

和谐思想是中国哲学的一个根本观念,是中华文化精神和民族精神的一个显著特点,是中华文明的传统价值观,是中华民族多元一体格局的文化共性。在奠定了中国传统文化思想基础的先秦典籍中,尤其是在儒家学说和道家学说中,对和谐观念已有明确论述,《道德经》中道家的宇宙万物阴阳对立统一"天人合一"的思想,儒家的"礼之用,和为贵"无不强调和谐和美,并对其给予了较高评价。"在中国传统文化中,和谐的概念内涵十分丰富,外延无限广泛,社会生活的方方面面,从个人举止到国家行为,从产品交换到文学艺术。从思维方式到生活方式,无不追求和谐。"①文化认同作为人类文化范畴,学界的定义各有着重,但其基本内涵是一致的,都是指确认我们一种共同的文化身份,"是民族、国家的一种文化心态……是将一个共同体中不同的个人团结起来的内在凝聚力"②。

中国特色社会主义文化建构就是在全球化、各种文化的冲突与融合中确立建设我们共同的文化身份,而这种文化应该是既发扬了优秀传统,又借鉴了现代化因素,是先进的、创新的文化,中国现代化建设所处的时代背景,自身是多民族的文化结构,决定了中国特色的社会主义文化建构的复杂性。原因有三:其一,从所处时代的当前境况来看,中国文化共性认同具有跨越性、历史进步性。中华民族传统文化现代化建设的今天,也正是全球问题(如资源危机、环境污染、民族文化冲突等)日益严重的时代,中国特色社会主义和谐社会建设就是要超越由于过分强化技术理性而产生的"现代化痛楚"和"发展性危机",中国特色社会主义和谐社会建设是对中国优秀传统的发扬,是我们前进的方向,是在全球化背景中整合中国多元一体文化确立的文化建构的旗帜,是对"现代化困局"的有效跨越。其二,从全球化浪潮强大的冲击力、解构力来看,中国特色社会主义文化建构具有紧迫性,中国特色的社会主义文化建构面临着全球化的外在挑战与文化内部认同整合的两重压力。其三,中国多元民族结构决定了民族文化的多样性,而中国文化是共性与个性的高度统一,从而使多元文化的建构表现出整体性,西藏文化作为中华民族文化子系统,其文化自然体现出中华民族文化的共性,其在现代化建设中必然要继承中国文化共性特征,部分不能脱离整体而存在,必然要反映整体

---

① 吴同瑞:《构建和谐社会、和谐世界与中华文明》,《北京大学学报》(哲学社会科学版)2007年第1期。
② 贺彦凤、赵继伦:《全球化时代中国文化认同的建构》,《马克思主义与现实》2007年第1期。

并受整体制约,这是文化认同建构中反映出的整体性。作为中国文化共性的和谐思想在西藏文化建设中无疑要继续发挥至关重要的作用。

中国特色的社会主义文化建构的复杂性具体到西藏文化,则表现为在今天的西藏文化建设过程中我们所面临的多重使命:其一,要解决西藏进步同中华民族整体进步中的内在统一性,西藏的发展较滞后,落后于东部地区民族现代化步伐;其二,面对全球化的外在挑战,国内外分裂势力的干涉和煽动,要加强民族文化自觉性的建设;其三,在现代化建设过程中,同时要保护发展其特有的优秀的民族文化资源。所以实现藏族传统文化建设是一个如何研究藏族文化所包含的和谐思想的价值、思想认同体系同改革开放、中国特色的社会主义,以及同中华民族整体文化整合互动关系的综合系统工程。

在现代化的建设中,藏族传统文化或许依然存在着一些消极的因素。西藏传统文化是一种特殊的伦理道德文化,可能具有一定的封闭性特征,具体表现为世俗文化和宗教文化、多民族文化融合,文化内外交流与对立统一等,其文化精神表现为主体性精神、创造性精神、开放性精神、奋进性精神和爱国主义精神等。西藏文化中也存在一些因素,如:价值观念上,重宗教,轻人生,重神本,轻人文;在人生观、世界观上,重精神,轻物质,重来生,轻世俗;在生产生活中,重农牧,轻工商等。[1] 这些因素在藏族传统文化的现代化过程中需要得到扬弃。同时我们还要看到藏民族自身所处的地域环境的独特性,在客观上并没有完全造成该民族传统文化的封闭性和神秘性,从藏族传统文化本质上看,其对外部文化的认同依然是"积极、开放的,其认同、开放性大于排他、封闭性,其传播、吸收程度多于保守、孤立"。从历史上考察,"藏族传统文化的主流是开放的、活泼的、先进的……它以求真、求善、求美为终极目标,以博爱、宽容、奋进为行为准则"[2],这就为其实现现代化,自觉的文化认同建构提供了可行的途径。

二、改革开放与传统文化建构

纵观世界各民族的文化,都是民族性与时代性、具体与历史的统一,是改革与传统的关系。具体是相对于民族性而言,而历史则相对于时代性而言,即文化要随着时代的进步而发展变化,改革开放是历史必然。所有文化的进步都是变与不变的辩证统

---

① 谢热:《藏族传统文化的价值结构分析》,《青海民族学院学报》(社会科学版)2004年第2期。
② 谢热:《藏族传统文化的价值结构分析》,《青海民族学院学报》(社会科学版)2004年第2期。

一。今天的现代就是明天的传统，尤其在科技进步、文化交流碰撞日益频繁的全球化背景下，传统文化正面临着时代的考验，文化转型或重构是现代化的需要和人类社会发展的一般规律，也是我们要解决的时代命题。在文化建构中继承什么、宣扬什么、抛弃什么，这也是西藏传统文化建构必须回答的命题。如何在新形势下彰显民族文化共性，反对片面强调文化个性，同时又要发展、保护优秀的文化传统是一个需要不断探讨的理论与实践问题。

在传统文化建构哲学考量中，一种思路是强调所谓的"强势文化"主导的全盘的文化转型或建构，这种转型着眼于 17 世纪以来西方凭借其文化优势，对其他民族传统文化冲击与打击而形成世界文化话语霸权。随着 20 世纪世界殖民体系的瓦解，被一度剥夺了文化话语权的民族在形式上建立了独立的民族国家后或主动或被动地选择了尚处文化优势地位的西方文化模式，并将其尊奉为本民族迈向现代化的目标模式，作为本民族传统文化建构的向度选择，即以西方的模式视为现代化的必由之路和发展方向，但其无视西方文化自身的弊端，导致全盘西化对本民族文化优秀成分的消解，以及过分强调"强势文化"的全面主导作用而丧失了对民族文化的自信和民族认同根源，造成对本民族文化的全面否定，这是极端有害的。例如二战后许多发展中国家照搬西方模式，非但没有走向富强反而造成政治的动荡和社会混乱。

另一种思路却走向了现代与传统的"二元对立"的另一端，强调民族文化的"自动演进与自我传习"。在很大程度上否定了多元文化的积极成分，其理论核心是过分忧心于传统文化，特别是少数民族文化的承载能力，低估了少数民族传统文化的开放性、可塑性，忽视了传统与现代、个性与共性、文化冲突与融合的辩证关系。该论点是基于传统文化某些元素的消失、强势文化对传统文化的边缘化挤压，使传统文化面临生存危机而发出的呐喊，不可否认其有合理的成分，我们姑且称其为"惰性的文化自觉"，其实质是文化相对主义的一种表现，但令人担忧的是该理论在实践上很有可能会退到文化保守的路上，由自动演进进而演变为"自动放弃"，最终导致文化裹足不前，从而从根本上扼杀了传统文化，以致在当今激烈的文化竞争中使其更加边缘化。

从理论上讲，文化本质上是一个开放的、不断更新的系统，传统与现代不是一种零和博弈，现代化的所得不是传统的所失。文化传承是内因与外因的辩证统一，即使人为不开放，外力也会使其开放，因为这是文化竞争的必然结果，这种外力强迫性的开放结果可能更为糟糕，中国鸦片战争就是典型的例子。从历史的、纵向的角度来看文化的发展，每一种民族文化都是在吸收了外来文化的基础上演进传承的，今天的"现代"是在昨天的"现代"基础上，吸收外来先进文化和传承自己优秀文化的基础上演进而成的,中国传统文化如此,作为中国文化的有机组成部分的西藏文化更是如此。自鸦片战争以来,中国文化经历了戊戌变法、辛亥革命、新文化运动,直到新中国的成立,告别被动挨打割地赔款的命运,特别是 1978 年改革开放以来,中国才真正走向繁荣富强。西藏的传统文化也是经历了从原生早期文化开始,从中原、西亚和南亚等地区吸收文化营养,至吐蕃早期文化吸收中原与西亚的儒学和佛学思想,随着佛苯之争到吐蕃中后期形成融合佛苯、巫文化、中原汉文化与本土文化为一体的藏族传统文化的框架,13世纪,西藏地方归属中央政权管辖以后,又有了藏文化与中原文化及蒙古族文化的交流融合……我们可以看到藏族传统文化在历史上经过了多次整合、转型和流变,它并不是一成不变的,所以它的现代建构是社会历史发展的必然趋势,并不是一个新的问题。那种认为藏族传统文化是藏族固有的,促进藏族传统文化全面开放以实现向现代转型是"汉化"、"毁灭藏族传统文化"之类的说法是错误的①。从现实中看,中国现代化建设就是在保持中国传统文化和合精神结合新时代的改革创新精神,成功走向建设中国特色的社会主义道路,在现代化建设中取得令世界瞩目的伟大成就,并进一步提出建设和谐社会、和谐世界的世界性命题。

三、融入中国特色社会主义文化是西藏现代化的内在逻辑和外在要求

传统文化的建构实质是文化认同的重新建构,是对文化认同模式的重新选择,是对过去的传统文化认同、价值认同、社会认同的现代升华,是吸收新文化元素的综合创新。和谐思想作为中国传统文化的优秀思想,发挥着内在的整合作用,直接促成了多元文化的共性认同,从而形成今天多样性统一的文化格局并创造了光辉灿烂的中华文明。在今天的中国特色社会主义现代化的建构中,"和合"思想进一步深化为以"和谐社会建设"、"和谐世界建设"为核心的新时代文化精神。改革开放与中国特色社会主义建设是新时代下我们的文化建设的坐标和旗帜。西藏传统文化作为中华民族文化的有机组成部分,其个性包含于中华民族的共性之中,西藏传统文化现代化建设是中国社会主义现代化建设的组成部分,在全球化语境中西藏传统文化现代化建设更是有着自身特殊的内在逻辑和外在要求,西藏文化建设必然牵动中国特色的社会主义文化的建构,部分脱离不了整体并要认同体现出整体的共性特征,这是西藏文化现代化建构的内在逻辑。西藏传统文化现代化建构脱离不了中华民族文化整体性架构,同时对

---

① 陈崇凯:《简论藏族传统文化现代转型的有关理论问题》,《中国藏学》2000 年第 1 期。

中国特色的社会主义文化认识的程度也决定着西藏文化建构的深度、广度及转型的向度,是西藏传统文化现代化建设成功与否、正确与否的关键和保证。建设和谐社会、改革开放思想的引导是成功实现西藏传统文化建构的外在要求,对西藏文化的建构、社会的稳定与发展有着重大的现实意义,是一种合规律性、合时代性的"文化自觉"。具体来说,有五大利好:其一,可以缓解全球化外在施压和多元一体文化整合的内部消耗,使多元一体的文化格局在全球化冲击下不会散失"多元"文化的力量,从而形成共同的文化合力;其二,在向现代化前进的进程中确立共同的向度诉求和前景目标,为民族文化转型或建构指明方向,提供路径,进而不使多元文化失去方向甚至是形成多个向度目标,从而减少中国文化现代化建设的内在负荷;其三,为中国现代化建设提供有效的、稳定的运作环境,为全面建设小康社会、建构和谐社会创造有利的内、外在条件;其四,在改革开放、中国特色社会主义文化建设指导下引领西藏文化的自觉,积极主动地确立起其民族传统文化现代化建设的主体地位,肩负起民族现代化建设的历史使命,从而从根本上保护其民族优秀传统文化;其五,在改革开放、中国特色社会主义和谐文化建构引导下抛弃片面的、错误的个性自觉,即单一地强调个性而忽视文化共性,仅仅着眼于保护传统,却不见传统文化对自身现代化建设的客观要求。消除中外敌对势力、片面强调西藏文化的个性而煽动的西藏分裂势力的消极影响。使西藏传统文化在内外因的辩证运动中走向合文化发展规律要求、合时代进步要求的西藏传统文化的传承创新之路。

综上所述,整合西藏传统文化,在改革开放、中国特色社会主义和谐文化建构引导下实现西藏文化建设创新的具体路径是:

第一,确立文化建设中西藏的主体地位,就是尊重西藏人民的主动性和创造性,就是让西藏人民在文化转型中发挥主要的作用,西藏人民是西藏文化的创造者、传承者。传统文化的转型是在继承优秀文化传统的基础上的创新发展,必然要从西藏地区的区情出发,因地制宜,发挥西藏人民的主动性和积极性,在建构社会主义新文化的建设中发挥重要作用,使中华民族文化更加和谐统一,更好地消解全球化的负面冲击。

第二,加强宗教文化与人文文化的整合,在其传统文化中注入社会主义现代化因素。西藏宗教文化中某些因素,如重"神本"、轻"人文",重来生、轻世俗等思想无疑对西藏民族文化心理产生巨大的约束力。加强社会主义新文化的宣传教育,正确贯彻党的宗教政策,积极引导现代宗教自身的"娱神"到"娱人"、宗教到世俗的演进,在这个过程中使中国特色社会主义新文化因素有机地融入。科技兴藏,提高西藏人民文化素质,强化西藏人民重科学、重知识的人文精神,弱化封闭性因素,建立起与现代社会相适应的价值观和规范标准。

第三,坚持改革开放、加快经济建设,建立文化转型的物质基础。在全球信息化的今天,封闭孤立是行不通的,通过改革开放,加快经济社会发展,提高西藏人民生活水平,为实现全面建设小康社会和西藏传统文化建构打下坚实的物质基础。

第四,建立起面向现代化的教育机制。在物质经济建设过程中,思想的建设与转型显得尤为重要。要从根本上建立起面向现代化、面向社会主义的新西藏文化,教育是必由之路,教育在塑造人的思想和文化知识的结构中发挥着重大的作用,要加大教育投入,建立起一支高素质、现代化、扎根西藏的教师队伍,实现教育的现代化建设。

第五,努力建构中国特色社会主义文化,加强其他地区与西藏地区的文化、经济、社会交流。在交流中学习借鉴先进文化,就要使西藏文化始终以开放的心态和姿态去吸收借鉴先进文化元素,形成西藏文化同中国特色社会主义文化、同世界先进优秀文化的良性互动。在建构社会主义和谐社会和和谐世界的新文化的伟大旗帜指引下,建立中国多元一体文化格局的内在和谐机制,建构起面向改革开放、面向现代化、面向中国特色社会主义和谐社会的新西藏文化,这是历史的必然选择。

品读经典
与
学林新探

女性主义视野中《福》的女性形象探析[*]

◎高 捷

内容提要 库切在小说《福》中以苏珊·巴顿作为小说的第一叙述者,创造了一个女性叙述者形象,对西方经典《鲁滨逊漂流记》中的荒岛英雄故事进行了创造性还原。苏珊·巴顿这个女性形象,不仅因其叙述主体的身份而使原先的男性文本《鲁滨逊漂流记》平添了女性视野和女性话语,而且她从一开始就不同于传统女性,是一个具有女性主义自觉意识的独特形象。苏珊·巴顿面对命运玩弄做出自由选择,面对落难荒岛的困难境遇对传统观念不断质疑,最后从渴望言说到自觉发声,实现了对男权秩序与绝对价值观的跃起反叛。因此,苏珊·巴顿是一个具有超越性的女性形象和自觉的女性话语者。

关键词 女性主义 《福》 女性形象 苏珊·巴顿

《福》(*Foe*,1986)是 2003 年诺贝尔文学奖得主库切的第五部小说,这部作品是对早期流落荒岛殖民探险的西方经典文本《鲁滨逊漂流记》的颠覆性改写。目前,学界对库切的研究"多是以某一部小说为蓝本进行寓言性、隐喻性的解读"[①],即从内容、主题方面切入来阐释文本意义。在对《福》的研究中,学者们亦从创作主题和创作形式方面

---

* 国家社会科学基金重大招标项目,批准号 10&ZD135。

高捷,浙江省人力资源和社会保障厅宣传中心职员,研究方向为比较文学与文化传播学。

① 蔡圣勤:《孤岛意识——库切的创作与批评思想研究》,外语教学与研究出版社 2011 年版,第 17 页。

进行了多角度分析①。诸多研究当中,对于小说中苏珊·巴顿人物形象的批评有所涉及。譬如学者们对苏珊·巴顿的研究主要围绕她的第一叙述人身份,探讨其边缘人形象和女性话语权等问题②;将苏珊·巴顿视为女性群体的代表,探讨叙述主体的不稳定性,突出女性在面对独立发声时的恐惧与自我怀疑,认为她"呈现了一个女性克服了'写作的焦虑'③的过程"④;然而,对于人物形象的全面研究尤其是对苏珊·巴顿这个女性形象的价值剖析还远远不够。

其实,苏珊·巴顿并非是一个由未摆脱附属于男权的传统女性形象向具有完整女性话语权建构的自觉意识转变的处在变化过程中的女性形象⑤。小说家库切将苏珊·巴顿作为叙述主体,不仅仅是将女性引入了叙述视野,更表现出她从一开始就不同于传统女性的具有女性主义意识的独特形象。苏珊·巴顿面对命运玩弄做出自由选择,面对落难荒岛的困难境遇对传统观念不断质疑,最后从渴望言说到自觉发声,实现了对男权秩序与绝对价值观的跃起反叛。借助成熟的"文本细读"法,我们试图"还原"苏珊·巴顿这个女性形象的心理与现实处境,发现苏珊·巴顿身上体现出明显的"女性自觉"意识,因此说她是一个具有超越性的女性形象。

---

① 学者在创作主题方面进行了对小说的后殖民文学研究(张德明:《从〈福〉看后殖民文学的表述困境》,《当代外国文学》2010 年第 4 期)、互文性研究(王旸:《库切对现实主义小说的质疑——〈福〉与〈鲁滨逊漂流记〉互文性分析》,中国地质大学硕士论文,2012)、二元性研究(王洁欣、张书红:《库切小说〈福〉二元性解读》,《作家》2011 年第 24 期)等。学者在小说创作形式方面的研究主要从叙述语言角度切入,如段枫:《〈福〉中的第一人称叙述》,《外国文学评论》2010 年第 3 期;王成宇:《试析〈福〉的语言策略》,《外国文学研究》2008 年第 5 期;Michael Marais. Reading/Colonizing Coetzee's "Foe",*English in Africa*, Vol. 16, No. 1 (May, 1989), pp. 9-16. 等。

② 从边缘人形象切入研究的学者有高文惠:《边缘处境中的自由言说——J. M. 库切与压迫性权威的对抗》,《外国文学研究》)2007 年第 2 期;Spivak, Theory in the Margin:Coetzee's Foe Reading Defoe's "Crusoe/Roxana",*English in Africa*, Vol. 17, No. 2 (Oct. , 1990), pp. 1-23. 等;学者对其有关女性话语权的研究有如韩瑞辉:《库切小说〈敌手〉中的女性主义叙事视角》,《江西社会科学》2007 年第 4 期;高敬、石云龙:《试论后殖民语境下库切小说〈福〉中的话语权》,《四川教育学院学报》2012 年第 10 期等。

③ "写作的焦虑"(anxiety of authorship)出自女性主义批评代表作《阁楼上的疯女人》。书中提出,女性作家焦虑的首先是自己是否有能力成为作家掌握话语权进行写作。这是"对于她没有能力进行创作的极端恐惧。由于她无法成为后世的'先人',她害怕写作的行为会令她与世隔离或者会导致她的毁灭。"这种焦虑来自对作者权威的恐惧,因为作者权威从根本上说是父性的,话语本身是男性的(转引自任海燕:《探索殖民语境中再现与权力的关系——库切小说〈福〉对鲁滨逊神话的改写》,《外国文学》2009 年第 3 期)。

④ 任海燕:《探索殖民语境中再现与权力的关系——库切小说〈福〉对鲁滨逊神话的改写》,《外国文学》2009 年第 3 期。

⑤ 认为苏珊·巴顿是一个从传统女性形象到具有自觉意识的女性形象的转变的观点在以下研究中有所提及,如黄晖:《〈福〉:重构帝国文学经典》,《外国文学研究》2010 年第 3 期;高敬、石云龙:《试论后殖民语境下库切小说〈福〉中的话语权》,《四川教育学院学报》2012 年 10 期等。

一、荒岛体验与自由选择

库切的小说《福》对"鲁滨逊神话"的改写是彻底性的、颠覆性的。笛福在《鲁滨逊漂流记》中塑造了一位具有进取精神的殖民主义男性开拓者的形象,而在《福》中,库切将主人公设定为名为苏珊·巴顿的女性,她为寻找女儿历经艰险,意外地流落荒岛并在那遇见鲁滨逊与星期五。整部小说以苏珊·巴顿为叙述视角,库切将《鲁滨逊漂流记》的原文本通过仿写的形式镶嵌在苏珊·巴顿的叙述中,通过书信、自述与对话的方式呈现了苏珊·巴顿与作家福的交流过程。

"在《鲁滨逊漂流记》中,女性的地位是微不足道甚至是被忽略不计的:她们从来没有自己的名字,她们只是男人的附属品,扮演着母亲、妻子、女儿或寡妇的角色。"[①]如鲁滨逊伦敦朋友的遗孀,笛福对她进行着墨不多的侧面描写。"我的恩人,那个忠实的寡妇仍然活着,我曾把钱交给她保管,但她遭受了很大的不幸,第二次做了寡妇,穷困潦倒,无以为生。"[②]笛福甚至没有给这位无名的寡妇话语权,寥寥几句便刻画出她作为男性附属的被动的、依附的内在性形象。与《鲁滨逊漂流记》中"失声的群体"[③]不同,库切在《福》中创造了一个女性叙述者形象,苏珊·巴顿作为小说的第一叙述者,对《鲁滨逊漂流记》中的荒岛英雄故事进行了创造性还原。库切借此对《鲁滨逊漂流记》进行了反讽式的戏仿,此番改写不仅瓦解了荒岛生存的英雄故事,还对原小说中女性形象进行重现与声讨。

小说开篇采用插叙手法描述了苏珊借由小船艰难划至海岛的过程,她的一切遭遇都从寻找被拐的女儿开始。由此作为小说始端,苏珊·巴顿在一开始便体现出了强烈的自我意识,自主地选择自己的生存方式。西蒙娜·德·波伏娃在对女性处境的分析中,总结出女性的所谓"特性",即她"沉迷于内在性"。她提出女性的处境之一便是"女人从未构成一个封闭的、独立的社会;她们是人类群体不可分割的一部分,这个群体受

---

① 黄晖:《叙事主体的衰落与置换——库切小说〈福〉的后现代、后殖民解读》,《四川外国语学院学报》2006年第4期。

② 笛福:《鲁滨逊漂流记》,张蕾芳译,北京燕山出版社2011年版,第164页。

③ "失声的群体"理论认为,在男性中心的社会里,女性是"失声"的群体,她们的声音被强大的男性话语淹没了,女性只有在占支配地位的男性系统之外建立属于女性自己的表达手段,才可以发出自己的声音,信函日记以及其他的传播形式就是具体的抗争手段。——(Kramarae, C. *Women and Men Speaking: Frameworks for Analysis.* Rowley MA: Newbury House, 1981, pp.34-35,转引自刘蒙之:《从批判的理论到理论的批判——失声的群体理论研究四十年回顾》,《学术界》2009年第1期。

男性支配,她们在群体中居于受支配地位"①。由于女性处于从属地位以及缺乏支配事物的技术训练,使女性带有听天由命、妥协忍耐等特性,这些特性是女性在男性世界的框架内将自己内化成的角色,她们将男性社会的这种要求内化为女性自己的要求。同时,女性被封闭在她的家庭或家务活动的有限范围里,"她被剥夺了所有与他人具体沟通的可能性……人们几乎不可能指望她可以超越自己,朝着一般性的福利迈进。她固守于她所熟悉的那个领域,她在那里能够控制一些物件,并且在它们中间拥有一种靠不住的主权"②。小说中,苏珊·巴顿与传统忍气吞声、自困闺房的女性形象大相径庭,她为寻找女儿来到巴依亚,忍受粗暴与威胁。为了生存,她在出租屋内接揽缝纫的活计维持生活,最终踏上商船,在船上受尽欺凌后被水手放逐荒岛。她离开自己熟悉的环境,勇敢出走,对遭遇做出反抗,对未知进行探索。苏珊·巴顿的所有遭遇都是她主动选择的过程,她没有遁入安宁、没有安于现状,而是跨越自己的内在性,通过自由选择和自己的行动努力改变现实。

流落荒岛的生存体验,使苏珊·巴顿走出传统女性的生活空间,获得顽强的生命力与广袤的视野。苏珊·巴顿在荒岛上生活了近两年的时间,她与克鲁索及星期五过着海难漂流者的自足生活。他们捕猎耕种,环岛探险,经历致命的暴风雨,体验被海浪吞噬的恐惧。她不是那个固守领地,受人规劝的传统女性角色,她通过自己的体验来感受这个世界。在获救的"约翰·霍巴特"号商船上,斯密斯船长怂恿她应该将故事写下来交给出版商,这个建议引发了苏珊·巴顿之后的有关写作的一系列思考和行为变化,关于这一点笔者将在本文的第三部分详述。在此首先提及有关苏珊·巴顿的写作的想法,为解释她的荒岛体验为其写作做了前提性的、关键性的铺垫。同时这种生存体验也为之后的思考与自为的行动提供了潜在的鼓动因素。

女性主义思想家吴尔夫曾提出女性要写作必须拥有两个条件:五百万英镑的年金和一间自己的房间。她认为这笔钱让女人可以不必敌视男人,可以去旅游拓宽眼界,去思索世界的未来或过去。她在对 19 世纪初的几位女性作家的评析中指出了那个时代的女性的缺陷,即女性作家通常在足不出户的生活状态下创作。以夏洛特·勃朗宁为例,她认为由于缺少人生经验,女作家容易将自己的激愤和个人情绪带入小说写作中,把自己与小说人物混淆,将本该写得机智的部分变得呆板扭曲。由此她猜想,如果夏洛特·勃朗宁能够拥有年金,"如果她对那个繁忙的世界,那些充满了生活的换了的

---

① 〔法〕西蒙娜·德·波伏娃:《第二性》(下册),陶铁柱译,中国书籍出版社 1998 年版,第 673 页。
② 〔法〕西蒙娜·德·波伏娃:《第二性》(下册),陶铁柱译,中国书籍出版社 1998 年版,第 682 页。

城镇和郡县有更多的了解,有比现在更多的人生经验,与和她一样的人有更多交往,结识更多的秉性不同的人,结果又会如何呢?"①吴尔夫对于这个问题的思考与提出女性要写小说必须有钱和一间屋子的构想,其关键就在于她看见生存空间和经济等社会因素的阻碍对女性的自由创作产生影响,因此她认为女性应该去体验、交往和旅行,在与世界的接触中得到天赋的发挥。因而,苏珊·巴顿的荒岛体验,于无形中为她视野的开阔和开放性的思维提供了潜在的支持,让她得以切实地感受生活,接触形形色色的人。在小说中,由于福篡改了苏珊·巴顿最初的想法,苏珊·巴顿极力反抗,同时她意识到岛上生活的枯燥和千篇一律使得故事显得愚蠢乏味——福虚构故事的缘由。由此她发现使故事总保持沉默的原因在于星期五,在她发现故事缺乏的部分正是星期五失去舌头后有关其故事的那段空白之后,她试图努力恢复星期五说话的能力。在对星期五的思考中,苏珊·巴顿慢慢产生有关话语权与身份建构等问题的思考。通过荒岛体验,苏珊·巴顿对克鲁索与星期五的观察、思考和对生活的感受,刺激了她的想象力和洞察力的提升,为之后的书信及自传写作提供了重要的先决条件。

二、不断怀疑与自我反思

从苏珊·巴顿的心理切入,对她超越性的行为背后潜藏的活跃思考能力与问题意识进行分析,我们可以看到,苏珊·巴顿是"有意识"地对自己的生存进行自由选择并积极行动,与甘于墨守成规、故步自封并且困囿于自己活动范围中的传统女性不同,她是一个"自为"存在的角色。

《福》以苏珊·巴顿的第一人称叙述手法构建了前三章的内容,其中大量的对话和引号的运用成为小说一大特色。"库切曾经将《福》这部小说最重要的主题技巧归结为'声音'"②。小说中的对话和声音是人物的内心世界和意识的全方位展现,为人物的行为提供阐释性依据,同时也为构建立体的人物形象给予了鲜活生动的补充信息。由此,苏珊·巴顿的叙述话语将她变化的思维过程呈现出来,其中,不论是在海岛、与福的通信或是与福的对话当中,我们都能从中看到她不断提问、反问及设问的具有怀疑精神与问题意识的行为。这种问题意识与对自我及世界的思考,体现出了一个跨越女

---

① [英]弗吉尼亚·吴尔夫:《一间自己的房间》,贾辉丰译,商务印书馆 2012 年版,第 149 页。

② J. M. Coetzee, *Doubling the Point*. MA: Harvard University Press, 1992, p.143. 转引自段枫:《历史话语的挑战者——库切四部开放性和对话性的小说研究》,复旦大学出版社 2010 年版。

性内在性的反叛过程。

苏珊·巴顿自始至终对写作问题进行的思考体现出她作为女性渴望发声的意识。苏珊·巴顿流落至小岛之后,她在克鲁索(Cruso)的棚屋中一直想找到克鲁索的日记,但最终无果。她猜想克鲁索没有写日记的打算。苏珊·巴顿不断对克鲁索有关写作问题提出疑问,并且随着故事情节的发展进行了多次有关写作问题的思考,她将渴望发声的心理展露无遗,成为一个具有反抗意识的"失声的群体"的代表。在与《鲁滨逊漂流记》的对照中,我们发现,克鲁索(Crusoe)在安顿好住处之后便开始记日记。"我打算把所有的日记展现给你们,尽管日记里把已讲过的事又复述了一遍。一直到墨水用尽,我才被迫停止日记。"①而在《福》中当苏珊·巴顿问克鲁索(Cruso)②:"假设有一天我们获救,你难道不会后悔没有在遭遇海难的这几年留下一些记录,没有让你所遭遇的一切留在记忆里?就算我们永远未能获救,在我们相继去世之后,你难道不希望在死后留下一些纪念品,或许下一波旅人漂流到这里,无论是谁,他们都有可能读到我们的故事,也许还会在读后潸然泪下?……"③对此克鲁索不为所动。库切对克鲁索(Crusoe)的改写亦是颠覆性的,《福》中的克鲁索(Cruso)乏善可陈、消极被动④。库切将克鲁索(Crusoe)的形象改写成克鲁索(Cruso)后为人留下的印象,正如有学者指出"我们可以将 Cruso 缺失的那个字母 e,理解为主人公情感(emotion)的缺失、生命活力(energy)的缺失和人格魅力(enchantment)的缺失。"⑤笔者认为,此番改写与苏珊·巴顿对写作问题的反问,既突出了她作为一位女性渴望言说的心理⑥,也将苏珊·巴顿这位女性形象与《鲁滨逊漂流记》中具有超越性的开拓者男性形象做了平行对照。

苏珊·巴顿对女儿问题的质疑体现出她对看似合理的现实进行的自我思考,对男性世界对其小说的任意篡改果敢提出反抗与质疑,为自己言说的权力与还原历史真相

① 笛福:《鲁滨逊漂流记》,张蕾芳译,北京燕山出版社 2011 年版,第 39 页。

② 原小说中的英文名,在《福》中库切将克鲁索的原名改为 Cruso.——J. M. Coetzee:*Foe*. New York:Penguin,1986.

③ [南非]J. M. 库切:《福》,王敬慧译,浙江文艺出版社 2007 年版,第 13 页。

④ 也有学者认为改写后的克鲁索(Cruso)仍是一个具有抗争精神的存在主义者形象。如武娜:《存在主义视域下对库切〈福〉之解读》,《电影文学》2009 年第 24 期。

⑤ 张德明:《从〈福〉看后殖民文学的表述困境》,《当代外国文学》2010 年第 4 期。

⑥ 另有戈蒂埃认为,库切对原著中的克鲁索形象作如此颠覆性改写的目的,不光是为了说明殖民主义者已经失去早年的开拓精神和活力,满足于已有的成就,而且还在提醒读者,殖民主义者已经成了一种老朽的古物,甚至丧失了记忆能力,只能等待像苏珊那样的历史学家或考古学家来使之开口说话。

努力抗争。苏珊·巴顿欲将自己的探险经历记录下来,她将自己的故事告知认为能比自己更好地将其作为小说呈现出来的作家福。而福却为了能够迎合读者及出版市场,肆意篡改她的小说,他在原设想的女落荒者在小岛上的经历中虚构了一条主线,即母亲寻女与母女重逢的故事。苏珊·巴顿对此十分不满,她不希望将她的出身与寻找女儿的故事曝光于众。"我之所以选择不说,是因为对于你或是其他任何人来说,我都没有必要用一长串的历史证明我曾经存在过。我宁可选择我在岛上与克鲁索和星期五共度的时光,因为我是一个自由的女人,可以根据自己的希望选择说出自己要讲的故事,这是我的自由。"①在小说的第二章中,出现了一个自称是苏珊·巴顿的陌生女人,这个女人与随后出现的爱米女仆是福为使小说情节完整而特意安排的角色。当这个同样名为苏珊·巴顿的女儿第一次出现时,她并未直接相认,纵使女儿将自己的身份与来由设计得近乎完备。面对这位陌生的女儿,她提出了种种质疑。"是福派你来监视我的吗?""你来见我的目的是什么?"②按照自己的记忆和经历,她对陌生的女儿的种种身份描述进行一一反驳。在对女儿问题的质疑与对福的质询中,她不断提出疑问,开始对这个世界的构建的真实性产生思考。从福设计这个女儿和女仆的角色来干预苏珊·巴顿的真实人生开始,她觉得整个人生都要成为别人笔下故事的内容,她自己什么都没有了。"现在我的心中充满了疑惑。除了疑惑还是疑惑。我在质疑:谁在说我?我是不是也是一个鬼魂?我属于何种秩序?还有你,你又是谁?"③由此生发出苏珊·巴顿对女性在男权秩序中生存的进一步思考。

苏珊·巴顿对自身处境问题进行了反复思考,这种自觉意识为她的反抗提供了清醒的判断。苏珊·巴顿来到克鲁索(Cruso)的海岛,作为女性,她进入了一个由主仆关系构成的男性世界中。初到海岛,她受到克鲁索的警告:海岛上有猿猴出没,猿猴不会像怕他和星期五一样地怕女人。克鲁索的警告引起苏珊·巴顿的思考"对于猿猴来说,女人和男人有何不同?"④作为一个外来者,这个小岛对于苏珊·巴顿来说更像男权社会的简化缩影。男性带着偏见思考女性问题,对女性的保护行为实则借由隐性意识的灌输制造控制与被控制的权力关系,使女性将传统观念内化为自己的行为与思想。在克鲁索建造的权力社会当中,苏珊·巴顿很有可能会成为第二个星期五。而我们却看到,她不断对权力关系提出质疑与思考:"如果我们继续像兄妹、主客、主仆或是

---

① [南非]J. M. 库切:《福》,王敬慧译,浙江文艺出版社2007年版,第119页。
② [南非]J. M. 库切:《福》,王敬慧译,浙江文艺出版社2007年版,第64页。
③ [南非]J. M. 库切:《福》,王敬慧译,浙江文艺出版社2007年版,第121页。
④ [南非]J. M. 库切:《福》,王敬慧译,浙江文艺出版社2007年版,第11页。

其他什么身份生活在一起,那样会更好吗?"①"单说我们之间在这个岛上相安无事地生存着,就可以确定:我们之间存在着某种特定的规矩。"②苏珊·巴顿对女性处境的思考和强烈的女性主义意识,通过她的写作进行抗争,对男性社会控制的话语权提出挑战。

苏珊·巴顿对种种问题的思考,正是她自觉地对现存秩序和传统观念的质疑。对传统女性而言,"她不但对什么是能改变世界面貌的真正行动一无所知,而且迷失于世界中间……由于她在男人世界上一无所为,她的思想没有流入任何设计,和做白日梦差不多。她缺乏观察能力,对事实真相没有判断力"③。与此相比,在男权社会的制度中,苏珊·巴顿没有将男权社会对女性的要求内化,通过对男性世界绝对性的质疑,产生超越的自我意识。这个世界的概念在苏珊·巴顿的脑中不是含混的,她没有接受男性的权威,而是通过自己的逻辑思维和判断对现实事物提出质疑,对现存秩序进行思考,对自身处境采取行动。

三、拒绝屈从与渴望自由

由上可见,苏珊·巴顿的自由选择反抗命运的性格以及颠覆传统观念的反思意识,是苏珊·巴顿与传统女性内在性差异的一大表征。除此之外,受到这种意识的潜在支配,她对自我身份的构建与虚构的独立判断等,皆通过写作表现了行动上的超越性。

苏珊·巴顿对写作的迟疑经过了一个心理变化的过程。对于最初斯密斯船长书写荒岛经历的建议,苏珊·巴顿认为自己不懂得写作技巧,会掩盖迷人内容的鲜活性,对艺术一窍不通,因此有过放弃写作的想法。对此有学者指出,"作者并没有将苏珊刻画成一个女性话语的自我觉悟者",认为其最初放弃写作的想法是屈从于传统女性地位的表现。④ 然而,苏珊·巴顿这种想法是在清醒且经过深思后的决定,当船长劝她不妨试试,提出"出版商自然会雇人对其加以调整,在各处润色一番"的建议后,她十分坚定地说:"我不想里面有任何谎言……如果我不能以作者的身份出现,发誓自己的故

---

① ［南非］J. M. 库切:《福》,王敬慧译,浙江文艺出版社 2007 年版,第 25 页。
② ［南非］J. M. 库切:《福》,王敬慧译,浙江文艺出版社 2007 年版,第 32 页。
③ ［法］西蒙娜·德·波伏娃:《第二性》(下册),陶铁柱译,中国书籍出版社 1998 年版,第 676 页。
④ 高敬、石云龙:《试论后殖民语境下库切小说〈福〉中的话语权》,《四川教育学院学报》2012 年第 10 期。

事是真实的,那还有什么可以值得读的?"①可见这并非是屈从传统女性地位的表现,而是经过自我审视和清晰判断后做出的具有自我认知性的决定,她认为福拥有能够传达出真正的实质感的一切外在条件,而她不曾有。苏珊·巴顿发现福将她的故事大幅度改写,并且充斥谎言地润色后,她产生了自己写作的想法。到了小说的第三章,苏珊·巴顿与福对小说的内容进行梳理,在这个过程当中,福把故事的主要线索大幅度更改,凭空虚构出一条故事主线。对此,苏珊·巴顿意识到了自己被夺取的实质。通过自己对故事的亲自言说反抗了女性身份建构的被动性及由男性建构的话语权威。

为了迎合读者,福将真相掩盖,对原有故事进行虚构加工。认识到这点,苏珊·巴顿认为故事的空洞与枯燥是由于星期五的沉默造成了他的那部分历史故事的缺失。因此苏珊·巴顿和福费力教授星期五读书写字,妄图让星期五开口言说,还原他的真实历史。可惜一切只是徒劳,星期五已失去学习或言说的能力,他只会随意地在石板上涂画。库切借由星期五设计了一个颇有意味的图形。"当我走近一看,才发现叶子其实是眼睛,睁开的眼睛,每一只眼睛都长在一只人脚的上面:一排排的眼睛下面都长着脚,成了会走路的眼睛。"②有学者认为这个图像描绘的是将读者作为一个旅行者的隐喻。③ 而笔者认为这是一个有关身份与话语权建构的隐喻。叶子上的眼睛是我们用于凝视世界的目光,我们在凝视他者的同时也在被他者所凝视,整个世界正是由无数目光交织而成的网。萨特认为,"人的身份本身就是凝视的产物"④。在凝视的目光构建的网中,似乎我们只有通过别人才能看清自己是谁,在别人的注视下完成自我身份的建构。图形中眼睛下面的脚则是人行动的象征,凝视与行动是一个彼此互动的过程,而失去言语能力的星期五画出这样一个图形,则暗示着其渴望言说、通过行为建构自己身份的处境。小说中,苏珊·巴顿说星期五像她的影子一般,星期五失去了语言的能力,他在他者的凝视中被建构了自己的身份,与此相像的是,他可被视为一个被剥夺话语权时女性的象征。如此对照,苏珊·巴顿通过写作反抗男性对女性形象的歪曲,她是一个渴望自由言说的女性形象,渴望成为自己故事的创造者。

苏珊·巴顿绝不屈从于他者对真相的虚假改写,她时刻关注话语权的问题,体现她对自由的渴望。福先生曾对苏珊·巴顿说过一个寓言:一个女人被判犯了偷窃罪,

① ［南非］J. M. 库切:《福》,王敬慧译,浙江文艺出版社 2007 年版,第 35 页。
② ［南非］J. M. 库切:《福》,王敬慧译,浙江文艺出版社 2007 年版,第 136 页。
③ Friday's design is a graphic depiction of the metaphor of the reader as a traveler. ——Michael Marais , Reading/Colonizing Coetzee's " Foe", *English in Africa*, 1989, Vol. 16, No. 1, pp.9-16.
④ ［英］丹尼·卡拉瓦罗:《文化理论关键词研究》,张卫东等译,江苏人民出版社 2006 年版,第 131 页。

上绞刑架之前,要求牧师听她忏悔,因为她从前说的都是谎言。女人讲述了她一生犯下的诸多罪行,成为十足的罪人,倘若她说的不是实话,则犯下亵渎神灵的更重的罪。于是女人就不断地忏悔,然后再质疑自己的忏悔。最后牧师赦免了她的罪。福先生在其中看到的隐喻是:总有一个时刻,我们要对世界有个交代,获得永恒的平静。而苏珊·巴顿关注的则是牧师拥有的权力。"在她看来那位牧师比最强的力量还厉害,决定着最后的定论。"①牧师是宗教话语的传递者与代表,他们的话语拥有主导女性自由的决定性力量。在现代文明中,宗教是欺骗女性的工具,"当强迫一个性别或一个阶级处于内在性状态时,就必须为它提供一个进行某种超越的海市蜃楼","女人不再被否认有超越性,因为她要把自己的内在性奉献给上帝"②。苏珊·巴顿意识到了宗教话语的强大力量,宗教使女人的反抗与劣等地位都在其营造的平等的幻想中被扼制住。从苏珊·巴顿关注的问题上,我们发现,在对问题提出质疑、思考过后,她清晰地看到那些掌控话语,为女性安于内在性而制造幻境的对象。她通过自由地掌控自己的话语权,对男性霸权进行反抗,实现自我的超越。

　　瑞典皇家科学院曾在其诺奖授奖词中这样评价库切:"在人类反对野蛮愚昧的历史中,库切通过写作表达了对脆弱个人斗争经验的坚定支持。"库切在《福》中借由对笛福小说《鲁滨逊漂流记》的多角度改写与多声部对话,反省了边缘群体的身份认同和生存处境等问题,并将这些问题讨论的焦点自然地汇聚到苏珊·巴顿这个女性形象身上。库切通过女性叙述视角和对女性形象的多维度刻画,还原了自启蒙主义运动以来的声势浩大的男性"英雄神话"背后脆弱的个体微弱有力的脉搏颤动,这种反叛和渴望自由的斗争成为小说的潜在力量。

---

① [南非]J. M. 库切:《福》,王敬慧译,浙江文艺出版社 2007 年版,第 112 页。
② [法]西蒙娜·德·波伏娃:《第二性》(下册),陶铁柱译,中国书籍出版社 1998 年版,第 700 页。

文化符号与电影叙事[*]

——以《达·芬奇密码》中的"圣杯"为例

◎钱蓓慧

内容提要 《达·芬奇密码》通过组合排列绘画、图形、数字等文化符号,在扣人心弦的情节中对基督教"圣杯"传说做出全新的解释,消解甚至颠覆了西方正统的宗教信仰。《达·芬奇密码》在俗套的叙事模式中加入了各种文化符号,不仅利用符号还原历史、追溯过去,而且大胆解构了一些广为人知的符号,将新的阐释融入侦探小说的情节,打破了历史现实与虚构的界限,将观众带入精心营造的艺术世界、引入符号营造的迷宫,因此,图像符号在电影文本中的叙事功能更加显著。

关键词 文化符号 电影叙事 《达·芬奇密码》 圣杯 基督教信仰

美国畅销小说家丹·布朗(Dan Brown,1964—)的《达·芬奇密码》(*The Da Vinci Code*,2003)以西方基督教神学为背景,通过组合排列绘画、图形、数字等文化符号,消解甚至颠覆了西方正统的宗教信仰。该小说在扣人心弦的情节中对基督教"圣杯"传说做出全新的解释,在神学界引起了巨大震动,同时也引发了历史学家、文化研究者与文学研究者的广泛关注。小说文本集悬疑、惊悚、冒险于一身,一经出版便掀起了"考证热"。在万众瞩目中被搬上荧屏的电影《达·芬奇密码》(2006年)尽管存在叙述节奏过快的问题,但与原著相比,图像符号在电影文本中的叙事功能更加显著。因此,从电影文本出发,以"圣杯"为例,考察文化符号的叙事功能以及符号叙事的艺术效果,成为一把能够打开《达·芬奇密码》的钥匙。

---

* 国家社会科学基金重大招标项目,批准号10&ZD135。

钱蓓慧,浙江大学人文学院2013级硕士生,研究方向为比较文学与世界文学。

一、符号与叙事

什么是符号？符号可以是一个图案，一种姿势，一枚徽章，一面旗子或者这几种的任意组合，但我们可以肯定的是，符号具有指代意义。赵毅恒在《符号学》一书中提出，"符号是被认为携带意义地感知：意义必须通过符号才能表达，符号的用途是表达意义"[①]。它可以是携带意义的具体事物或者是某种具体行为，比如藏族人献哈达的行为表示对来客的尊敬和祝福，这种特定的行为只有被感知接受，也即被"符号化"，才能成为文化符号。

面对任何一种陌生，原本无意义的事物或者经验会令人恐惧，但只要对这种感知进行解释，便会产生意义，由此可以驱除内心的畏惧感。这一解释的过程便是符号化的过程。例如，一条红领巾只是由普通的红布做成，并无意义，但是当它被解释为是由革命烈士的鲜血染成、是红旗的一角时，它便具备了特殊的意义，象征着无数英雄的心血和革命的胜利。在一定程度上，我们可以认为符号化是人类解释世界的基本方式。

意大利著名评论家、作家艾柯(Umerto Eco,1932—   )在其论著《符号学理论》中将符号分成三大类：天然事件、人为符号、诗意符号。诗意符号也即艺术符号[②]。在电影《达·芬奇密码》中出现过馆长在地板上留下的文字，画像《蒙娜丽莎》、《岩间的圣母》、《最后的晚餐》及金钥匙、密码诗、五角星、倒三角形、圣杯等，这些都属于人工制造的诗意/文化符号，其受众必须了解艺术并且具备一定的艺术鉴赏力。可见，符号具有针对性。

此外，同一符号在不同语境中的意义各不相同，例如红色在中国具有吉祥喜庆的含义，但在欧美很多国家看来，却是罪恶、死亡的象征。导致这一现象的根本原因是，符号化依赖于人的阐释。每个民族、每个人都可以根据自己的文化背景，主观心理解读特定的符号。因而，符号具有不确定性。

美国学者罗伯特·司格勒斯在《符号学与文学》一书中指出："叙述首先是一种人类的行为。它尤其是一种模仿或表现的行为，通过这样的行为，人类传达出各种信息。"[③]而人类所有的叙事行为也即人类解释世界的基本方式就是符号化。从这个层

---

① 赵毅衡：《符号学文学论文集》，南京大学出版社 2012 年版，第 1 页。

② Umerto Eco. *A Theory of Semiotics*. Bloomington：Indiana University Press，1976. pp.16-17.

③ [美]罗伯特·司格勒斯：《符号学与文学》，谭大立等译，春风文艺出版社 1988 年版，第 89 页。

面来说，符号和叙事密切相关。

　　而符号具备的这些特性使得原著作家丹·布朗得以利用达·芬奇的名画作为符号线索创作出小说文本，而文中的符号链形成整篇的概念隐喻，体现了小说关于"神圣女性"与"两性和谐"的主旨。由小说改编而成的电影尊重原著，围绕不同符号的阐释展开，但电影中直观呈现的符号带给人更强烈的视觉冲击。电影借助符号进行叙事，接二连三出现的符号一环扣一环，串联并推动了情节的发展，将观众引入符号营造的迷宫。

二、"圣杯"符号的隐喻与叙事

　　《达·芬奇密码》讲述的是由巴黎卢浮宫博物馆馆长雅克·索尼埃之死引发的一系列谜团，经过层层解密后，揭示了耶稣曾娶抹大拉玛利亚为妻，两人还育有一女的秘密，这也是天主教会为宣扬耶稣的神性一直掩盖的真相。画家达·芬奇属于峋山隐修会的成员，为了守护这个真相，将密码隐藏在画作《最后的晚餐》中。在影片中，历史学家提彬通过高科技手段大胆解构了这幅名画。我们看到在耶稣与他的门徒"约翰"之间的空隙呈现出"V"的形状，而这恰恰就是"圣杯"的轮廓。耶稣与"约翰"两人形成一个"M"，他大胆假设"M"代表 Mary Magdalene 或者 Marriage 的首个字母。而画中的"约翰"与耶稣的衣服颜色一致，明显具有女性特征。最令人不解的是整幅画中没有出现传说中圣杯的实体。可以说，圣杯这一符号在《达·芬奇密码》中占有举足轻重的地位。

　　"圣杯"一词起源于古法语的 gradal，而 gradal 则由中世纪拉丁语 gradalis 演变而来，意指某种餐具[①]。我们通常把圣杯视作耶稣的门徒在最后的晚餐上用来饮用葡萄汁的杯子。依照《圣经》"新约"记载，耶稣拿起盛着葡萄汁的酒杯，递给在场的十二个使徒喝，并对他们说："这是我立约的血，为世人流出来的，能使他们的罪得到赦免。"[②]可见，"圣杯"符号对基督徒而言，意味着救赎和宽容。

　　随后，"圣杯"被作家们引入文学作品中，带上了浪漫、奇幻的色彩。其中，最著名的就是亚瑟王和他的圆桌骑士的故事。亚瑟王和圆桌骑士在聚会时，圆桌的正中央突

---

　　① ［美］罗伯特·M.普赖斯：《达·芬奇骗局——真相竟比虚构还离奇》，朱振武等译，天津科技翻译出版公司 2006 年版，第 53 页。

　　② 陈汉平：《超越达·芬奇密码》，国际文化出版公司 2007 年版，第 93 页。

然冒出了传说中的"圣杯"。就在他们如获至宝,惊喜万分的时候,"圣杯"消失了。于是,亚瑟王和圆桌骑士们开始了探寻"圣杯"之旅。"圣杯"在这里增添了新的含义,它代表着梦想,是理想主义者的表征。

"圣杯"是基督徒的救赎象征,是冒险家心中的探险梦,是文学家心中的奇幻故事。它是梦想和目标的代名词,具有超越时空的认可感。而在电影中,"圣杯"符号的多重意义无疑为电影增加了悬疑和争议。主人公符号学家兰登揭示了一个个符号的含义,它们一环扣一环,最终指向圣杯的意义。兰登说道:"圣杯代表着失落的女神。当基督教产生时,所谓的邪教并没有轻易地消亡。关于骑士们寻找圣杯的传说实际上是关于寻找圣女的故事。那些宣传'寻找圣杯'的骑士是以此来掩盖真相,以免受到罗马教廷的迫害。"①这表明,"圣杯"不是具体的杯子,而是指耶稣的妻子抹大拉玛利亚,而杯子里的圣血代表她当时产下的女婴,也就是耶稣的血脉。丹·布朗对这一符号的阐释与宗教意义上"圣杯"的含义截然相反,给观众带来"陌生化"的新奇感。其实这一说法与来自 1982 年在英国出版的《圣血与圣杯》一脉相承。"圣杯"代表着耶稣的血脉,是耶稣走下神坛,具备人性的表征。

《达·芬奇密码》将已存在的符号重新排列组合,消解甚至颠覆了原先这些符号的指代意义。"圣杯"代表着"神圣女性"、代表着重建两性平衡、和谐的伙伴关系的希望,在电影中承担着重要的叙事功能,将之前出现过的有关女性的符号,如玫瑰、扑克牌、五芒星、塔罗牌等——串联起来,重新组合,形成一个系统的符号体系,增加了小说的叙事魅力。《达·芬奇密码》体现了"神圣女性"由辉煌到妖魔化进而重生的历史是在"权力"和"抵抗"这两股此起彼落的力量作用下形成的,两性之间的关系也伴随着"神圣女性"的历史变化由平衡到失衡进而重新恢复到平衡。

作家布朗将"圣杯"作为一个隐喻,除了承担牵连符号线索、推进故事发展、揭露真相的叙事功能之外,笔者认为它还应该具备揭示主题的作用。古往今来,"圣杯"一直是人们孜孜不倦追求着的梦想。布朗用"圣杯"指代小说的追寻主题,并在电影的结尾再次点出了这一主旨。最后,兰登已经破解了密码,找到了"圣杯",但在浴室中不小心流出的鲜血冥冥中将他引回卢浮宫。这一结局留给观众无限想象的空间。也许这是在暗示抹大拉玛利亚的遗骸在卢浮宫内。但在笔者看来,这有更深层次的意味。从开头到结尾,主人公从卢浮宫出发寻找"圣杯",最终还是回到了卢浮宫。绕了一圈又回到起点,难免带有现代意义上的荒诞虚无之感。"圣杯"终究是人类难以企及的梦想,

---

① [美]丹·布朗:《达·芬奇密码》,朱振武等译,人民文学出版社 2004 年版,第 217 页。

是失落的黄金时代,但人类的追寻和对生存意义的拷问是永不停息的。

三、符号叙事的艺术效果

《达·芬奇密码》的故事情节遵循着线性叙事的模式,由一桩命案作为开场,经过一步步推理,寻获真凶。但作者在俗套的叙事模式中加入了各种文化符号,不仅利用符号还原历史,追溯过去,而且大胆解构了一些广为人知的符号,将新的阐释融入侦探小说的情节,打破了历史现实与虚构的界限,将观众带入精心营造的艺术世界。

首先,作者利用符号的不确定性、多义性等特征设置密码,带领观众一同体验解密的游戏,跨越了电影与现实世界的界限,而对符号的思考以及新的解读产生了陌生化带来的审美愉悦感。例如,上述已经分析过的布朗对《最后的晚餐》以及圣杯的阐释,还有雅克·索尼埃临死前将自己的尸体摆放成达·芬奇的画作《维特鲁威人》的造型,并用鲜血在腹部画了一个五角星。这是在电影中出现的第一个密码,兰登将这幅画中的圆圈和馆长所画的五角星视为关键的符号线索,并做出了独特的阐释。圆圈和五角星本身就是生活中常见的符号,但兰登认为:“这个圆圈是起初被漏掉的关键因素。圆圈是一个女性保护符号,它围在裸体男人躯体周围。这实现了达·芬奇想表达的信息——男女之间的和谐。”①而“五角星是在一个基督教产生之前,有关自然崇拜的符号”②。在古埃及,五角星有女性子宫的寓意。布朗对这幅画和五角星的解释打破了人们对熟悉事物的感知,给特定的能指以新的所指,从而打破审美疲劳,引发全新的体验和审美愉悦。

其次,作家设置的符号上下衔接,前一个符号的意义为后面出现的符号做铺垫,如此一来,环环相扣,叙事节奏紧凑,使得观众在观赏电影时始终保持高度的注意力。电影中依次出现的主要符号为:《维特鲁威人》、《蒙娜丽莎》、金钥匙、《岩间的圣母》、《最后的晚餐》、圣杯、玫瑰线等,这些符号将情节串连起来,勾勒出电影的大致内容:巴黎卢浮宫博物馆馆长被害,临死前将自己的尸体摆成《维特鲁威人》中的造型→主人公兰登破解密码,找到《蒙娜丽莎》画像,并找到能打开“圣杯”之谜的金钥匙→找到存放圣杯秘密的苏黎世银行,并获得郇山隐修会的拱顶石→为逃离警察的追捕,来到历史学家提彬处,解释《最后的晚餐》与《岩间的圣母》→通过拱顶石上的诗歌破译密码,打开

---

① [美]丹·布朗:《达·芬奇密码》,朱振武等译,人民文学出版社 2004 年版,第 39 页。
② [美]丹·布朗:《达·芬奇密码》,朱振武等译,人民文学出版社 2004 年版,第 42 页。

密码筒,得到莎草纸上的诗→找到抹大拉玛利亚的坟墓。这些符号之间相互联系,由尸体摆成《维特鲁威人》的造型想到达·芬奇,根据线索提示,在博物馆里找到达·芬奇的另一幅画《蒙娜丽莎》,在防护玻璃上看到闪光的单词以及发现带有缩写字母 P.S.的金钥匙,由此开始了解开圣杯奥秘之旅。这样的符号设置将观众的注意力集中在推理的过程中,并且使观众享受推理探究的快感,启发他们的想象,而不会急于得知结果。

最后,作者让符号"说话",模糊了历史现实与虚构的界限。拉美魔幻现实主义作家胡安·鲁尔福打破了生死的界限,让"死人"说话。而到了布朗手上,符号也能"说话"了。电影中出现的符号都是真实存在的,但符号讲述的内容却与自身的指代意义截然不同。如此一来,现实与虚构融为一体,观众穿梭于现实与虚幻的世界,虚实之间,悬念丛生,从中能获得生动有趣的体验。

总之,丹·布朗在《达·芬奇密码》中植入各种符号,利用符号的不确定性等特征,对人们熟知的符号如"圣杯"等进行解构,追溯过去,破译密码,推进了情节的发展。尽管不少批评家指出布朗对符号的阐释不符合史实,但笔者认为根本无须对一部小说或者电影进行史实考察。而作者借用符号进行叙事,在叙事学和符号学上都具有重要的创新意义。

德日政府对二战侵略历史不同认知的民族文化心理分析[*]

◎陈庆权

内容提要 战后德国和日本两国政府对于二战的侵略历史存在着截然不同的认知态度,原因何在? 国内的学者大多从国民性的角度对其进行分析和研究。本文力图通过民族文化心理结构的视角,特别是从哲学和宗教的维度来解开和揭示这两个国家和民族,尤其是他们的政府对于侵略战争的认知存在极大差异的深层原因。

关键词 二战 侵略历史 认知 战后政府 民族文化

一

每一个民族在其漫长的历史与文明的发展过程中都积淀和形成了区别于其他民族的独特的民族心灵、民族文化心理结构,即积淀和形成了区别于其他民族独特的语言、独特的文字、独特的哲学、独特的文学艺术、独特的宗教信仰、独特的服饰、独特的饮食、独特的习俗等。所以,我们从一个民族的文化心理结构的维度,特别是从一个民族的哲学和宗教信仰的维度,就可以追寻到这个民族的精神根源、思想渊源和情感脉络之底蕴。自然,作为日耳曼民族的德国和作为大和民族的日本也不例外。

近代以来,德国、日本两国具有较多的共性:都是在十九世纪的下半叶开始崛起并迅速成为强大的军事帝国主义国家,而且都挑起和发动了二战。他们做事认真精细,讲究秩序,追求完美,崇尚极端甚至残酷的审美价值,无论是从他们的科学技术、电子

---

* 华东政法大学马克思主义理论学科团队项目。

陈庆权,华东政法大学马克思主义学院副教授,研究方向为马克思主义基本原理。

产品、还是汽车制造、医学技术,抑或文学艺术作品中都可以看出这种价值追求。由于日本伊藤博文时期的明治维新运动,在学习西方的船坚炮利和科学技术时主要是向英国特别是德国学的,所以,有人甚至把日本比喻为"东方的德意志"。同样,德国和日本在民族精神与民族性格及发展路径上也有不少相似之处:第一,他们都是单一的民族国家。德国是单一的日耳曼民族国家,日本是单一的大和民族国家;第二,德日两国都有较长的封建专制和君主极权统治的历史。在十九世纪五十年代以前,德国长期由容克地主统治,而日本主要由带有明显封建主色彩的武士道集团统治。第三,两国都有比较强烈的、狭隘的甚至是极端的民族主义的倾向。

德国尽管位于欧洲的中心,但历史和文化发展的路径却与欧洲的其他国家迥异,较少受到古希腊文化和罗马文化的影响,有其较为独特的发展脉络。在十九世纪中叶前,欧洲其他国家如英国、法国、意大利、荷兰等都纷纷完成了资本主义的工业革命,而德国还处在四分五裂的封建容克地主的专制统治之下,所以,德国人在文化和精神上曾几乎长期游离于欧洲的传统之外。在古希腊文明和罗马文明的强大辐射下,德国人一度曾有强烈的自卑感和屈辱感,然而擅长于精神探索和哲学思辨的德国人又自信满满地认为自己绝不逊于欧洲任何其他国家和民族,加上自康德、莱布尼茨以来,德国确实产生了比世界上任何国家和民族多得多的群星灿烂的哲学家和哲学思想,如费希特、谢林、黑格尔、费尔巴哈、马克思、叔本华、尼采、胡塞尔、海德格尔、维特根斯坦、哈贝马斯等,同时自海顿[①]、巴赫以来又产生了比世界上任何国家和民族多得多的星光璀璨的古典音乐家,如贝多芬、门德尔松、勃拉姆斯、瓦格纳等,以及如歌德、席勒、莱辛、荷尔德林、海涅等一大批文学家,因此,德国人又有极度膨胀的民族自大感和自豪感。诺贝尔文学奖获得者托马斯·曼把德国比喻为"永远是欧洲的精神战场"。这种自卑和自大相纠结的康德二律背反式的性格,往往使德国极易陷入极端的民族主义的泥沼,点燃一战和二战的导火索就是明证。

日本是一个四面环海的岛国,面积狭小,资源贫乏,又偏居东亚一隅,具有相对封闭的岛国环境,加上从未受到外族入侵,使其发展出绝对自尊、自大、自傲的民族性格,从而形成了武士道和神道及皇道的传统。由于台风和地震的不断袭击、沉没的危险、地域的狭小和资源的匮乏、与邻国充满恩怨的关系、曾经的"战胜"的"荣光"和战败的"屈辱"诸多因素综合起来,使得日本民族充满着相当程度的恐惧感和一定程度的自卑

---

① 海顿说:"音乐是思想的艺术。"本文认为,交响乐就是用乐音流淌的哲学,如贝多芬的第五交响乐《命运》揭示的就是人类不断地在与命运的抗争和搏斗中走向英雄主义和欢乐主义的哲学理想。

感。这种二重性矛盾心理不仅加强了日本人的民族凝聚力和排外倾向，也加强了日本人的扩张意识和嚣张气焰。所以在不少日本人的心里，对中国古代文明的高山仰止（在历史上曾受到中国盛唐文化的影响并将其化为"大和"文化的一部分）和对近代中国的极端鄙视非常矛盾地呈现出来，形成了日本人非常极端的民族主义气焰，从十九世纪末到二十世纪三十年代的不到半个世纪两次对中国的侵略战争（1894 年中日甲午战争和 1937 年的侵华战争）就是其极端民族主义的表征。

二

世人都知道，70 多年前发生的二战，在亚洲是以日本 1937 年 7 月 7 日在华发动"卢沟桥事变"，在欧洲是以德国 1939 年 9 月 1 日向波兰发起"闪电战"为起始标志的。在这场由德、日法西斯发动的空前规模的战争中，先后有 60 多个国家和地区参战，有 20 多亿人卷入，给世界人民造成了空前的浩劫和灾难。光是日本侵华战争就造成 3500 多万中国军民的死亡，直接经济损失超过 6000 亿美元。"南京大屠杀"、"细菌战"及"三光政策"等更是对中华民族犯下的令人发指的滔天罪行。

然而，战后德日两国政府是如何看待和反思这场战争的？让我们先看看联邦德国的政府官员是如何行动的：1970 年 12 月 7 日，在波兰首都华沙的广场上，到访的西德总理勃兰特向无名烈士献完花圈后，又默默无闻地走到一旁的犹太殉难者纪念碑前，面对 600 多万被纳粹法西斯杀害的犹太苦难亡灵，突然双膝跪在湿漉漉的冰冷的大理石上！勃兰特的世纪一跪不仅感动了成千上万的波兰人，也深深震撼了德国人的心灵，自然也感动了诺贝尔和平奖的评委们，为此 1971 年的诺贝尔和平奖授予了这位"替所有必须这样做而没有下跪的人下跪"的德国总理。无独有偶，1995 年 6 月的一天，作为东西德统一的功臣的科尔总理在访问以色列时，代表德国人民再一次跪在耶路撒冷哭墙前的犹太死难者纪念碑前，向被纳粹法西斯杀害的犹太苦难亡灵深深地谢罪。同年 8 月，总理科尔出席了在莫斯科举行的纪念战胜纳粹德国 50 周年的活动。他在致辞时也表示："我向死难者你们请求宽恕。我们在莫斯科缅怀遭受过希特勒造成的种种灾难的俄罗斯人以及苏联其他民族的人。"

刚战败不久，面对一个满是废墟、伤痕累累的国家，联邦德国战后的第一任总理阿登纳上任后所做的第一件事，就是向曾经的"宿敌"法国进行真诚的道歉。第一位总统特奥多尔·豪斯在 1949 年 12 月 7 日的一次集会上谈到纳粹对犹太人的罪行时说："这段历史现在和将来都是我们全体德国人的耻辱。"同样，1985 年 5 月 8 日，联邦总统魏茨泽克在二战结束 40 周年的纪念活动上说:"我们德国人醒悟到,历史问题是无法超越的,是难以洗刷掉的,也是不能回避的。无论我们大家有罪与否,也无论我们是老是少,都不得不接受历史。我们大家都受到历史后果的牵连,都要对历史承担责任。"嗣后,1994 年 8 月 1 日,东德和西德统一后的德国总统赫尔佐克在波兰反法西斯纪念大会上,再次向波兰人民谢罪。他说:"我在华沙起义的战士和战争受害者面前低下我的头,我请求你们宽恕德国人给你们造成的痛苦。"1998 年 11 月,赫尔佐克在纪念犹太人惨遭纳粹屠杀和迫害的大会上指出:"60 年前,对犹太人的屠杀是德国历史上最恶劣、最无耻的事件,国家本身成了有组织犯罪的凶手。""清算过去"、"永远不再由德国发动战争",是德国战后最常见的政治口号。上至国家政要,下至普通百姓,对德国历史上曾发动两次世界大战的罪行都有深切认识,他们对受害国人民怀有一种深重的历史负罪感。德国的主流社会、朝野主要政党,特别是政府政要,在对待战争罪责的立场和态度上始终如一。他们敢于直面历史,勇于承担历史罪责,利用一切机会向受害国人民认罪,并以实际行动清算过去,赢得了过去受害国政府和人民的谅解和信任。事实上,自二战结束以来,德国的历届总统和总理都在不同的场合和时机代表德国人民进行了深刻的反思、道歉和忏悔,从来没有为纳粹的侵略行径和屠杀行为进行过辩解。

不仅国家政要如此深刻地反省、虔诚地忏悔、真诚地道歉,宗教界人士也不例外。斯图加特教区的主教说:"我们给世界人民和国家带来了无穷的灾难……我们谴责自己。在一个民族的生命中可能会出现这样的阶段,在这一阶段中,赎罪是唯一可能的态度,从而也是这个民族的历史行为。"

为了让纳粹的历史不再重演,德国还以法律形式规定:凡喊纳粹口号、打纳粹旗帜和佩戴纳粹标志均属违法,都要受到刑法的处罚。德国人下跪忏悔还不算,在经济刚刚复苏之际,自己勒紧裤带,非常真诚地对受害国进行经济赔偿。阿登纳总理在 1951 年 9 月 27 日发表的一项政府声明中就表示:"新的德意志国家及其公民只有感到对犹太民族犯下了罪行,并且有义务做出物质赔偿时,我们才算令人信服地与纳粹的罪恶一刀两断了。"从第一任总理阿登纳开始至 1990 年东、西德国统一,德国已向以色列、波兰、法国、希腊、俄罗斯等国家支付了 711 亿马克二战赔款,而对受害犹太人的赔偿也达到 550 多亿欧元。

德国在战争罪责问题上坦诚和自觉的反省态度,赢得了世人的理解和信任,为其在战后融入国际社会,在国际舞台发挥更大作用创造了必要的前提条件。今天已经不再有多少欧洲人对德国曾经对自己造成的战争伤害耿耿于怀,倒是德国人自己在不断地进行批判和反思那段历史,牢记那段历史,并用实际行动告诉世人:当今的德国已经与过去彻底划清了界限。

反观日本,对于侵略战争的历史,上至政府的内阁成员,下到民间的右翼势力都是多方否认,屡屡开脱战争责任,甚至美化侵略战争。日本文部省的历史教科书中对日本的侵略战争给朝鲜人民、中国人民及新加坡、马来西亚、缅甸人民等造成的巨大的人员伤亡和战争创伤只字未提,反而将它写成是日本军队将亚洲国家从白人的统治下解放出来的"圣战",称朝鲜、中国的慰安妇是"自愿献身"的,把对中国的血腥洗劫写成"日本军人在中国的土地上和中国军人打仗",把太平洋战争结束写成"大东亚圣战终战",将美国轰炸东京及广岛和长崎原子弹爆炸后留下的废墟照片进行大肆宣传,俨然把日本装扮成二战的受害国。特别是应该作为侵略战争第一责任人的裕仁天皇,其生前从未因战争的罪行向被侵略国的人民和政府公开道歉过。更令亚洲各国人民愤慨的是,在战后的历届政府的内阁中,几乎年年都有内阁大臣及众多的议员甚至多名首相朝拜供奉东条英机等战争魔王的靖国神社。就连中日邦交正常化的"有功之臣"田中角荣首相1972年访华时也只称"过去日本给中国人民带来了麻烦"。1998年的日本首相竹下登更狂妄地认为:"上次战争(即日本对朝鲜、中国等亚洲国家的侵略战争——笔者注)是否是侵略战争,应当由后世的历史学家来做评判。"

虽然中国政府放弃了日本的战争赔款,但中国人的诚意举动是否感动了这个"一衣带水"的近邻呢?答案是否定的。日本至今非但没有主动对中国支付过任何战争赔款,并且极右势力的代表人物,导演购岛闹剧的原东京都知事石原慎太郎竟公开叫嚣南京大屠杀"是中国人编造的故事。这个故事破坏了日本人的形象,它全是谎言。"1994年5月羽田孜任首相时的法务大臣永野茂门也说"南京大屠杀是捏造出来的"。更有甚者,作为南京市的友好城市的日本名古屋市的市长河村隆之在2012年2月20日会见南京市的代表团时竟然也称"没有发生过南京事件"。不仅如此,他们还把日本侵略战争期间强征朝鲜和中国慰安妇的行为说成是她们自愿的行为。这种死不认罪的岛国文化心态,令人愤慨。时至今日,日本政府在与邻国的领土关系问题上也一而再再而三与中国、韩国在钓鱼岛、独岛(韩国称独岛,日本称竹岛)等产生领土争端。尤其是在中国的钓鱼岛问题上不断挑衅善良中国人民的神经和耐心,日本政府不仅无视钓鱼岛自古以来是中国神圣的领土,而且在一年以前出演的购岛闹剧更是激怒了中国人民和中国政府。更有甚者,安倍内阁今年以来通过解禁武器出口三原则,并在7月

1 日通过修改《和平宪法》解禁集体自卫权①，试图将日本自卫队改造成为国防军，以再次图谋军事帝国主义大国的企图与梦想，将战争的边缘越拉越近。

与德国政府的行为相比，日本政府的这种对战争责任的冥顽态度，其境界和差距相差得何其远耳。

三

一个国家，其政府的行为和态度往往是这个国家国家意志和民族精神的缩影。对于侵略战争的认知，可以说德国政府和日本政府走的是完全不同的道路，即面对相似的侵略历史，所呈现出的也是两种截然不同的认知态度。二战以后，德国的政府和人民对战争的责任进行了深刻的反思和反省。在德国，承认、反省、铭记纳粹的侵略历史（特别是屠杀600多万犹太人的那段历史），绝不允许侵略的历史重演早已成为整个德国社会的共识。为了让年轻的一代牢记这段历史，德国还制定了严格的、系统的、完善的历史教科书，通过学校的教育，培养年轻人正视历史、直面历史的正确的历史观。而日本的政府和极右势力恰恰相反，其不但无法正视历史、直面历史、反思历史，甚至利用教科书美化日本的侵略历史，无法让日本的年轻一代获得真实的历史，自然也无法培养他们正确的历史观，因而也无法取得中韩等亚洲人民和政府的原谅，也一直被世界所诟病。

一个国家的政治生活，不过是它存在的外在表现及表面特性。我们如果要探寻它的内在生命，即它种种活动的源泉，就必须深入它的灵魂、它的内在心灵，那就是要研究它的哲学、它的宗教、它的文学、它的艺术等，因为所有这些都映照了这个国家人民的观念、感情、意志以及他们的梦想。德日两国政府对于二战的侵略历史之截然不同的认知，其原因何在？我认为从宗教的和哲学的维度就可以揭示出这两个国家不同的民族心灵及民族境界，也可以映照出这两个国家和政府对于侵略战争不同的认知态度。

忏悔是良心的自省，是对自身罪恶的救赎。对于个人而言，宗教信仰可以养护人的心灵，净化人的灵魂；同样，对于一个民族而言，宗教信仰在某种意义上也可以养护民族的心灵，净化民族的灵魂。由是，我们可以得出这样的结论：作为日耳曼民族的德国，由于深厚的宗教情怀以及自马丁·路德宗教改革后所具有的新教伦理精神和对上

---

① 2014年7月1日，安倍内阁通过决议修改《和平宪法》解禁集体自卫权，把日本一步一步拉向战争的边缘。

帝和基督的敬畏与信仰,这个民族具有深重的历史负罪感(原罪意识)和现实的罪恶感,所以,这个民族能够在二战结束后虔诚地跪倒在神(上帝)和耶稣的面前进行深深的忏悔与赎罪。事实证明战后的德国民族通过在上帝和耶稣的面前深深地忏悔,并用实际行动完成了整个民族的自我救赎。而作为"大和"民族的日本,由于没有积淀深厚的宗教情怀①,只有顽固的武士道传统,所以这个民族只有羞耻感,日本民族是耻感民族②。美国人类学家鲁思·本尼迪克特认为:日本文化是不同于欧美"罪感文化"的"耻感文化"。这种文化的极端表现,就是日本流行的自杀现象和战争输出。日本人以自杀行为来洗刷污名从而赢得名誉,如武士切腹、战败后日本军人的切腹自杀等。而对外发动侵略战争,其深层动因依然是所谓"名誉",日本人迫切要求在世界上赢得"尊重"。然而,一个从来不尊重其他国家和民族的国家和民族,怎么能在世界上赢得其他国家和民族的"尊重"呢?

在日本的历史中,"他们只有祈祷幸福的仪式,却没有祈祷赎罪的仪式"③,因为日本没有西方意义上的善恶观念,所以,在日本人的耻感意识里,如果恶罪没有被彻底暴露,那么就不必懊丧,坦白祈祷忏悔是没有必要的。由于这个民族是绝对不会在上帝和神的面前进行忏悔与赎罪的,因此,我们不难理解,在1937年年底的南京,为何日本军队能够对中国军民进行无所顾忌甚至肆无忌惮的大肆屠杀而丝毫没有任何良心上的不安,因为在日本军人潜意识里,国家的侵略不是侵略,集体的杀戮不是犯罪。之所以他们完全可以无所顾忌,恣意妄为地对中国人、朝鲜人等进行屠杀并且不需要对此承担任何责任,是因为在日本民族的潜意识里是没有罪恶感和负罪感的。一个没有罪恶感和负罪感的民族是绝对不会敬神的,也是绝对不会在上帝和神的面前进行忏悔与赎罪的,而只会日复一日,年复一年地到靖国神社去拜鬼,只会对历史上杀人如麻的所谓武士道的英雄(武士)和二战时期的战争魔王进行顶礼膜拜。

由于宗教信仰(基督教或天主教)几乎深入每一个德国人的灵魂,所以,二战以后的德国,从政府政要到民间百姓,都能够虔诚地面对神或上帝进行深刻的谢罪和忏悔。由于在日本几乎没有真正的宗教信仰,只有世俗的武士道 传统。所以他们无视人与

---

① 本文认为,在日本几乎没有真正意义上的宗教信仰:日本的佛教由于世俗化太重,显然削弱了佛教神圣性,神道教把天皇当作至高无上的神来崇拜,自然也不是宗教,武士道更不是宗教。

② [美]鲁思·本尼迪克特:《菊与刀——日本文化诸模式》(增订版),吕万和等译,商务印书馆2012年版,第201—203页。

③ [美]鲁思·本尼迪克特:《菊与刀——日本文化诸模式》(增订版),吕万和等译,商务印书馆2012年版,第202页。

人之间的平等，只重视人与人之间的差别，并且对权威与强权有极度的敬畏和服从。他们媚上欺下，对强者盲目崇拜和服从，对弱者缺乏同情心，鄙视弱者，甚至根本不把弱者当作人来看待。受武士道的影响，日本人还把强烈的等级观念也投射到与其他国家和民族的关系上。他们把世界上的国家排列成一个强弱分明的序列。明治维新以后，日本人认为在亚洲，自己是第一号强国，所以，它可以傲视一切亚洲国家，它可以欺凌一切亚洲国家。因为在他们眼里，只有强者才可以被尊重，弱者就应该被践踏。正因为如此，他们才会对亚洲的其他国家进行肆无忌惮的侵略、对其他国家的妇女（包括慰安妇）进行丧尽天良的蹂躏，对其他民族的人民进行毫无人性的杀戮，对其他民族的财富进行贪得无厌的掠夺。

四

中国哲学家冯友兰先生认为，哲学是提高人的境界的学问。对于个人而言，哲学可以提高一个人的精神境界和道德境界；同样的，对于国家和民族而言，哲学也可以提高一个国家和民族的精神境界和道德境界。所以我们不难理解，德国这样一个具有深厚的哲学传统的国家，日耳曼这样一个具有深厚哲学传统的民族，自近代的康德和莱布尼茨以来，它在哲学上产生了比世界上其他国家和民族更多、更光辉灿烂的哲学思想和哲学家，以及古典音乐和音乐家。还形成了德国人崇尚哲学和音乐、崇尚理性的民族传统，即形成了德国人"尼伯龙根"式的哲学抽象求索精神及"浮士德"式的灵魂自我救赎的历程，从而使德国人在气质上有一种凝重、沉思、讲求规则与秩序的理性主义文化特质。像哲学家一样思考是德国人的家常便饭。反思是思想的升华，批判是哲学的灵魂。由于长期的哲学滋养、熏陶及浸润，加上从康德到马克思直至哈贝马斯等一直传承下来的德国哲学固有的批判精神和反思传统，所以德国民族能够用哲学的批判武器与反思精神，对侵略战争进行深刻的批判与反思。而所谓的"大和"民族的日本，由于历史上这个国家没有深厚的哲学传统的积淀，近代在向英德等西方学习船坚炮利时又没有进行真正意义上的启蒙思想的洗礼和熏陶，因此在日本人的观念中，几乎是没有民主、自由、平等、博爱这样的词汇的。在日本，上至元首下至不少国民，他们不可能对战争的罪恶进行理性的批判和深刻的反思。非但如此，他们还美化侵略战争的历史，为战争的魔王们开脱罪责，甚至把他们供奉在靖国神社里，对他们顶礼膜拜。

哲学是关注人类命运的学问。哲学的目的就是对人类命运的终极关怀和追问。哲学是一种人道主义的思想体系，即一种"人道主义"或"人本主义"的精神、境界和情怀。哲学的人道主义宣扬"人生而平等,每个人都有其生命存在的意义和价值"。"任何人都不能剥夺和取代其他人生命的存在和价值"。在德国,这种平等的价值理念是从康德、黑格尔等的德国古典启蒙哲学家那里传承下来的理性主义传统,也是当代德国政府和人民高扬的旗帜,而深深地镌刻在德国人的心灵里。然而,在日本人的意识里是绝对没有这样的平等观念的。在他们的意识里,只有强者才有生存的权利,只有强者才有存在的意义与价值,而弱者是根本没有生存的权利,也根本没有存在的意义和价值的,所以,它才会在侵略战争中,对其他民族的人民进行毫无人性的杀戮而丝毫没有罪恶感,对其他国家的妇女(包括慰安妇)进行丧尽天良的蹂躏而丝毫没有任何的羞耻心。然而,当美国人原子弹爆炸的蘑菇云在长崎和广岛的上空弥漫之后,日本天皇则宣布无条件投降。他们知道,在这个世界上,美国是真正的老大,美国人是真正的强者,所以,日本应该对美国俯首称臣,对美国人顶礼膜拜,这是天经地义的事。直到今天,日本的对外关系仍然受这种等级观念的影响。

总之,无论是从德国人哲学中的批判精神,还是从日本人理念中的等级意识;无论是从德国民族宗教情怀的敬神意识,还是从日本民族武士道精神的拜鬼传统;无论是德国人深刻地反思与批判,还是日本人百般地抵赖与否认;无论是德国政府和人民对侵略战争真诚地反省与忏悔,还是日本政府及右翼势力对侵略战争竭力地美化;无论是德国政府自觉地赔款,还是日本政府的分文未赔;无论是德国政府不断改善与邻国的和睦关系,还是日本政府不断地与邻国发生领土的摩擦与争端;无论是德国政府用刑法的规范来防止纳粹阴魂的死灰复燃,还是日本安倍内阁解禁武器出口三原则,并修改《和平宪法》解禁集体自卫权以重温军事帝国主义的美梦……如此等等,可以说德日两国政府形成了两种完全不同的对侵略战争的认知态度,也让我们观照和明白了这样一个事实:当今的德国已经与过去彻底划清了界限,德国人用自己的实际行动告诉世人:一个国家、一个民族只有勇于自我反思和自我反省,直面历史,以史为鉴,付诸行动,方能赢得国际社会的认可、信任与尊重。而日本人也用他们的行为告诉世人:这个国家、这个民族特别是他们的政府无法正视和直面二战的侵略历史,无法真诚地向邻国赔礼道歉,无法对战争责任进行深刻地反省,非但如此,反而美化侵略战争的历史,甚至还将侵略战争中罪恶累累的战争罪犯、杀人魔王供奉在靖国神社进行顶礼膜拜,又屡屡在领土问题上挑起事端,不断恶化与中韩等邻国的关系。这样的所作所为不仅不能得到我们的原谅,反而会更加引起中国人民和世界各国其他爱好和平正义的人民高度的警惕和防范!